JN273465

編年体による
世界の建築家群像

尾上孝一

井上書院

まえがき

今日,人類の偉大な文化遺産である「建築」は,自然風土に培われ,地域に住む人々の歴史となり,生活文化との関わりを深めてきた。

洋の東西を問わず,建築は多くの人々の献身的な努力の賜物であり,人から人へと継承されてきている。そして,建築物の大小にかかわらず,人間の手によって完成されている。ここでいう人とは,ある創造物(建築)を計画・決定し,管理する人(施主,王侯貴族,富豪,行政の長ほか)であり,直接ある創造物を設計し造ってゆく人(建築家,棟梁,職人,建築業者など)である。創造物の完成は,人々に充実感と喜びをもたらすものである。

例えば,ヨーロッパ中世では,大聖堂の建設に多くの人が浄財を寄進し,労働を提供した。そして,棟梁や石工達は,王侯貴族らパトロンの招聘を受けて設計や工事の監督を行った。完成された建築は,宗教的な世界に生きていた人々にとって精神の拠り所となり,人生の希望の場所となった。

このように生き生きとした「建築」を十全に把握するためには,常に人間像に密着した幅広い知識と教養が求められよう。

本書をまとめるに際しては,古代から現代までの建築家を対象とし,選択には,現在市販されている建築史関連図書から人名(故人)を抽出し,頻度の高い人物,たとえ少なくとも建築文化的に意義のある建築家を収録している。

叙述の中身(長短)は,重要度のみならず,歴史上の影響度の重さや建築作品の時代的な表現力・訴求力も勘案して

いる。
　終わりに本書の編纂に当たり，参考とさせていただいた著者各位，並びに出版にご配慮いただいた井上書院の方々に感謝の意を表する次第です。
　　2014年　文月　　　　　　　　　　　　　　　尾上孝一

注 記

1) 見出しの人名は，できるだけ簡明な慣用音を用いた。一方，わが国の慣用をも顧慮して，検索しやすい形にした場合も少なくない。
2) 見出し人名の配列は，原則として生年順に従った。生没年は，人名原綴の記載の次におく。
3) 生没年に異説のある場合は，それぞれの年の後に（頃）を付している。生没年の不明のものについては，？を付した。
4) 建築家の人間像，特に若い頃・晩年に焦点を当てている。
   建築家本人に近い日常生活から，本人に関連すること，第三者との関わりなどを，逸話・余話等として取り上げたケースもある。
5) 一般の方にも興味をもっていただくために，できるだけ建築作品よりも，建築家本人の生活背景や成長環境等に重きをおいて叙述している。
6) 建築作品の設計開始・竣工（完成）年などは，およその該当年が判明している場合は記載している。
7) 建築作品の所在地を示す場合は，括弧を用い記載した。
8) 建築作品と同時に，著作物にも重きをおき，できるだけ主要なものを対象に掲載している。

目 次

まえがき ———————————————————— 3
注記 —————————————————————— 5

〈古代～1300年代〉

インホテップ(生没年不詳) ——————————— 10
イクティノス(生没年不詳) ——————————— 11
ヴィトルヴィウス(生没年不詳) ————————— 12
アンテミオス(生没年不詳) ——————————— 14
イシドロス(生没年不詳) ———————————— 15
国中連公麿呂(?～774) ————————————— 16
佐伯今毛人(719～790) ————————————— 17
重源(1121～1206) ——————————————— 19
陳和卿(生没年不詳) —————————————— 22
オヌクール(1175頃～1240頃) —————————— 25
ブルネレスキ(1377～1446) ——————————— 26
ミケロッツォ(1396～1472) ——————————— 31

〈1400年代〉

アルベルティ(1404～72) ———————————— 33
ブラマンテ(1444～1514) ———————————— 36
ダ・ヴィンチ(1452～1519) ——————————— 38
ミケランジェロ(1475～1564) —————————— 44
ラファエル(1483～1520) ———————————— 50
サンミケーリ(1484～1559) ——————————— 52
ロマーノ(1499～1546) ————————————— 53

〈1500年代〉

ヴィニョーラ(1507～73) ———————————— 54
パッラーディオ(1508～80) ——————————— 55
ドロルム(1510頃～70) ————————————— 57
ヴァザーリ(1511～74) ————————————— 58
千利休(1522～91) ——————————————— 59
ポルタ(1533頃～1602) ————————————— 62
マデルノ(1556～1629) ————————————— 63
中井正清(1565～1619) ————————————— 64
甲良宗広(1574～1646) ————————————— 66
小堀遠州(1579～1647) ————————————— 68

建築家	頁
ベルニーニ(1598〜1680)	70
マンサール(1598〜1666)	72
ボッロミーニ(1599〜1667)	73

〈1600年代〉

建築家	頁
ル・ヴォー(1612〜70)	74
ル・ノートル(1613〜1700)	75
レン(1632〜1723)	76
マンサール(1646〜1708)	78
エルラッファ(1656〜1723)	79
ヒルデブラント(1668〜1745)	80
ケント(1685〜1748)	81
ノイマン(1687〜1753)	82
ガブリエル(1698〜1782)	83

〈1700年代〉

建築家	頁
ロージェ(1713〜69)	84
スフロ(1713〜80)	85
ブラウン(1715〜83)	86
ブレー(1728〜99)	87
ラングハウス(1732〜1808)	88
ルドォー(1736〜1806)	89
ジェファーソン(1743〜1826)	91
ブルフィンチ(1763〜1844)	92
ラトローブ(1764〜1820)	93
スマーク(1780〜1867)	94
シンケル(1781〜1841)	95
清水喜助(1783〜1859)	97
クレンツェ(1784〜1864)	98
ゲルトナー(1792〜1847)	99

〈1800年代〉

建築家	頁
パクストン(1801〜65)	101
ラブルースト(1801〜75)	102
ゼンパー(1803〜79)	103
スコット(1811〜78)	104
ピュージン(1812〜52)	106
ル・デュク(1814〜79)	108
清水喜助(1815〜82)	110
ラスキン(1819〜1900)	112

モニエ(1823～1906)	114
ガルニエ(1825～98)	115
ダイアック(1828～1900)	116
立石清重(1829～94)	117
エンデ(1829～1907)	118
ベックマン(1832～1902)	120
エッフェル(1832～1923)	121
モリス(1834～96)	122
ワーグナー(1841～1918)	124
ウォートルス(1842～98)	128
カッペレッティ(1843～87)	130
バスチャン(1839～88)	131
ダイヤー(1848～1918)	132
ボアンヴィル(1849～?)	133
ハワード(1850～1928)	134
コンドル(1852～1920)	135
ガウディ(1852～1926)	140
曽禰達蔵(1852～1937)	144
片山東熊(1853～1917)	146
辰野金吾(1854～1919)	148
サリヴァン(1856～1924)	153
ガーディナー(1857～1925)	155
妻木頼黄(1860～1916)	156
ムテージウス(1861～1927)	158
オルタ(1861～1947)	159
アンウィン(1863～1940)	161
ヴァン・デ・ヴェルデ(1863～1957)	162
横河民輔(1864～1945)	164
ギマール(1867～1942)	166
伊東忠太(1867～1954)	167
ライト(1867～1959)	171
マッキントッシュ(1868～1928)	175
中條精一郎(1868～1936)	178
ベーレンス(1868～1940)	179
ホフマン(1870～1956)	181
ペレ(1874～1954)	183
レッツェル(1880～1925)	187

タウト（1880〜1938）	188
ヴォーリス（1880〜1964）	192
佐野利器（1880〜1956）	194
岡田信一郎（1883〜1932）	197
グロピウス（1883〜1979）	198
内田祥三（1885〜1972）	202
ミース（1886〜1969）	204
メンデルゾーン（1887〜1953）	208
コルビュジエ（1887〜1964）	210
リートフェルト（1888〜1964）	214
レーモンド（1888〜1976）	215
ネルヴィ（1891〜1979）	219
村野藤吾（1891〜1984）	221
吉田鉄郎（1894〜1956）	225
山田守（1894〜1966）	227
吉田五十八（1894〜1974）	228
アアルト（1898〜1976）	232

〈1900年代〉

坂倉準三（1901〜69）	234
カーン（1901〜74）	238
バラガン（1902〜88）	242
谷口吉郎（1904〜1979）	246
シュペーア（1905〜81）	250
前川国男（1905〜86）	251
ジョンソン（1906〜2005）	255
ニーマイヤー（1907〜2012）	258
吉村順三（1908〜1997）	262
サーリネン（1910〜61）	266
丹下健三（1913〜2005）	269
ペイ（1917〜2010）	273
清家清（1918〜2005）	276
菊竹清訓（1928〜2011）	280
黒川紀章（1934〜2007）	284

主要参考文献	288

インホテップ Imhotep
生没年不詳（前2778年または前2650年）

階段ピラミッドの設計者で，歴史上，明らかな最初の建築家，司祭。

古代エジプト王の廷臣，司祭，そしてジュセル王の建築家。ジュセル王の階段ピラミッド（サッカーラ）を設計。このピラミッドは，世界最初の複雑かつ洗練された石造大建築物である。

サッカーラにあるジュセル王の階段ピラミッド（第三王朝の初期，前2778年頃）の設計者として，歴史上名前の明らかな最初の建築家。彼は，偉大な建築家の一人であり，石造建築物の発展に尽くした重要な改革者として銘記されている。

後の第26王朝のときに，彼は「イシス」（エジプトの豊穣の神とともに，三位一体の一つとしての宇宙神）として祀られている。

余話 古代における石造技術の推移

エジプト人は，石灰と石膏を用いて，砂を石のように固めることを知っていた。ギリシア人は，砕いた大理石と石灰＋石膏を混ぜて，一種の人造石を造った。そして，ローマ人は，消石灰とセメント質の火山灰を混ぜて，良質のセメントによってコンクリート技術を発展させた。

イクティノス Iktinos
生没年不詳

前5世紀後半のギリシアの建築家。

前447 ペリクレスより，カリクラテスとともにパルテノン神殿の建造を命じられる。アポロエピクリオス神殿やエレウシスの大会堂テレステリオン建造にも関与しているといわれている。

前432 パルテノン神殿は，11年の歳月を要して完成。

- ■神殿は，内部よりも外観が重視され，外側に回された円柱が形づくる回廊に，設計の要点が集約されていた。
- ■彼とカリクラテスは，エンタシスの技法を用いて，建物の正面や側面の円柱とアーキトレーヴ（最も下に位置する部分。または扉や窓の周囲を縁取る繰型の付いた枠）への変形を加えている。建築家の優れた数学的能力と石工達の卓越した技能によっている。
- ■古い神殿に代わって，巨大かつ壮麗なドリス式神殿の最高傑作を完成させた。

余話 ペリクレス（前495?～429年死去）

政治家，将軍として，アテネの民主制を頂点に導き，アテネにギリシアのリーダーとしての地位をもたらした。紀元前451年から，アテネの力と権威を示すために，パルテノンをはじめとする一連の建物の建設を進めた。アテナイで活躍。

マルクス・ヴィトルヴィウス Virtuvius Pollio, Marcus
生没年不詳

前46〜30頃(?)に活躍し,著書は後世に多大な影響を与えた。

ローマの建築家,技術家で,アウグストゥス帝に献納した建築に関する十編からなる論文『建築十書』で,ルネサンス期の建築家に大きな影響を与えた(アウグストゥス帝は,古代ローマ初代皇帝。前27〜後14年)。

『建築十書』には,古代より伝えられた建築に関する当時の建築家の役割や建築の理論と実務がまとめられている。大要をみると,当時の時代的な背景を如実に反映していることがわかる。

彼は,古代ローマの将軍ユリウス・カエサルの下で,ガリア地方平定に参加したともいわれている。

余話 『建築十書』の大要

1) 本書の主題には,重視されている建築のほか,水道と水道橋,貯水池,ダム,港湾施設,軍事施設などが含まれている。
2) 建築技術部門は,3つに分類されている。
    ①建物を建てること。古代建築の比例関係などが詳細に述べられている。
    ②日時計を作ること。古代では重要な装置で,天文学,幾何学の知識が不可欠である。
    ③器械を作ること。起重機や揚水機,水力オルガン,距離計,投石機,攻城塔(四輪の台車付きの櫓で,城壁の上に兵士を飛び移らせるもの),破城錐や破城槌(城壁に穴を開けるための巨大な錐や槌を吊り下げた櫓)などを含む。
3) 建築家は,学芸(算術・幾何学・音楽・天文学)を身につけ,教養人・知識人であることが求められていた。特に音楽は,規範となる数的な比例体系を体得し,投石機の弦の張り具合を音によって調節するのに重要である。

中世には数冊の筆写本が知られ，1414年にポッジオ・ブラッチオリーニがザンクト・ガレンで一冊の写本に注目して以来，進歩的な建築家にとっての必携の書として評価されるようになった。

原文は，1486年頃のローマで最初に印刷されていた。図解版は，1511年に刊行された。その後，当時のヨーロッパ言語すべてに翻訳された。さらに，難解な本文を理解するために多様な解釈が加えられ，当時のルネサンスの知性に多大な刺激と影響を与える結果となった。

この『建築十書』は，書かれた紀元前20年代の中頃から19世紀に至るまで，「建築」における聖書のような存在であり，最古にして最重要の書といわれた。ヨーロッパ建築の原点といわれるギリシア建築に多くのページをあてている。

アンテミオス

Anthemios of Traiies
生没年不詳

6世紀前半のビザンチンの建築家。

ギリシアの数学者，理論家，建築家。ハギア・ソフィア大聖堂(Hagia Sophia)は，当時の東ローマ帝国のユスティアヌスⅠ世(482頃～565)が，建築家アンテミオスとイシドロスに命じ建設されたものである。

537 大聖堂は献堂(キリスト教で，新築の会堂を聖別する儀式)された。

■**ドーム大空間**：アンテミオスとイシドロスは，柱やその間の壁に遮られることのない広い集会の空間と巨大なヴォールト天井で中央のドーム大空間を実現し，人々を魅了，唖然とさせた。

この建物は，4つの頑丈な控え壁とドームの基部とそれを載せる支持構造体の四隅に形成された低い皿形ドームを外側に設けている。ビザンチン建築の傑作であり，アンテミオスは，イシドロスの大いなる助けによって，この難事業を完成させた。

■**ハギア・ソフィア大聖堂**：古代ローマ帝国のコンスタンチヌス(Ⅰ世)大帝(在位306～337)の息子によって350年に建立。テオドシウスⅡ世(在位408～450)により修復されたが，6世紀に地震で倒壊。その後，ユスティアヌスⅠ世によって再建。1453年オスマン帝国によって征服された後にメフメットⅡ世第7代スルタン(在位1451～81)によってモスクとして使用され，以後500年もの間，モスクに転用された。現在は「博物館」として利用されている。

イシドロス Isidoros of Miletus
生没年不詳

ビザンチンの建築家，幾何学者。

6世紀前半に活動したギリシアの建築家，技術者，幾何学者で，「万能の人」と呼ばれている。アンテミオスと共同でハギア・ソフィア大聖堂（コンスタンチノープル）を建造。聖アポステル教会（536〜550年，後に破壊）を共同で建造。

558 ハギア・ソフィア大聖堂のドームが崩れる。

■**ハギア・ソフィア大聖堂のドーム崩壊**：崩壊に際して，若いイシドロス（おそらくイシドロス長男の甥）が修復を行った。この崩壊は，皇帝の命により工事を急いだための欠陥で，設計上のミスではなかったといわれている。

■**ユスティアヌスⅠ世，コンスタンチヌス（Ⅰ世）大帝**：当時の東ローマ帝国のユスティアヌスⅠ世（在位482頃〜565）は，527年から565年まで，ビザンチン帝国の皇帝。長年にわたり，公共施設の建設や防衛施設，橋，水道橋を修理したり，都市の再建に務めた。特に最大の事業は，皇帝が建てた30有余の教会のうち，歴史上最大の壮麗かつ大胆な建物の一つ，ハギア・ソフィア大聖堂（聖なる英知の意）の建設であった。

■**コンスタンチヌス（Ⅰ世）大帝**（ローマ皇帝，在位306〜337）は，専制政治を強化。330年，都をローマからビザンチウムに移してコンスタンチノープルと称し，ビザンチン帝国の基礎を固めた。キリスト教を保護し，公認宗教とした（280頃〜337）。

■**ビザンチン建築**：東ローマ帝国（395〜1453）は，周りをギリシア文化に囲まれていたこともあり，徐々に独自の建築文化を形成。15世紀まで続く東ローマ帝国の建築をいう。特色は，箱形の空間の上に円形のドームを載せることを主題とし，集中堂式建築の可能性を追究した。

国中連公麿呂 くになかの むらじ きみまろ
?～774(宝亀5)

奈良時代の技術系官人。天平のミケランジェロと賞讃される。

百済系帰化人の家系で,はじめは国公麿呂。後に大和国の国中村に居住し,国中連を賜わる。祖父は百済の官人で日本に亡命。先進技術,仏像制作の知識・技能を体得。

745(天平17) 4月25日,彼の名前が初めて正史『続日本紀』に現れる。正七位下から外従五位下を授与。8月に平城京で聖武天皇の発願により大仏の鋳造を開始。この大事業により4段階以上の昇進で異例の抜擢。

746(天平18) 「正倉院文書」11月に,金光明寺(東大寺の前身)の造仏長官に任命される。三月堂の本尊「不空羂索観音」(国宝)は,彼の制作といわれる。

748(天平20) 本格化する大仏の造立を担当する「造東大寺司」と呼ばれる役所が作られている。この役所は仏像,建物や瓦の制作から,伊賀の国からの材木の伐り出しまで,多数の役人を抱える。

761(天平宝字5)～767(天平神護3)年までの6年間,「造東大寺次官」に補任される。造仏の大事業を成就し,位階も従四位下にまで昇進。

774(宝亀5) 10月3日,死去。

従四位下にまで昇進:2階級の特進に相当。今日のお金の価値に換算した年収は,約1750～3450万円くらいか。

佐伯今毛人 さえきのいまえみし
719(養老3)～790(延暦9)

奈良時代の官人、東大寺建設の功労者、三月堂造営に関与。

719(養老3) 姓は宿禰、右衛士督外従五位下人足(ひとたり)の子として生まれる。初めの名は若子。

740(天平12)(22) 4月頃、舎人に任用、春宮坊舎人監(とねり)に配さる。

■**舎人**：古代、天皇、皇族、貴族に近侍して護衛や雑務にあたった従者。

742(天平14)(24) 主典として造甲賀宮司に出向。

主典：旧官国幣社で、禰宜(神主の下、祝の上)の下に属した神職。

744(天平16)(26) 造甲賀宮司にあって大仏造顕に従事。

745(天平17)(27) 従七位下に昇叙。10月、この頃から大倭金光明寺(後の東大寺)の造営に関与。

747(天平19)(29) この頃、今毛人(今蝦夷)に改める。

748(天平20)(30) 東大寺三月堂の造営に関与。

■**聖武天皇の信任**：役民を巧みに動かし使い、聖武天皇の信任を得た。造東大寺司次官に補され、大国少掾を兼任。東大寺の造営に際して中心的役割を果たす。

749(天平勝宝1)(31) 大倭介を兼任。従五位下に昇叙する(7階級の特進)。

750(天平勝宝2)(32) 正五位上に昇叙する。

755(天平勝宝7)(36) 1月に、造東大寺司長官に昇任。

756(天平勝宝8)(37) 5月3日、聖武上皇崩御(56歳)により造山司に任命される。この間、怡土城(いと)、西大寺の造営に関与。

757(天平宝字1)(38) 造東大寺司長官解任。

759(天平宝字3)(40) 摂津大夫に転補。

■**唐招提寺建立**：平城京に唐招提寺建立。万葉集に集録された歌のうち，最も新しい年代の歌がこの年にあたる。

763（天平宝字7）（44）　造東大寺司長官に復職。

764（天平宝字8）（45）　太宰府管轄下の城郭の造営を監督する営城監に任ぜられ，九州に赴く。

765（天平神護1）（46）　太宰大弐（長官に次ぐ地位）に任命。築怡土城（前原市）専知官を任命され兼任。

767（神護景雲1）（48）　造西大寺長官に任ぜられ帰京。

775（宝亀6）（56）　遣唐大使に任ぜられる。翌年出帆するも順風を得られず，今毛人のみ太宰府から帰る。翌年4月には，摂津灘まで行ったが，病気のため渡唐できず。

777（宝亀8）（58）　遣唐大使として節刀を賜わる。平城京を出発するも，途中，病のために摂津灘に滞留。渡航できず。左大弁を辞し静養。

■**節刀**：律令制下，指揮官の権威を示す象徴として，遣唐使や出征の将軍に賜わった刀。

781（天応1）（62）　正四位上に昇叙。6月，員外帥藤原浜成を太宰府行政から外し，今毛人が執行すべきとの勅命。

784（延暦3）（65）　5月，長岡遷都に際し，造営手腕を買われて造長岡宮使に任命。

786（延暦5）（67）　4月，兼官（皇后大夫・民部卿・大和守）を解任，太宰帥（長官の役職）を兼任。

789（延暦8）（70）　1月に致仕（老齢のために引退）。

790（延暦9）　10月3日逝去。享年71歳。

# 重源 ちょうげん
1121(保安2)～1206(建永1)

平安末～鎌倉前期の僧。東大寺再建のための大勧進を行う。

1121(保安2) この年に生まれる。この頃の京は，造寺造仏で華やかであった。

1127(大治2)(7) 左馬の家の末子。幼名は不詳。

1133(長承2)(13) 醍醐寺にて出家。成人式(刀指)を済ませた。実名は重定。

■この頃，少年の重源は，作善(「一千日のあいだ無言にして転読する六時の懺法(罪障の懺悔)」ほかをいう)という名の修業を始める。

1136(保延2)(16) 僧として「五明」を専修。

■五明：因明(論理学)，声明(言語学，文学)，内明(宗教，哲学)，医方明(医学)，工巧明(建築，工芸，技術)のこと。重源は工巧明に興味を抱く。当時の造園家は，すべてが僧で「石立僧」と称された。

1155(久寿2)(35) 村上源氏のために作善(仏像・堂塔の造営など)をなす機会が訪れる。20有余年の工巧明が評価された。

1167(仁安2)(47) 春，博多津から宋商の船に便乗し，宋に向け出航。寧波に到着する。

1168(仁安3)(48) 宋国に約3ヵ月滞在。

■9月，栄西(1141～1215)と十余人の宋人を連れて帰国。「天竺(インドの古称)での仏教は滅し，天竺では婆羅門教と清真教(イスラム教)であることや，日本人は宋国人から小倭人，国家や国境に日本とはまったく異質な考え方をもつこと」など，在宋中の世界観・価値観を語る。

1169(仁安4)(49) ただひたすらに勧進を続ける (～1174年まで)。

1179(治承3)(59) 結縁勧進のために平重盛(41歳)を訪ねる。10月27日，平清盛(61歳)は政変を実行。

1181(養和1)(61) 院庁は「造東大寺大勧進」宣旨を下す。
　■**勧進**：藤原行隆(造東大寺長官)に自薦して，国庫からの支出は不要とした。法皇・院庁に大勧進の宣旨を下さることを願い出る。
　勧進とは，本来は人々を教化して仏道に入らせることから，堂塔の造営や写経などの善根を積むことを勧める意味に転じ，堂塔の造営のための金品の寄付を募ることを指すようになっていく。

1183(寿永2)(63) 博多津に滞在中の陳和卿と会う。
　■陳和卿に，大仏像の修理と大仏殿の造営を勧誘。はじめは帰国を欲していたが承諾する。その後，陳和卿は首の落ちた大仏を見て，修理が可能か否かを検討。陳和卿は「惣大工」(全技術長を総括する最高の管理責任者)に補任。
　■この頃，山上の板葺きの大湯屋，鉄湯船と湯釜を，南都鋳物師の草部を助が鋳造。800斤(1斤＝160匁(600g))の鉄，鋳造に必要な熟銅83,950斤，溶かすための木炭の準備，銅と錫を入手。砂金1,000両，押薄の金10万枚を陸奥平泉の藤原氏に頼る。

1185(文治1)(65) 源頼朝(39歳)から返書が届く。
　■「大勧進重源聖人」宛(3月7日付)返書「米一万石，砂金一千両，絹一千疋。東大寺御事，深く心中に懸け奉りて候」。
　■重源は，大仏鋳造仕上げ工事中，巨木・巨材の入手に悩む。砂金1,000両が届いても当面の十分な鍍金量とはならなかった。そこで，西行(1118～90, 67歳)に協力を要請。大仏鍍金用の砂金勧進のために奥州平泉の藤原秀衡(1122～87, 63歳)のもとに行く途中，鎌倉で頼朝に会う。鎌倉を8月16日出発し，10月12日に平泉に到着。

1187(文治3)(67) 大仏殿用の大材を取得することを頼朝に願い出る。
　■頼朝は，佐々木高綱(?～1214)に杣出奉行を命じる。大仏殿用の柱は大材で，直径は5尺(1.5m)内外，長さは6丈5尺(19.7m)～7丈5尺。万を超す人夫の労働力と食料が必要であった。佐渡川を一本ずつ筏流し，堰越しをするにも，多大な綱と鳶金物などを要した。

1190(建久1)(70) 約18万枚の屋根瓦の調達は，この年ま

で見込みが立たず。7月27日,高さ約27m,大仏殿に最初の檜の巨柱が立つ。

1195(建久6)(75) 3月12日,大仏殿落慶供養の日。

1199(正治1)(79) 6月,東大寺南大門を建立,上棟式。

1203(建仁3)(82) 東大寺総供養が行われる。

1206(建永1) 6月5日,俊乗坊重源入滅。享年85歳。

余話 重源には,墓といわれる石塔も塚もない。彼は,醍醐寺で真言宗を修行後,宋に三度渡って諸寺を訪ね,宋で建築工事に直接かかわった僧である。重源は,1181年(養和1)に造東大寺大勧進に補任。以後,全国をめぐって勧進を行い,宋から渡来した陳和卿らとともに,多くの困難を乗り越えて政治的・技術的解決を実現し,15年余の歳月を費やして大仏殿再興の大事業を完遂している。

今日,東大寺は「修二月会」で重源らを供養。二月堂の本尊・観世音菩薩の前で過去帳に記載された人の名前が読み上げられる。次の通り。

造東大寺大勧進大和尚南無阿弥陀仏

惣大工・宋人　陳和卿　「善慈」

造営の大施主・源頼朝　右大将

造営の大施主・源実朝　左大将

巨大な大仏殿は,1567年(永禄10)10月10日,松永久秀(1510～77)が東大寺に籠もる三好三人衆の軍を攻めたとき,兵火にあって焼失する。その後,大仏は142年間吹きさらし(露座)の状態で,これを嘆き公慶(1638～1705,三論宗の僧)は,幕府の許可を得て全国に勧進。1692年(元禄5)に大仏の修理を完成し,開眼供養を行う。翌年,この功績により将軍綱吉に拝謁。その後も西国に勧進を続けたが,大仏殿の落慶は死後の1709年(宝永6)。現在の大仏殿・中門・回廊・東西楽門はこのときの再建。

現在の東大寺大仏殿は,創建時の3分の2に縮小されているが,世界最大の歴史的な木造建築(高さ49m,東西57m,南北50m)の偉容を誇っている。

陳 和卿 ちんなけい(ちんわけい)
生没年不詳

平安末～鎌倉初期に活躍した宋の工人。重源と大仏殿再建に従事。

1182(寿永1) 来日とあるも，それ以前とする説もあり不明。

1193(建久4) 重源に呼ばれ尋ねる。

■所領として賜わった伊賀国の阿波，広瀬，有丸の三荘園を在庁官人が押領(力ずくで取ること)，陳和卿は大仏殿建立中，所領を賜わることは考えていなかった。重源は，商人でもある陳和卿が無欲で働くとは思えなかった。寺家の木工もようやく馴れたことにより，陳和卿にのみ多大な報酬を与えるのは不公平だとする問題が生じ，重源は双方の言い分を聞いて，両者を納得させることに努力した。陳和卿にとっての日本は，宋国のような国家とは考えてはいなかったし，いまだ蛮夷の国だった。寧波(ニンポウ)を出てから26年(?)が過ぎ，誇り高い宋人の顔をもつようになり，木工や寺家の人々には「驕慢」の男として映った。

1199(正治1) 南都に下向して17年。南大門の上棟式に続いて，竣工。

■勧賞(けんじょう)とは，功労を賞して官位を授けたり物を賜わること。陳和卿は，その功により勧賞される。日本人以外の宋人への適用は前例がなかった。伊賀国の阿波，広瀬，山田，有丸荘。播磨国の大部荘ほか，京の屋敷地を勧賞された。

■この時を最後にして，寺家(じけ)(寺・堂塔を含む総称)へ顔を出さなくなった。支給された住宅は，東大寺境内の水門の地で，南北に流れる吉野川が西に折れる角地にあった。大仏鋳造の鋳物大工及び大仏殿他の諸堂の惣大工に補任されたとき，生活に必要なもの，例えば，宅地，住宅，給田や作料，衣食料も与えられていたため，日常生活に困ることはなかった。

■報酬の多さは，和人から見れば不満があったが，重源は，彼がいなければ大仏殿造営も不可能であることを理解していた。

彼は，商人，職人である前に大宋国の人であり，馬上にあって宋人

としての誇りの象徴である剣をもち,つき従う従者・家来は,常に十数人いたという。

1216(建保4) 播磨国(兵庫県)大部荘の帰属をめぐり東大寺側と不和になり,鎌倉に下向する。

　■将軍源実朝に引見:重源入滅後10年,老齢となった陳和卿は,「将軍家(実朝)は権化の再誕(仏菩薩の再現の意)である」と判断し,将軍実朝(1192〜1219,24歳)の「恩顧を拝したい」と申し出る。築後左衛門朝重邸に宿泊し,大江広元(68歳)が尋ねた翌日に将軍に引見した。陳和卿は,嘘は真か不明な芝居がかった話をし,実朝は,自分が何かの生まれ変わりではないかと思うようになる。数日後,実朝は阿育王山(宋国の明州)を拝するために渡宋を陳和卿に伝えた。従者64人と奉行に結城朝光を決定。実朝の許可なく造船の沙汰におよんだ。

1217(建保5) 4月,鎌倉・由比ヶ浜に宋風の大船を作り終え,数百人の匹夫と御家人を集め,源実朝も列席。進水式を挙行。

　■進水に失敗:進水の行事は,午の刻(正午頃)開始,申の刻(午後4時頃)終了。船は浮き出さず。渡宋のための造船は失敗し,実朝は退出。本職でない家大工仕事の大仏殿では大成功したものの,船大工仕事の本職の造船で大失態。以降,陳和卿の名は歴史から消えている。

　余話 陳和卿の子孫:江戸時代初期までは,陳和卿の子孫は南水門に住み続け,「陳和卿」を名乗り,「陳」をもって姓として,檜木細工に巧みで相応の財をなしていた。1642年(寛永19)11月17日の南都大火に罹災し,すべての遺品や伝来の記録などが焼失した。
その後,『歴史夜話』の著者村井無名園古道が存命していた元禄年間(1688〜1704),陳和卿の末裔に「陳久右衛門」という入り婿がいて,俗名では呼ばずに「陳和卿」と称していた。南水門の地は,重源の東大寺造営当時は中水門,東水門などと呼ばれる境内地で,宋人達の居住地として与えられていた。今日の横浜の中華街のよう

な地区だった。
この地は、江戸時代の享保の頃までは「陳和卿旧宅址」と称されていた。「陳久右衛門」は一男一女を授かり、嫡男は宗慶房と号して東大寺の承仕（寺院で堂舎の清掃、仏具や香花の補充など日常的雑役にあたる者）となり、1704年（元禄17）に40歳で亡くなる。父の久右衛門は嫡男没後の同じ年に70歳で病没。女子は、山城の国の和束郷湯船村（現・和束町湯船）に移住し、村井無名園古道の健在中はなお存命していた。

ヴィラール・ド・オヌクール Villard de Honnecourt (Wilars de Honecort) 1175頃〜1240頃

フランスの石工長。建築に有用な多くの題材を描いた「画帖」を残す。

13世紀前半に活躍。建築を学ぶ人のために遺したノート（羊皮紙33枚からなるスケッチブック，Livre de portraiture., 1230〜50年頃）（パリ国立図書館蔵）は，通称『Lodge Book』と呼ばれ，広く知られていた。中世建築を知る上で最良の資料。

広くヨーロッパを旅行して得た機械，人体，彫像，動物の図面や建築的注釈が含まれ，さらに彼の継承者による多くの工学的・技術的な詳細が付加されている。

カンブレのノートル・ダム教会およびカソヴィ（ハンガリー）の聖エリザベト教会の設計者とされる。Paul Franklは，「彼はゴシックのヴィトルヴィウスに匹敵するであろう」と語っている。

中世のヨーロッパは，『建築十書』のような建築書を残さなかった時代。一方で，ゴシックの大聖堂を建てた建造者は，建築・技術や美術に関する多様な分野の「画帖」を残している。

フィリッポ・ブルネレスキ Filippo Brunelleschi 1377〜1446

イタリアの建築家，彫刻家。

1377 フィレンツェに生まれる。父は裕福な公証人セル・ブルネレスコ・ディ・リッポ・ラーピ。

■父は，公証人になる気のない息子にがっかりするものの，息子の希望を尊重して友人の金細工師に預けた。

1392(15) ベニンカサ・ロッティの下で，金細工の修業を始める。

■ブルネレスキは機械に強い少年で，金細工師への弟子入りは賢い選択だった。当時の金細工師は，多彩な技術をもち，広い分野に応用できた。複雑な技術を修得し，合わせて機械工学（おもり，滑車や歯車の仕組みや時計の制作など）に関する画期的な装置などを制作していった。

■ブルネレスキは，中世の職人の中ではエリートで，今日でいうところの工学，理学や芸術学部を卒業した優秀な人材といえる。仕事は，金箔による写本装飾，宝石や金属加工，七宝，彫金や金ボタン制作，そして聖堂，聖遺物箱，墓碑装飾などあらゆる細工物を手がけていた。一方，職場は，健康には不適で，例えば，金・銅などを溶かす大型のふいご，彫金には有害な硫黄や鉛，鋳造用の鋳型には牛糞や牛角の粉末が使用されていた。

■当時のフィレンツェでは，同業者組合が政治的・経済的に力をもっていた。都市国家では，政治上の公職は選挙制で，組合に入っていない人間に市民権はなかった。例えば，画家は医師・薬剤師などを含む医師・薬種商組合に属し，金細工師は絹織物組合に属し，そのほか石工・木工師組合や武具甲冑師組合などもあった。

1398(21) 金細工師として独立する。

1401(24) 戦争準備で石工達が城壁工事に総動員されたため，サンタ・マリア・デル・フィオーレ大聖堂の建設中断。

■**洗礼堂扉の競技設計**：後年，サンタ・マリア・デル・フィオーレ

大聖堂の工事に用いられた資材は約3,200トン。この頃の木材は高価だった。資材は、牛を利用した起重機を使用し、残された図面はなかった。

■サン・ジョバンニ洗礼堂北側扉のブロンズ板制作（旧約聖書を主題にしたコンクール）の競技設計が布告され、ブルネレスキとロレンツォ・ギベルティ（イタリア彫刻家，1378〜1455）のほか5名が参加する。

■ブルネレスキは、ペスト禍を逃れてフィレンツェを離れ、ピストイアに滞在する。

1402（25） 洗礼堂扉のブロンズ板の競技設計審査の結果、ブルネレスキとギベルティの両者が優勝となる。ブルネレスキはこれを不服として共同制作を拒否。結果としてギベルティが優勝し、以後22年間制作。

1403（26） この年ローマに赴く。ドナテッロ（イタリア彫刻家，1386〜1466，当時15歳）を伴って、ローマの古代遺跡調査を開始する。その後10年以上続行。

1410（33）〜1413（36） 大聖堂ドーム（円屋根）のドラム（円筒形ドームを支持する下部壁体部分）完成。

1413（36） この頃、「線透視図法」の実験を発表、評判となり名声を博する。

1416（39） フィレンツェに移る。

1417（40） 5月、大聖堂造営局から設計図作成を依頼され、大聖堂のドーム建設に参加する。

■ドームの設計図（羊皮紙）の設計料として10フィオリーノを造営局より受領。造営局は、大聖堂の建設以外にフィレンツェ共和国でのすべての軍事建築を担当。15世紀は、戦争技術の転換期だった。特に火薬（悪魔の発明とされていた）が渡来。数百キロの砲弾を飛ばす大口径の大砲も鋳造された。

1418（41） 8月19日、大聖堂造営局はドーム模型の競技設

計を布告する。模型制作を90日かけて完成,提出。模型は造営局の中庭に展示され,10年間置かれた。9月,税金滞納で公職に就くための資格を失う。12月,足場模型の審査が開始され,ブルネレスキ案とギベルティ案が残る。

1419(42) 競技設計の評判から6ヵ月で「リドルフィ礼拝堂」「孤児養育院」などの建築依頼を受ける。

1420(43) 4月,ギベルティやバッティスタ・ダントーニオとともにドーム建築総監督の一人に選出される。7月,大聖堂造営局・ドーム委員会は,正式に彼の計画案を採択。同時に,模型細部の仕様書も承認される。

■模型制作:ブルネレスキは,ドームの模型やその造り方は説明せず,俺しかできないのだと豪語した。完成したドームは,通路の内部と外部の二層になっている。ドームの階段は463段,屋根の重さは2,450トン,資材の重さは3,200トンもある。

■ブルネレスキの制作態度の特徴は,秘密主義と単独制作で,常に自分ひとりの業績にこだわり,アイデアを書き記す際には暗号を使い,その後40年間も実践していた。単独制作が拒否されると,自分からコンクールを降りるほどであった。

1421(44) 7月に杭張力環の建造を開始。夏に新しい巻上げ機(牛力巻上げ機)を完成。「輸送船の設計」に対して世界初の「特許状」授与。

1423(46) 7月,櫓(カステッロ:一種の起重機・クレーン)が完成。8月,杭張力環(木製)の模型にブルネレスキ案が選ばれる。同月,木の杭張力環の模型審査実施。ブルネレスキほか3名の応募者から選出され,賞金100フィオリーノ(当時,ブルネレスキは月3フィオリーノを支給されていた)を受け取る。

1424(47) フィレンツェのマルマンティーレの要塞建築に

関与。第5の杭張力環が設置される。

1425(48) 巨富を得て専制君主となったコジモ・デ・メディチ(1389〜1465, 当時36歳)により, サン・ロレンツォ教会改築を依頼される。

1427(50) 最初のアーチ・リングが完成する。高さ20mのドラムはほぼ完成していた。

■ドームの八角形に合わせた特殊な角度のものなど, 多様な型紙が必要だったために一時は羊皮紙が不足し, パリンプセプト(一度描いたものを消し, 再度描けるようにした羊皮紙)用の古書を購入し, そのページを破って文字を消し, その上に設計図を描いていた。

1428(51) 最初の特許状を得た輸送船「イル・バダローネ」進水。最初の航海に失敗し(積荷は大理石), 船の建造費と大理石購入費を弁償する。

1430(53) 3月, 戦場に派遣される。ルッカ攻撃の「水攻め案」を提案するが, 逆に運河を決壊され大損害をこうむる。

1432(55) 6月, 大聖堂造営局から塔頂部(ランタン)の模型制作を発注される。コジモ・デ・メディチが追放処分となる。これにより, 有力なパトロン(後援者)を失う。

1434(57) 石工組合会費不払いを理由に逮捕・投獄される。約2週間で釈放(8月31日)。

■**逮捕の背景**:石工組合の年間組合費(現場で働く労働者のほぼ1日分の賃金と同じ)を突然要求され, 逮捕。石工組合は, 職業上の「秘伝」を守ることが目的で, 技術を組合で独占して経済的な自立を保障していた。また, 共和国の公職に就くには組合員であることが必須条件だったが, フィレンツェの石工組合は自由で, ブルネレスキは組合員ではないのに建築の仕事が認められていた。一方, 政治活動を行っていたことにも起因。

1435(58) フィレンツェ初期ルネサンス様式のサントスピ

リト聖堂起工。

1436(59) 大聖堂の献堂式が挙行される（3月25日・受胎告知日）。ドームの奉献あり（8月30日）。以後，建設作業は140年にわたった。

1442(65) 新しい巻上げ機の制作を開始。

1446 4月15日，フィレンツェにて死去。享年69歳。5月15日，大聖堂に埋葬される。3月にランタンの礎石が，フィレンツェ大司教の聖アントニヌスにより据え付けられる。

1972 ブレネレスキの墓石・遺骨が考古学調査によって発見される。

ブルネレスキはフィレンツェの建築家で，ルネサンス期において最も有名であり，かつ第一人者。彫刻や金細工を修業し，幾何学，法律や透視図法の原理を学修。当時の芸術家や思想家は，結婚も女性も軽視していたため，生涯独身を貫いた。

ミケロッツォ・ディ・バルトロメオ Michelozzo di Bartolommeo
1396～1472

イタリア，フィレンツェの建築家，初期ルネサンス期の彫刻家。

通称ミケロッツォ・ミケロッツィ（Michelozzo Michelozzi）。

1396 イタリア，ブルゴーニュ出身のバルトロメオ・ディ・ゲラルド（1376年フィレンツェ市民となる）を父に，フィレンツェに生まれる。

1417(21) ギベルティの助手として従事（～24年）。

1420(24) サン・フランチェスコ小教会（ムジェッロのボスコ）を建てた（～27年）。

1425(29) ドナテッロとアトリエを共有（～33年）。

1430(34) 30年代の頃，主たる関心を建築に向け始める。メディチ家別荘をトレッピオに建設・改造。最初の重要な仕事となる。

1437(41) フィレンツェのサン・マルコ教会の仕事を開始し，聖具室を建設した（43年まで）。

1441(45) 回廊，図書館を建設。

1444(48) 最初のルネサンス大邸宅パラッツォ・メディチ・リッカルディ建設開始。

■パラッツォ・メディチ・リッカルディは，拒絶的な要塞のような外観を呈していた。

■1455年まで，サンタ・アンヌ・ツィアータ教会の内陣司祭席と聖具室をデザインした。内陣自体は，アルベルティ（1404～72）によって1430～33年に完成されている。

1446(50) フィレンツェ大聖堂の建築主任の地位をブルネレスキ（1377～1446）から引き継ぐ。

1451(55) メディチ家の別荘（カッファジィオーロ）の外観は要塞のようであった。

1452(56) サンタ・マリア・デッレ・グラツィエ小教会を建設。
1457(61) メディチ家の別荘(カレッジ)の仕事に関与。
1458(62) メディチ家の別荘(フィエゾーレ)は,外観は軽快で優雅なほどのデザイン(〜61年)。
1462(66) ミラノに居住し,ティナリ礼拝堂を建設。1463年まではドゥブロクニークに滞在し,パラッツォ・ディ・レットーリをデザインしている。
1472 享年76歳にて死去。

|余話| **ブルネレスキ以後**:優れた判断力と秩序づけのできる人物と見なされ,最も有能な建築家として評価された。特に,後にフィレンツェ市民から「国父」と呼ばれたコジモ・デ・メディチ(Cosimo de Medici, 1389〜1464)もバルトロメオの才能を認めていた。コジモ・デ・メディチは,15〜18世紀にフィレンツェに繁栄したイタリアの財閥の2代目の息子で,従来の共和政治を改変することなく,専制君主となった。後に放逐され,再度帰郷してルネサンスの文学と美術を保護した。サン・マルコ僧院・教会を拡大したり,ブルネレスキ,ギベルティ他の芸術家をその膝下に集め,ルネサンス初期の文学・美術の発展に寄与している。

レオン・バッティスタ・アルベルティ Leon Battista Alberti 1404〜72

ルネサンス期の学問・技術の碩学「万能の天才」,建築家。

1404 2月18日,ジェノヴァに生まれる。最も有名な商人貴族,高貴な家柄,銀行家の家系で,国外追放の身であったロレンツェ・アルベルティの庶子(父親が自分の子として認めた私生児の意)。

1414(10) ヴェネツィアに移住。父親の方針で早くから英才教育を受ける。パードヴァのガスパリーノ・バルスィッツァのもとで古典学と数学を学んだ。若い頃から,地理の研究と古代遺跡の実測に励み,文筆を好んだ。

1421(17) ボローニャ大学入学。教会法で学位取得。

1428(24) 同大卒業。後に,アルベルガーティ枢機卿の知遇を得て,初めてフィレンツェを旅行。

1431(27) ローマを訪れ,教皇に仕える。

1432(28) 法王庁の書記官となる。後に,ローマに居住。エウゲニウスⅣ世,ニコラウスⅤ世,ピウスⅡ世の3代の法王に重用され,1464(60歳)まで書記職を継続した。

1434(30) エウゲニウスⅣ世とともにフィレンツェに滞在し,ドナテッロやトスカネッリらと親交を深める。

1435(31) 著書『絵画論』(ラテン語版)出版。

1436(32) 著書『絵画論』(イタリア語版)出版。

1443(39) 著書『建築論』(ラテン語版)執筆。法王ニコラウスⅤ世に献呈。1455年に出版。以降,牽引法と高度の測定法に関する著作『重量,梃子,牽引法』,市民生活に関する著作『家族論』,『市民生活論』,散文などの艶話集を著す。

1447(43) 教皇庁所属の記念物監督官就任 (〜55年)。こ

の間,円形教会サン・ステファノ・ロトンド(5世紀頃,ローマ)を修復。最初の業務は,パラッツォ・ルチェライ教会(フィレンツェ)の正面(ファサード)といわれている。この教会は,ベルナルド・ロッセッリーノにより改造修復されている。

1450(46)〜**55**(50) テンピオ・マラテス・ティアーノ(記念堂)改修工事に従事。

1452(48) アックア・ヴェルジネ水路(破壊された)を修復。以後,1466年,1472年に繰り返し改修。

1453(49) 水路に大理石装飾を付した噴水を建造。今日のトレヴィ広場の大噴水彫刻は,後の1731〜51年にかけてニッコロ・サルヴィ(1697〜1751)によって全面的に造り直された。

1456(52)〜**70**(66) サンタ・マリア・ノヴェラ聖堂の正面起工。1470年に完成。
■この正面は,正方形の組合せと単純な数的比例による初期ルネサンス建築の代表作である。

1460(56) サン・セバスティアーノ教会設計。
■円形について:著書『建築論』で,円形について「自然は円形になじみが深く,その形から導かれるものをもち,形成し,また生むことは明白。天体,樹木,生物およびそれらの巣,その他の諸物の円形,それらすべてが丸いことを望んだ,と思い起こしてみても別に驚くにあたるまい。」と記している。

1470(66) サンタンドレア教会設計。
■サン・セバスティアーノ教会とサンタンドレア教会は,アルベルティの完全に関与した数少ない建物といわれている。その後,これらの建物は,これ以降の近世の建築に多大な影響を与えている。

1472 4月20日,ローマにて死去。享年68歳。

アルベルティは,生涯に6つの建物を設計し,そのうちの3つが完成

している。その仕事は，設計のみで，実際の建設作業には関与していない。しかし，完成した建物はすべて傑作といわれている。

貴族的で気品を携えた気質で，ラテン語習得，建築術，透視画法，絵画の各分野の作品を制作し，多くの著作を残している。あらゆる学問と技術に精通した理論家で，「万能の天才」ともいわれていた。

品行方正な賞賛すべき才能ある人物であると同時に，建築理論家であり，劇作家，音楽家，画家，数学者，科学者に加えて，運動競技者。ルネサンス期の「万能の人」に近づいた理想的な人物といわれている。

ドナト・ブラマンテ

Donato Bramante
1444〜1514

盛期ルネサンス期の最初の才知・博識の実践型建築家。

1444 イタリア，ウルビーノ近郊のペーザロ（現フェルミニャーノ）に生まれる。父は画家にしようと決めていて，ブラマンテも甘受しようと決めていた。

■若い頃，フェデリコ・モンテフェルトロ公の人文主義的な宮廷の雰囲気の中で，ピエロ・デッラ・フランチェスカやフランチェスコ・ディ・ジョルジョ・マルティーニ（1439〜1510，初期ルネサンス期の建築理論家）など当時の指導的な芸術家と交流していた。

1476(22) ミラノに移り住む。ベルガモのパラッツォ・デル・ポデスタの正面の透視図的装飾を描く。ミラノでの活動は，1499年まで22年間続く。

1479(35) ドヴィコ・スフォルツァ公に仕える。

■公のために，ヴィジェヴァノにて装飾画家または建築家として活躍。

1481(37) 画家のための図面制作をしている。画家のための透視図の範例として，銅版印刷された図面を描いている。

1482(38) サンタ・マリア・プレッソ・サン・サティロ教会（ミラノ）設計。最初の重要な建物で，この年に起工開始。

1488(44) パヴィア大聖堂の顧問に任命される。

1492(48) サン・タンブロージオ教会（ミラノ）の参事会員のための回廊を設計。さらに1497年，同教会の4つの回廊を設計。うち2つは1576年以降に設計通りに完成。

1499(55) ローマに移り住む。スフォルツァ家の滅亡により，当時のイタリア芸術の中心都市ローマに逃れている。

1500(56) ローマにての最初の作品サンタ・マリア・デッ

ラ・パーチェ教会の回廊を設計。

■古代ローマ的な荘重さと静謐さをもつ。

1502(58) サン・ピエトロ・イン・モントリオ教会(ローマ)の小さな円形のテンピエット(Tempietto)を設計。

■**テンピエット**:古代ローマ風の表面装飾はなく,重厚・荘重感を表現。盛期ルネサンス期の最初の記念すべき建造物と評価される。テンピエットは,直径約8mの小規模な集中式円形堂で,上下2層。1層の周囲には柱廊をめぐらし,頂上には円屋根をもつ。

1503(59) ローマ教皇にユリウスⅡ世(1503〜21)が選出。ユリウスⅡ世は,ヴァティカンとサン・ピエトロの建築計画立案を承諾。

1505(61) コルティレ・デル・ベルヴェデーレンの塔内の螺旋状の斜路は,当初のまま残存。サン・ピエトロ大聖堂のための集中形式の教会堂を設計。

1509(65) サンタ・カサ教会(ロレト)設計。

■外観は,多くの彫刻により重厚で華麗な装飾。

1510(66) パラッツォ・カプリーニ設計。粗石積み仕上げによるデザインは後に模倣される。

1514 ローマにて死去。享年70歳。

レオナルド・ダ・ヴィンチ

Leonardo Da Vinci
1452〜1519

「最後の晩餐」制作。科学的視野に通じた万能の芸術家。

1452 4月15日(土)夜3時,ヴィンチに生まれる。

■**家族と少年時代**:祖父アントニオ(80歳),祖母ルチーア(59歳),父セル・ピエロ(25歳),義母アルビエラ(16歳),叔父フランチェスコ(17歳)とともに,セル・ピエロとカテリーナとの間に庶子(父が自分の子として認めた私生児)として生まれた。ダ・ヴィンチ家は,13世紀以来の名家。

■**父ピエロ**は,レオナルドの生まれた年に,フィレンツェの富豪アマドーリ家の娘アルビエラ(16歳)と再婚した。父は4回結婚。母カテリーナは,レオナルドを生んで後,近くの小さな村(カンポ・ゼッピ)の農夫と再婚した。

■**少年時代**は,ヴィンチののどかな田園風景の中で,草や木,小動物,自然の移り変わりを経験し観察しながら過ごす。後に,風景について,「風景を好まない者は,風景の研究など簡単で容易なことだと言う。あのボッティチェッリがよい例。彼は,様々な色を含ませたスポンジを壁に投げつければ,壁の上にできたしみの中に見事な風景が見えるから,風景の研究など無用だと。そのような画家は,お粗末な風景しか描かないのだ…」と述べた。

■**父ピエロ**は,レオナルドに収入の多い職業を選ぶように忠告していた。父は,いくつかの制作を携えて,昔からの親友で,金工師で画家で彫刻家のアンドレア・ヴェロッキォにレオナルドを紹介した。まもなく,ヴェロッキォの画室に弟子入り(ヴェロッキォはレオナルドより17歳年上)。

1468(16) 父は再婚し,フィレンツェに移住。

1469? フィレンツェのアンドレア・ヴェロッキォの工房で修業。後に独立。

■**工房の職人**:15世紀後半,中世以降のイタリア美術は,職人芸術家を庇護した権力者の要望を反映して,世俗化の傾向を強めてい

った。加えて，社会的に低い位置に甘んじていた職人芸術家は，表現能力に一層の創意と洗練を加え，徐々にエリートとなっていった。

■ルネサンス芸術は，工房から誕生。工房では，親方が企業家で徒弟達と仕事を請け負い，一緒に壁画や建築など大きな仕事を完成させた。当時の芸術作品は，複数の職人によって制作された。工房は版画やモザイク，家具や旗，祭典パレードの準備，舞台装置など造形芸術に関わる全ての仕事を請け負う。まさに，工房の職人は万能の芸術家であった。

■レオナルドは，4年間ヴェロッキォの工房に助手として留まり，ヴェロッキォの「キリストの洗礼」を手伝った。独立後も師匠の工房に協力した。

1472(20) サン・ルカ画家組合にマエストロ（親方）として登録される。

1476(24) 4月9日，男色罪で告発される（3人）。この日，最初の審問があったが，何の証拠もなく，次の審問でも証拠もなく，告発は却下される。

1480(28) 素描図「飛行の研究」や潜水艇（水面と川底を水流によって運ばれる物体），潜水装置を設計。

1481(29) サン・ドナートア・スコペート修道院の僧達から，祭壇の後ろに飾る「東方三賢者の礼拝」を描く注文を受ける。

1482? ミラノに移住し，ルドヴィーコ・スフォルツァ・イル・モーロ公に仕える。美術家や学者としてではなく，宮廷付きの音楽師として招聘される。

■モーロ公に自分の発明した軽くて火に燃えない橋，敵陣の中へ突っ込んでいく有蓋車や射石砲，大砲等を列挙した手紙を送った。また都市改造も考えていた。

■1484～85年，ミラノにペストが流行。手がつけられないほど荒れ狂い，市の人口の約3分の1以上にあたる5万人以上が死亡。

1483(31) 4月25日，祭壇画「岩窟の聖母」の契約。制作

完了は，12月8日聖母マリア受胎祭の日。

1485(33)～**90**(38) 肖像画「チェチリア・ガレラーニの肖像」を制作。

■1515年までの約30年間，人体の解剖を実施。自らも30数体の遺体を解剖し，750点におよぶ解剖図，解剖手稿を残している。最初に人体解剖を行った画家は，フィレンツェのポライオーロ（1433～98）。

1488(36) 1月13日，イル・モーロの甥ジャンガレッツォ・スフォルツァとナポリの皇女イザベッラ・ダラゴーナの婚礼行列を演出し大成功を収める。

1490(38) ミラノ宮廷建築家として，ブラマンテ（1444～1514，46歳）と「画家にして総括技師」の肩書を授与される。

■スフォルツァ家の諸慶事，祝典の監督演出などに関与。肖像画「ラ・ベル・フェロニエール」「音楽家の肖像」「女性の肖像」制作。ブラマンテとミラノで過ごした18年間は，ルネサンス建築の古典主義的完成期の根本的な原理が熟成されてゆく期間でもあった。

1493(41) 7月16日，カテリーナ（生母）が訪れる。壁画「最後の晩餐」を委嘱されている。

1494(42)～**97**(45) ラテン語の勉強を開始。

■この頃，生みの母カテリーナは，没落した実家からミラノの彼の家を訪ねるなど，親密な生活を送っていた。この年に母親カテリーナ死去（享年67歳）。

■トスカーナ地方の農民は，朝パン一切れとワイン半カップを飲んで仕事に出かけていた。レオナルドは，幼年時代トスカーナ地方で過ごしていた。

■ジョヴァンニ・ボルトラッフィオは，画家レオナルドに入門。「師匠は，何でもできた。また，知らないことなど何もない。弓や弩の名人であり，優れた騎手，水泳の達人，石弓や撃剣の名手。師匠は左利きで，一時に多くの仕事に手を染めたり，一つの仕事を仕上げ

ずに,他の仕事を始めることもあった」と記す。

1496(43) 数学者ルカ・パチオーリに招聘され親交を結ぶ。

1498(45) ジェノヴァに出かける。目的は,フランス軍の攻撃に対して要塞が堅固であるかを点検するため。2月,壁画「最後の晩餐」(サンタ・マリア・デッレ・グラツィエ教会)は,ほぼ完成。

■彼は聖書を熟読し,劇的な場面を描くために最も己の心に適ったマタイ伝を選択している。

1499(46) ミラノ・マントヴァ(ゴンザーガ家の客人として)からヴェネツィアへ移り住む。フランス軍兵士の略奪が,ミラノ市内を荒廃させていた。

1500(47) フィレンツェに戻る。この頃,素描画「聖アンナと聖母子」を制作。

1502(49) チェザーレ・ボルジアに仕える。

■チェザーレ・ボルジア(イタリア,1475〜1507)は,法王アレクサンデルⅥ世と有名なローマの遊女との間に生まれたルネサンス期の典型的専制者。

■8月18日付のボルジア家発行のレオナルドの通行証には,「本証を携帯するわが親愛なる卓越した友,建築及び技術総監督レオナルド・ダ・ヴィンチ」と記載されている。

1503(50) 秋,フィレンツェ共和国の終身大統領ピエロ・ソデリーニにより,軍事技師として招聘される。

■大統領は,攻城機を作らせるためにレオナルドをピサの陣地に送り,パラッツォ・ヴェッキオ宮殿内の会議室の壁に,後世に残すべき戦闘の絵の制作を依頼。レオナルドは「アンギアーリの戦い」を選び,大壁画の制作に没頭。また風景肖像画「モナ・リザ」を制作(〜06年)。

1504(51) 彫像「ダビデ」を据える話で激怒。

■大統領は,一流の画家や彫刻家を集めて,ダビデをどこへ据えたものか協議させた。その時,レオナルドはシニョーリア広場のオル

カーニャ涼廊の中の中央アーチに据えるべきだと主張。これを聞いたミケランジェロは、「レオナルドは嫉妬のために、太陽が決して大理石を照らすことのない、一番暗い隅っこにダビデを隠して、誰の目にも触れさせまいと思っているのだ」と指摘。

7月、父死去。

1506（53） ミラノへ。フランスのミラノ総督シャルル・ダンボワーズから招聘状が届く。

1507（54） ルイⅩⅡ世（フランス、1462～1515、称号「国民の父」）よりライオン制作を委嘱される。奇抜な一頭のライオンを制作。その結果、「王室画家兼技師」に任ぜられる。

1509頃 解剖図「女性の内臓」を素描。

1510（58） シオン修道会総長に選任される（～19年）。
　■シオン修道会は、組織された武装集団またはテンプル騎士団と呼ばれた。主な歴代総長は、以下の通り。ボッティチェッリ（39歳）画家。ニュートン（42歳）イギリス、数学他。ユーゴー（42歳）フランス、小説家。ドビュシー（33歳）フランス、作曲家。コクトー（29歳）フランス、作家。

1513（61） 9月24日、ミラノからローマに移住。

1515頃 壁画「大洪水」を制作。

1516（64） フランス王フランソワⅠ世の招聘でアンボワーズへ行く。後に、城を贈与される。
　■フランソワⅠ世と母親のために、理想都市を建設することを意図したスケッチが残っている。Ⅰ世（1494～1547）は「文芸復興の父および復興者」と呼ばれた。

1517（65） 左利きだったが、右腕が痛風で不自由。 肩書きは、「王室主席画家、建築家技師」。
　■最後の3年間は、聖書を熟読。それまで信仰をもつとか神に祈ることはなかったが、死期を知ると、熱心にキリスト教の教義に耳を

傾け,臨終にあたり終油の秘蹟を受けた。

1519　5月2日,アンボワーズにて死去。67歳。

肩書きは,『王の第一の画家,技術者,建築家,舞台装置家』。レオナルドが設計した建築は,今日何一つ残っていない。画家としても,実際の作品数は少なく,証明可能な作品は9点。絵画が芸術の最高のもので,多くの時間は,科学・数学・建築や解剖に費やす。手稿には「よく生きたものには,よき死がある」と。

レオナルドは,人体を機械とみなし,人体の構造に目を向けていた。人体はどんな構造であるかに関心をもっていた。彼の写実は,主観的・精神的な心奥を客観的に表現することで,写実のための写実ではないと評されている。また,絵画のほかに彫刻,建築,築城,広汎な自然科学にも通じた,まさに「ルネサンスの巨匠にして万能の芸術家」。

ミケランジェロ・ブオナロッティ Michelangero Buonarroti 1475〜1564

イタリアの画家，建築家。神秘的な霊感をもつ「天才的万能人」。

1475 3月6日に，父レオナルド・ディ・ブオナロート・シモーニ，母フランチェスカ・ネーリ・ディ・ミニアート・セーラ。フィレンツェの没落貴族の息子として，ミケランジェロカプレーゼ(カゼンティーノ)に生まれる。

1481(5) 母死去。

1488(12) ドメニコおよびダヴィデ・ギルランダイオの工房に3年契約で入門するが，1年後にやめる。後に，ロレンツォ・ディ・メディチ(4年後に没)の庇護を受ける。古代彫刻を勉強し，大理石による最初の作品「ケンタウルス」「スカラの聖母」制作。メディチ家所有のサン・マルコ庭園で彫刻家ベルトルド・ディ・ジョヴァンニの指導を受ける。

1490(14) 彫像「階段の聖母」制作。

1494(18) フィレンツェを出奔。ヴェメティアとボローニャに行く。ボローニャに1年間留まり，聖ドメニクス墓碑の制作に携わる。

1495(19) フィレンツェに戻る。

1496(20) ローマに滞在。「バッカス」像を制作。

1497(21) 「ピエタ」像制作をバチカン教皇庁より委嘱され，2年間その制作に没頭する。

1501(25) フィレンツェに戻る。「ブリュージュの聖母」「ピッコローミニ祭壇彫刻」(シエナ)「ダビデ」大理石像制作の命を受ける(8月16日)。

■巨大な大理石の塊は，ダビデの巨人像のために採掘された。1462年，彫刻家アゴスティーノ・ディ・ドウッチョ，1476年，ア

ントニオ・ロッセリーノに依頼するも断念。レオナルド・ダ・ヴィンチにも拒否され，生来の負けず嫌いから先代の断念したことへ挑戦する意欲が沸く。

1502(26)「ダビデ」ブロンズ像を委嘱される。

1504(28)「トンド・ピッティ」「トンド・タッディ」「トンド・ドーニ家の聖家族」を制作（トンド（tond）とは，円形浮き彫りの絵画の意）。壁画「カッシナの戦い」委嘱。「ダビデ」大理石像が完成（1月25日）。彫像「ピッティの聖母」（フィレンツェ）制作。

■**ダビデ像**：ダビデの巨人像は，初めは大聖堂の内部に展示する予定が，中庭のちに政庁前広場に設置。移動には4日間を要した（像の高さは4.1m以上）。作品は，「死人の復活」だと，妬みと非難の声や狂信的かつ破壊的な行為に晒された。昼夜とも衛兵が見張る。恐れと緊張とを表すダビデ像は，1910年以来，レプリカ（複製）が展示されている。

1505(29) 教皇ユリウスⅡ世（第216代，1503～13）が自らの墓碑の制作を委嘱。

1506(30) 墓碑制作をめぐってユリウスⅡ世と互いに自説を主張して譲らず，フィレンツェに戻る。「カッシナの戦い」の下絵の制作を再開。発掘された「ラオコーン」に感嘆。この頃，彫像「聖マタイ」（フィレンツェ大聖堂内陣のために）制作。

1507(31)「聖家族」制作。

1508(32) システィーナ礼拝堂の天井画（フレスコ画）の契約をする（～1512年10月まで）。

■**天井画**：この天井画をワインとパンだけでひたすら描く。着のみ着のまま，靴も脱がずに幾日も仕事に打ち込んだため，足もただれ，靴を切ったら皮まではがれたという。手紙を読むにも，頭の上にかかげて見なければならないほど癖がつく。

■システィーナ礼拝堂の天井画制作は，レオⅩ世礼拝堂(1514年頃)よりも重要な業績と評価されている。

■レオナルドは，この天井画は「若者の人体も老人の人体も，同じ筋肉，同じ輪郭で描かれている」と非難した。

1514(38) 「復活のキリスト」委嘱。ユリウス墓碑の新契約を交わす。レオⅩ世(メディチ家出身)より礼拝堂(ローマのカステル・サンタンジェロ)の外観デザインを委嘱(建築関連の最初の作品)。

1515(39) 6月16日，弟ブオナロートに手紙を書く。彫刻「モーセ(ユリウスⅡ世墓碑部分)像」制作。

■「(フィリッポ・ストロッツィに宛てた君のための推薦状が)うまくいかなかった場合は許してもらいたい。それは私の本業ではないのだから…」。2週間後，「君が私に頼んでいた手紙を書きました。それがよくなかったことはわかっています。(物書きは)私の本業ではないし，追従的な推薦状を書くことには能力がないのです」。

1516(40) ミケランジェロと弟は，砲学と築城術に精通した人物として，アルジェンティーナ・マラスピーナに推薦されている。

1521(45) メディチ家墓碑の制作を開始。「復活のキリスト」を制作。

1525(49) フィレンツェのサン・ロレンツォ教会のための図書館をデザイン。

■それまで純粋に装飾的要素であった付け柱を，構造壁に採用し，天井を支持する構造体として設計。

1526(50) 「ジュリアーノ墓碑」の制作を開始。

1527(51) メディチ家が追放され，サン・ロレンツォ聖堂の仕事が中断される。

■反メディチ家の市民暴動により，ダビデの腕と左手が破壊され，3日間落ちたままとなる。ヴァザーリとサルヴィアーティが収集し

整えた（像の修復ではなく）。1543年，コジモⅠ世は，「ダビデ像」の腕と左手とをつけさせる。

1528(52)～29(53) フィレンツェの要塞化の仕事に従事する。攻撃的であると批判を受ける。

1529(53) フィレンツェ防衛築城委員長（任期1年）に選挙にて任命さる。

■"自由および平和の十人委員会"の軍事九人委員会の一員に，自由都市共和制市民の信望を得て任命される。共和国政府のための「要塞」を設計するのが目的（当時のフィレンツェは，官吏・軍人は非職業，市民権なし）。

1530(54)「レダ」「アポロン」制作。

1531(55)「曙」「夜」制作。

■「人間は太陽と光とともに蘇り舞い戻る不死鳥ではない」ことを悟り，服毒を免れる。「神の愛を求める魂を鎮めるものは，絵でも彫刻でもない。神は，私たちを受け入れるために磔になられた」。

1533(57)「最後の審判」委嘱される（～1541年）。

1534(58) 9月中頃，フィレンツェを去る。1545年，メディチ家礼拝堂の落成式挙行（15年後）。ローマに移住し，残りの生涯を送る。

1535(59) 教皇庁付き画家・彫刻家・建築家に任命される。この頃，素描画「クレオパトラ」制作。

1538(62) カンピドリオにマルクス・アウレリウス帝の騎馬像を設置。カンピドリオ広場の計画（～64年）。

1539(63)「ブルータス」像制作。

1542(66) パオリーナ礼拝堂の壁画着手。

1544(68) カンピドリオ広場の整備事業を開始。ユリウス帝墓碑の建築部分を完成。ヴィットリア・コロンナのための素描「キリストの磔刑」「パウロの回心」（パオリーナ礼拝堂）。

1546(70) 「ペテロの磔刑」(パオリーナ礼拝堂)に着手。教皇パウルスⅢ世は,彼をサン・ピエトロ大聖堂主任建築家に任命。自分の本業は建築ではなく彫刻であるとして拒否するが,後に受諾。

1550(74) パオリーナ礼拝堂の壁画完成。

1553(77) フィレンツェ大聖堂「ピエタ」制作開始。

1555(79) 「パレストリーナのピエタ」制作着手。

1557(81) サン・ピエトロ大聖堂のドーム模型を作製。

■若い頃から建築には興味をもっていた。前期の建築作品は,1514年からローマに移住する1534年9月までの間。フィレンツェでの初期の特徴は,青灰色砂岩(ピエトロ・セリーナ)を使った線による構成に白大理石(カッシーナ産)を用いた装飾彫刻を配したもの。表面的で繊細な陰影の調子を重視。ローマ以降では石灰華を多用し,自分の彫刻よりも古代の彫刻作品を用いて,建築各部の凹凸による明暗を活用して仕上げている。あたかも彫刻や鋳造によって造り出されたような有機的形態として構想されていた。建築の部位は,明らかに人体の部位と同じであり,そのために人体の解剖学について精通した者でなければ,本当に(建築を)理解することはできないだろうと。

1559(83) サン・ジョバンニ・ディ・フィオレンティーニ聖堂,サンタ・マリア・マッジョーレ聖堂のスフォルツァ家礼拝堂(没後変更され完成),ラウレンツィアーナ図書館の玄関階段の模型を作製。「ロンダニーニのピエタ」着手(~64年)。

1560(84) ピア門を設計。

1561(85) サンタ・マリア・デリ・アンジェリ聖堂。ディオクレティアヌス帝の浴場の中央ホールの改造プランを採用(18世紀に完成)。

1564 2月18日にローマの自宅にて死去。享年88歳。フ

ィレンツェのサンタ・クローチェ聖堂に埋葬された。

ミケランジェロは，解剖学者といわれ，人体の筋肉の動きや人体を正確に描くことに執心していた。主要なデザインは，死去時にはすべて未完成。しかし，その影響は計り知れない。真の後継者は，彫刻家であり建築家であったジャンロレンツォ・ベルニーニ (1598～1680) である。初期ルネサンスのアルベルティ (1404～72) のような「万能人」の概念とは対照的に，仕事に取り付かれ，非社交的で疑い深く，無情で病的な自尊心をもつなどの一面もあった。

ラッファエッロ・サンツィオ（ラファエル） Raffaello Sanzio 1483〜1520

盛期ルネサンス美術の三大巨匠の一人，最高の画家，建築家。

1483 ウルビーノ公国に生まれる。母は8歳の時死去。父（宮廷画家）は11歳の時に死去。若くしてピエトロ・ベルジーノ（ペルージア）に師事して画家の修業を積む。

1500(17) 父の工房を引き継いで「マエストロ」と呼ばれる。工房には，約30人の弟子をかかえていた。

1504(21) 「マリアの婚姻」（初期の絵画作品）。
■作画構成では，中心にドームのある建物があり，建築に対する強い感覚と集中式平面の構造物への特別な興味が表現されている。
フィレンツェに滞在。

1505(22) 「無口な女」を制作（〜07年）。

1506(23) 「自画像」を描く。「大公の聖母」を制作（〜06年）。自画像は，一人ではなく，弟子と二人で画面を構成している。

1508(25) ローマに移住。教皇ユリウスⅡ世に仕える。ヴァティカン宮の署名の間の四部作を描く（フレスコ画制作に従事）。
■描かれた「アテネの学園」の作品は，建築透視図法で見事に表現されている。

1510(27) 「エガキエルの幻想」を制作。

1511(28) サン・エリジオ・デリ・オレフィチ教会（ローマ）1514年起工。ドームは，ベルッツィにより1526年に着工といわれている（1542年完成）。

1512(29) サンタ・マリア・デル・ポポロ教会内のキージ礼拝堂（ローマ）設計（〜13年）。集中式平面をもつ教会は，ベルニーニによって完成。

1514(31) フラ・ジョコンド, アントニオ・ダ・サンガッロとともに, サン・ピエトロ大聖堂の建築家に就任。

■**ブラマンテ案を変更**：ブラマンテ案にバシリカ風の変更を加えている。

■フラ・ジョコンド(1433頃〜1515)は, ドミニコ修道会士。アントニオ・ダ・サンガッロ(1485〜1546)は, ローマにおける盛期ルネサンスの主導的建築家。彼の死後のサン・ピエトロ大聖堂の後継建築家はミケランジェロである。

1515(32) この頃, パラッツォ・ブレッシャーノ—コスタ(ローマ)設計(現存せず)。ローマ古代遺跡発掘の監督官に就任。ローマ遺構すべての実測図作成と復元を提案。

1517(34) この頃, パラッツォ・パンドルフィニ(フィレンツェ)設計。実施は, ジョヴァンニ・フランチェスコ・サンガッロ。1530年以後は, アリストティーレ・サンガッロが関与。この年, ヴィラ・マダマ(ローマ)を起工するが未完。

1520 ローマにて死去。生涯独身。

作風は, 遠くはブラマンテ, レオナルド, ミケランジェロの影響を受け, 宮殿の壁画・肖像画や聖母画などを, 女性的で優美かつ明快な図法を駆使し, 工房の多くの職人を指揮監督して大作を完成している。つねに人間美の理想的な完成を追求して, ルネサンスの調和の精神を体現している。芸術の真髄は, 完璧に理想化された美的調和に表現されている。

ミケーレ・サンミケーリ Michele Sanmicheli 1484〜1559

ヴェローナでのマニエリスムの主導的建築家，軍事技術者。

1484 建築家の息子としてヴェローナに生まれる。

1500(16) この頃，ローマに移る。

1510(26) オルヴィエト大聖堂のゴシックの正面に関与する建築に従事(〜24年)。

1515(31) ペトルッチ礼拝堂設計(ローマ)。

1526(42) 教皇に任用される。パルマおよびピアチェンツァの両要塞に関与し，要塞化を得意分野とする。

1527(43) ヴェローナに移住。

1528(44) この頃，サン・ベルナルディーノ教会のペルグリーニ礼拝堂設計。

1529(45) レニャーゴ築城に従事。

1530(46) ヴェローナ築城に従事(1530年着工)。

1535(51) ヴェネツィアの要塞化を担当。

1547(63) サンタ・マリア・イン・オルガノ教会(ヴェローナ)設計。

■正面は，武装都市の城門風で重厚な力強さを表現。

1556(72) パラッツォ・グリマーニ(ヴェネツィア)。着工後に改変され，付け柱と柱の間はすべて窓によって構成される。

1557(73) ポルタ・パリ設計(ヴェローナ)。

1559 ヴェローナにて死去。享年75歳。

ジュリオ・ロマーノ Giúlio Románo
1499～1546

イタリアの画家, 建築家。ラファエロ以後のローマ派の代表的作家。

1499 ローマに生まれる。ラファエロの弟子, 助手として ヴァティカン宮殿の壁面装飾などに参加。ラファエロの 死(1520)後, 師の仕事を完成。

1518(26) ヴィラ・ランテ設計。

1524(32) フェデリコ・ゴンザーガに招聘されて, マント ヴァ公の宮廷建築家・画家に就任。

1525(33) パラッツォ・デル・テ設計。

■壮大かつ華麗な離宮建築を設計・建築し, 内部の装飾画を描いた。絵画作品は, 初めは聖画, 後には神話に取材したものが多い。マドンナ(ルーヴル), ヴァティカン宮殿のフレスコ画, プシケ(マントヴァ), トロイア戦争(マントヴァ)など。

1540(48) 聖ベネデッド・ポー修道院教会設計。

1544(52) 自邸設計。

1545(53) マントヴァ大聖堂設計に関与。

1546 マントヴァにて死去。享年47歳。

ジャコモ・バロッツイ・ダ・ヴィニョーラ Giacomo Barozzi da Vignola 1507〜73

ミケランジェロ亡き後，ローマ随一の卓越した建築家。

1507 ヴィニョーラに生まれる。若い頃，ボローニャで絵画と建築を学ぶ。

1530（23） ローマに移住。

1550（43） サンタンドレア教会（ローマ）の小さなテンピエット（ルネサンス風の円形堂）を建設。

1551（44） ヴィラ・ジュリア（ローマ）設計。

■アムマナーティ（1511〜92，彫刻家）とヴァザーリ（1511〜74，画家）と主導的役割を勤める（〜55年）。建物は，マニエリスム建築と庭園設計の傑作と評価。

1558（47） パラッツォ・ファルネーゼ（ピアチェンツァ）設計。1560年以後中止され，3分の1だけ建設。

1562（51） 著書『5つのオーダーの規則』を出版。

■著書は，オーダーの簡潔明快なモジュールの解釈叙述。以後，建築家の必須本となり，最も重要な教科書となった。

1566（55） サンタンナ・ディ・パラフレニエリ教会（ローマ）設計。1573年着工。大規模な楕円形平面を採用。後に平面はバロック建築に採用された。

1567（56） サン・ピエトロ大聖堂建築主任に就任（〜73年）。

1568（57） エイル・ジェズ教会（ローマ）設計。

■建物は，過去400年に建築されたどの教会よりも多大な影響を及ぼす。ローマでの卓越した学究型建築家。

1573 ローマにて死去。享年66歳。

アンドレア・パッラーディオ Andrea Palladio 1508〜80

最も偉大な最初の職業建築家。後世に多大な影響を与えた建築家。

1508 貧しい石工ピエトロ・デッラ・ゴンドーラの息子として,パドヴァに生まれる。

1524(16) パドヴァで石工として身を起こす。後に,ヴィチェンツアの煉瓦職人として石工組合に加入。粉屋の息子が大工の娘と結婚して,貴族に認められた成功物語として後世に伝わる。

1536(28) 貴族のジャンジョルジョ・トリッシーノ(素人建築家,詩人,哲学者,数学者)に引き取られる。数学,音楽,ラテン文学やヴィトルヴィウスの学修を勧められ,パッラーディオの通称名を与えられる。

1545(37) トリッシーノは,パッラーディオをローマに同伴し,古代建築遺跡を2年間研究させる。その後,ヴィチェンツアに戻る。

1548(40) 初期ルネサンスのパラッツォ・デッラ・ラジョーネ(バシリカ)の改築設計競技に入選する。

1549(41) 前年の入選した建物が着工。建物には元の重々しい量感にローマ的な軽快かつ優雅さが加えられた。以来「パラーディアン・モティーフ」と呼ばれ,パッラーディオの名声は高まっていった。

1550(42) パラッツォ・ボルト設計(最初の邸宅)。ヴィラ・バドエル設計。

1554(46) 2冊の著書『ローマの古代建築』『ローマの教会』出版。

■『ローマの古代建築』は,以後200年間,多大な影響力をもつ標準的な手引書となる。

1560(52) ラ・マルコンテンナ,ファンツォーロ設計。

1561(53) カリタ修道院(計画案)。

1562(54) サン・フランチェスコ・デッラ・ヴィーニャ教会の正面設計。

1566(58) パラッツォ・ヴァルマラーナ設計・起工。サン・ジョルジョ・マッジョーレ教会設計・起工。教会建築では,正面との調和比例が重要な役割をもつ。

1570(62) 著書『建築四書』出版。

■パッラーディオ理論の諸説や業績の賛美,手腕の宣伝ともなっている。

1579(71) 遺作テアトロ・オリンピコ設計・着工。死後,スカモッティ(パッラーディオの直接後継者)により完成。

1580 ヴィチェンツアにて死去。享年72歳。

パッラーディオ主義(パラディアニズム)は,18世紀の英国で最盛期を迎えたパッラーディオの古典主義様式を範例とし,英国風カントリーハウスに影響を与えた。建築家バーリントン卿のパッラーディオ崇拝から始まり,代表者ケント・ウィリアムにより米国やロシアにまで影響している。

カントリーハウスの特徴は,田舎風の基礎部,コリント式円柱が並ぶ玄関,アーチの両側についた平らな楣などが,パッラーディオ的要素ともいわれている。

フィリベール・ドロルム

Philibert Delorme
1510頃〜70

著書『建築』により後世に多大な影響を与えたフランスの建築家。

1510頃 リヨンの石工親方の息子として生まれる。

1533(23) この頃以降の3年間は、ローマに滞在。ルネサンス建築を研究(〜36年)。

1540(30) この頃からパリにて活躍する。

1545(35) 王室建築総監督に任命され、フランス・ルネサンスの古典様式を確立(〜1549年まで)。

1547(37) アネの館(ディアーヌ・ド・ポワチエの館)の一部。サン・ドニ修道院のフランソワⅠ世の廟設計(1547年に建設開始)。館の礼拝堂(1549〜52)と正面入口部分(1552頃)は、現存している。

1561(51) 著書『新案集』出版。

1564(54) テュイルリー宮設計。

1567(57) 著書『建築』出版。

■著書は、住宅を建てる際の完全な手引書で、ルネサンスに関する最も実践的な建築論。後のフランス建築に大きな影響を与えている。フランス建築にイタリア・ルネサンス建築の摂取吸収を促進させた功績は大きい。

1570 死去。享年60歳(?)。

フランス建築に大きな影響を与えている建築家の一人ではあるが、彼の設計した建築はほとんど破壊された。残されたのは、アネの館一部のみ。著書『新案集』と『建築』は、ルネサンス建築の実践的建築論として、後の世代に影響をもたらしている。

ジョルジオ・ヴァザーリ Giorgio Vasari 1511〜74

多大な影響力をもったイタリアの建築家,彫刻家。最初の美術史家。

1511 アレッツォに,画家ルーカ・シニョレルリの親類として生まれる。

1524(13) この頃,フィレンツェにてミケランジェロ,アンドレーア・デル・サルト他に学ぶ。

1536(25) この頃,聖ルカ画家組合に登録する。有名な速筆で数多くの大規模祭壇画やフレスコ装飾を制作。

1550(39) 『ルネサンス彫刻家建築家列伝』出版。1546年,35歳の時に,友人パオロ・ジョーヴィオらの勧めが契機となって,4年後に出版。

1554(43) フィレンツェ公国の君主コジモ・デ・メディチⅠ世の宮廷画家になる。ヴェッキオの大広間の大フレスコ画群や天井装飾を手掛ける。

1560(49) ウフィツィ(フィレンツェ)設計。唯一の独立作品。

1564(53) ミケランジェロの葬儀準備を担当。墓碑を設計。

1566(55) サンタ・マリア・ノヴェッラ教会の内装設計(フィレンツェ)(〜72年)。

1574 死去。享年63歳。

16世紀中葉に多産な制作活動を展開し,最初の美術史家として不滅の名を留める。巨大な個性と卓越した画家でもある博学多才型の建築家。

# 千利休 せんのりきゅう
1522(大永2)～91(天正19)

織豊期の茶人。茶の湯の大成者。法名は宗易。

1522(大永2) 父の名は千与兵衛で，代々足利将軍家に仕える同朋。納屋衆（倉蔵料を得る）の一人。本姓は田中。母の名は月岑妙珍の法名といわれている。幼名は与四郎。与兵衛が父親の田中千阿弥の名から千の字をとり，姓にしたという。屋敷は堺の今市町，中級以上の商家。

1536(天文5)(15) 愛人に男の子を生ませている。

■**少年期**：才気煥発の早熟な少年。男の子は,後の田中宗慶（陶器師）といわれている（伝）。

■10代は，商売に必要な知識，算筆の習得のほかに，連歌，謡曲，小舞（狂言方の短い舞い），立花（花木樹葉を花瓶に挿し立て，形を整えて飾ること），笛，鼓などさまざまな遊芸を吸収し，修練。

1540(天文9)(19) 初めて能阿弥の茶を継ぐ北向道陳に茶道を学ぶ。後に，道陳の紹介で武野紹鴎（38歳）に入門している（伝）。

■**家督相続**：病身の父，千与兵衛が死去し，家督を継ぎ19歳で名実ともに千家の主人になる。間もなく，俗体（僧でない俗人の姿）を捨て，名を「宗易」と改める。後に，禅宗にも厚く帰依し，大徳寺の大林宗套，古渓宗陳らに参禅している。

1554(天文13)(23) 名所所見（茶事の上での初見）で珠光茶碗を使用する（「松屋会記」）。

■**一級の茶人**：家督を継ぎ,宗易の法号を得て，堺の町人達にも徐々に一級の茶人として認められるようになる。この頃，正式な結婚もしている（伝）。正妻との間には，男子の紹安，女子3人誕生。他にも「利休女」は2人（伝）。商売熱心で金回りもよく，新進の茶人として頭角を現していく。

1565(永禄8)(44) 松永弾正から多聞山城に招待され，宇

治橋三の間の水を用いる。

1568(永禄11)(47) 信長からの矢銭(やせん)2万貫に利休らは賛同する。

■和平派：堺では，2万貫をめぐり，初めは抗戦論。翌年，和平論に傾く。和平派の中心に今井宗久や利休ら。当時，利休は八方ふさがりの状態であった。

■矢銭とは，戦国期に武将が町，郷村，寺社に賦課した軍用費。陣取りをした際に臨時に賦課した。

■当時の今井宗久，津田宗及父子は，一商人ではなく，今日でいう大財閥や総合商社であった。

1577(天正5)(56) 茶屋開きを行う。正妻亡くなる。翌年，後妻(宗恩)を迎え，男子2人生まれる。

1582(天正10)(61) 信長の招待で安土城・御幸の間を拝観。草庵風茶室・待庵(京都)は彼の創った茶室といわれる。

■**本能寺の変**：6月2日の明け方，明智光秀は信長の宿所本能寺を襲い信長を斃す。その前日は，茶と能の会を催して同朋衆針阿弥がその茶会に奉仕していた。信長が斃れた後，山崎の秀吉の下に利休など堺の茶頭達はかけつけている。

1583(天正11)(62) 近江坂本の羽柴筑前守秀吉の茶会に出席。7月，秀吉，大坂城で「初めての御会」開く。今井宗及が出席。

1584(天正12)(63) 1月，秀吉から招待され，大坂城内に設けた山里丸(城中に建てられた茶室群を呼ぶ)にて座敷開きの茶会を開催。

■**大坂城**：大坂城の建築では，山里丸の普請に関与。この頃から，城の天守閣と山里丸は，この時代の日本人の美意識を象徴する主要な要素となった。大坂城内に地所を下賜され，茶室付きの屋敷を建て，お扶持(ふち)の茶頭3,000石を支給された。富商でも出自(しゅつじ)は町人に過ぎず。

1585(天正13)(64) 3月,大徳寺にて大茶会(秀吉)を開く。
■武家や公家の他,宗易・宗及の呼びかけで京・堺衆30余名が参集。この折,宗易は利休号を使い,秀吉を後見(幕府将軍などの補佐役)する。この功により利休居士号が勅許され「茶の湯天下一の名人」と讃えられた。10月以降,秀吉と利休との間は,主従にとって,ますます蜜月の間柄となった。
■「利休」の字義は,「利(さとき)を休める」の意で,己の聡明さ,鋭さを露(あらわ)にしないことで,自戒をこめている。

1586(天正14)(65) 「黄金の茶室」を禁中の小御所に運び献茶。

1591(天正19)(70) 堺での蟄居(ちっきょ)を秀吉から命じられる。
余話 京の葭屋町の屋敷から堺に追放。堺で遺産処分状を作成。その後,10日余り謹慎。2月26日,再び,京に呼び戻されたが,自邸の周囲は上杉景勝の兵3,000名余りで囲まれていた。切腹の2日前の出来事であった。
2月28日,利休は柄(つか)を紙縒(こよ)りで巻いた脇差を用意。不審庵に3人の検使を招き入れて茶を喫した後,切腹して果てた。介錯は,門弟の蒔田淡路守。別室で控えていた妻宗恩は,白小袖を利休の亡骸(なきがら)に掛けた(利休伝)。享年70歳。
1620年(元和4)の禁教令の公布。堺の繁栄も終わる。

千利休は,桃山時代の「数奇(すき)」演出者。室町以来の侘び茶を深化させ,草庵の小座敷で自然と一体化して簡素で奢らない美の創造を主張し,精神の深淵を追求。一方,同時代の天下人の造営した城郭殿舎と対極をなす,全ての装飾を排した簡素な造り-山崎妙喜庵は,利休が営んだ茶室の唯一の遺構。千利休の運命を彩る栄光と挫折の人生は,60代後半の10年間に凝縮。彼の強い個性と反骨精神による逆転の終焉は,歴史に永遠の光芒を放ってゆくであろう。

ジャコモ・デッラ・ポルタ Giacomo della Porta
1533頃〜1602

ヴィニョーラ亡き後,ローマ・マニエリスムの主導的建築家。

1533頃 ロンバルディアに生まれる。

1573(40) パラッツォ・デル・セナトールのミケランジェロ案に多くの変更を加えて完成する(〜98年)。イル・ジェズ教会(ローマ)設計。ヴィニョーラの後任として担当建築家となり,教会正面を設計(〜74年)。この教会は,以後のヨーロッパ中のイエズス会教会の範例となり,模倣の対象となった。サン・ピエトロ大聖堂の主任建築家となり,庭園側のミケランジェロ案の外観を完成させた。

1575(42) パラッツォ・デッラ・サピエンツァ設計。

1578(45) パラッツォ・ディ・コンセルヴァトーリのミケランジェロ案に基づき変更を交えて完成する。

1580(47) サンタ・マリア・アイ・モンティ教会設計・起工。

1582(49) サンタ・マリア・スカラ・コエリ教会設計。サン・ジョヴァンニ・ディ・フィオレンティーニ教会の身廊部分設計(〜92年)。

1590(57) サンタ・アタナシオ・ディ・グレチ教会正面を設計。パラッツォ・マレスコッティ設計。

1591(58) サンタンドレア・デッラ・ヴァッレ教会設計。後に,マデルナ(1556〜1629)により1623年完成。

1598(65) ヴィラ・アルドブランディニ設計(〜03年)。

1602 ローマにて死去。享年69歳(?)。

カルロ・マデルノ   Carlo Maderno
                   1556～1629

1570年代以降のローマ・バロックの指導的建築家。

1556 ルガーノ湖畔のカポラゴに生まれ、2歳の時にローマに移住。

■伯父D.フォンターナ(1543～1607)の助手として建築を学修。伯父は、建築家で王室技師に任命され、ナポリ王宮(1600～02)などの仕事に関与している。

1598(42) パラッツォ・マッティ(ローマ)設計(～1618年まで20年間)。

1603(47) サン・ピエトロ大聖堂の建築主任に就任。サンタ・スザンナ聖堂の正面部(建物A)設計(～14年)。

1607(51) サン・ピエトロ大聖堂に壮大な身廊と正面部を増設する。

■ミケランジェロの集中型平面を変更したり、過大とも見える身廊設計等で最も知られている。

1623(67) サンタンドレア・デッラ・ヴァッレ聖堂(建物B)設計。

■建物A・Bの両作品は代表作。Aでは力強く動的な自身のスタイルを確立。Bでは壮麗なドームが賞賛され、革新的なデザインによって完成。

1628(72) パラッツォ・バラベリーニ設計。

■以降、ベルニーニ(1598～1680)によって、多くの変更が加えられて完成している。

1629 ローマにて死去。享年73歳。

中井正清 なかいまさきよ
1565（永禄8）～1619（元和5）

安土桃山～江戸初期の大工。法隆寺大工。東照宮造営。

1565（永禄8） 大和国（奈良県）法隆寺大工・中井正吉の子として生まれる。父は豊臣家の御大工であったとする説もある。初名は藤右衛門，後に京大工頭として内近江六か国の大工・大鋸(おが)を支配し，中井家の初代となる。

■大鋸：原木から大板材を挽き割るための縦挽き専用の鋸。

1588（天正16）(23) 徳川家康にお目見得し，姓を中井と改める。

1600（慶長5）(35) 五畿内近江六か国大工・大鋸支配者となる。

1602（慶長7）(37) 伏見城本丸の作事に関与。

■二条城造営では，三人の徳川家御大工の一人。

1606（慶長11）(41) 従五位下に叙され，大和守に任ぜられる。

■以後，徳川家御大工の地位は「正清」と号す。その後，法隆寺精霊院の完成に伴い，修復棟札には「一朝惣棟梁橘朝臣中井大和守正清」の署名あり。

1607（慶長12）(42) 江戸城天守の作事に関与。

1609（慶長14）(44) 1,000石に加増される。

1612（慶長17）(47) 名古屋城天守の作事に関与。翌年，禁裏の作事あり。

1614（慶長19）(49) 奈良東大寺に倣い大仏（6丈3尺・約27m）を安置する方広寺（秀吉が1586年建立）修理の作事に関与。

■幕府関係の建築関連作事を担当し，東奔西走する。大規模な建築作事を完成するために，法隆寺大工を中心とする棟梁衆の技術をも

って，六か国内に配置した大工組や大鋸組を動かしていたことを後に述懐している。この間に知行(武士の俸禄として支給された領地)が1,000石に加増される。

1616(元和2)(53) 久能山東照宮，日光東照宮の造営に関与。

■大御所(家康)から富士山のように光輝く巨大な城の造営依頼を受ける。大工としての業績に加えて，さまざまな場面で政治的に重要な役割を担っていたため，家康に重用された。方広寺鐘銘事件の際は，家康に鐘銘の写しを送り，大坂冬の陣の前年には，城中の絵図を作成した。大坂城の攻撃には，一族を引き連れて参陣。配下の大工・大鋸を動員して陣小屋を建て，鉄の盾を製作したと後年語っている。

1618(元和4)(55) 大名に匹敵する従四位下に昇叙。

■醍醐寺座主の義演（1558～1626，真言宗の僧）は，「大御所に御気色よき者なり，比類なきなり。前代未聞か」と，大工としては異例の出世であったと驚いている。

1619(元和5) 3月7日死去。享年54歳。

関ヶ原の戦い以降，徳川家康に仕え，後に大工・大鋸支配。伏見城，江戸城，駿府城，江戸の町割り，内裏，増上寺，方広寺，相国寺，久能山廟，日光廟その他の作事に関わっている。

最晩年の業績は，家康の廟所，久能山東照宮，日光東照宮の造営であり，いずれも家康没後の1616年(元和2)から翌年にかけて造営されている。正清の手になる東照宮は，奥社の拝殿で世良田東照宮（群馬県太田市）に移築されている。

甲良宗広 こうらむねひろ　1574(天正2)～1646(正保3)

江戸幕府作事方の大棟梁。

1574(天正2)　近江国法養寺の大工の息子として生まれる。
■甲良家三代となり，幼名小左衛門。建仁寺流を称し，唐様建築を得意とし，豊臣・徳川両家のもとで活躍する。

1596(慶長1)(22)　伏見城の作事に関与する。

1597(慶長2)(23)　京都の近衛家門の造営の功により，従六位 左衛門尉を許される。

1601(慶長6)(27)　京都の吉田神社本殿の造営の功により豊後守を許される。
■八条宮智仁親王(1579～1629)との親交を得ていた。後に，智仁・智忠親王による，近衛家の山荘をもとに京都下桂の地に建てた別荘(1期工事1620～25，2期工事1645～48，池泉回遊式庭園の最古の遺構)に関与。

1604(慶長9)(30)　江戸に下る。

1624(寛永1)(50)　芝増上寺三門・鎌倉鶴岡八幡宮の作事に関与。

1628(寛永5)(54)　愛宕社の作事に関与。

1630(寛永7)(56)　山王権現社の作事に関与。

1632(寛永9)(58)　台徳院霊廟の作事に関与。
■江戸幕府作事方大棟梁(中井正清の後を継いで)に任ぜられる。天海(1536～1643，江戸初期の天台僧。徳川家康・秀忠に仕え手腕を振う)や崇伝(1569～1633，江戸初期の禅僧。南禅寺の金地院に住持し，後に家康の外交文書の作成や諸法度の制定に関与し，「黒衣の宰相」と呼ばれた)などとも親交を得ていた。

1634(寛永11)(60)　日光東照宮の大造替に関与。
■11月に徳川家光(祖父家康を尊崇)は，日光東照宮の造替を命じる。

1636(寛永13)(62)　4月10日，新しい社殿が完成。

1639(寛永16)(63) 寛永寺五重塔の作事に関与。
　■隠居後,「道賢」を号する。その子孫は,明治維新までの11代に
　わたって幕府作事方大棟梁を務め,幕府建築の多くに関与する。
1646(正保3) 故郷の近江国で病死。享年72歳。京都真如
　堂に眠る。

中井家文書には,正清の下で宗広が日光東照宮の造営に参加した記録がある。彼は,彫物(装飾彫刻)が得意。陽明門に代表される日光東照宮の建築群などでは,宗広ら近江大工が得意とした彫物の絢爛さ・派手さが家光の心を捉えていたといわれる。

今日の甲良町には,宗広が建てた甲良神社の建物がある。町役場の隣には,袴姿で曲尺(かねじゃく)を手にした彼の「銅像」が立ち,その業績が讃えられている。

小堀作介政一(遠州)

こぼり さくすけ まさかず(えんしゅう)
1579(天正7)～1647(正保4)

近世茶道・造庭の大成者。江戸初期の大名茶人。

1579(天正7) 近江国坂田郡小堀村(現在の長浜市)生まれ。父は政次、母は磯野丹波守の娘。妻は藤堂高清の娘(藤堂高虎の養女)。

1593(文禄2)(14) 京都に移り、秀吉に使える。

■古田織部、千利休に師事し、徳川秀忠に仕え、わび・さびの精神と自らの戦国武将的感覚をもって豪快な茶を創始。

1601(慶長6)(22) 備中高松城(13,000石)を預る。

1608(慶長13)(29) 駿府城の作事に関与。遠江守に任ぜられる。後の通称を「遠州」という。

1612(慶長17)(33) 大徳寺に孤篷庵を創建。

1614(慶長19)(35) 備中高松城修理。頼久寺庭園に関与。

■大坂冬の陣で、備中の在米を回送する役に任ぜられる。

1615(元和1)(36) 伏見城本丸書院の作事奉行に任ぜられる。

■大坂夏の陣では、郡山方面の警戒役に任ぜられる。

1617(元和3)(38) 伏見城の作事に関与する。

1618(元和4)(39) 女院御所の作事奉行に任ぜられる。

1620(元和6)(41) 東福門院御殿の造営奉行に任ぜられる。

1623(元和9)(44) 伏見奉行に任ぜられる。

■在職20数年となるも食禄は一度も増えず、最初の13,000石のままであった。

1624(寛永1)(45) この頃から茶人としての活躍が始まる。

1625(寛永2)(46) 二条城行幸御殿の作事に関与する。

1626(寛永3)(47) 大坂城天守本丸構造の作事奉行に任命される。

1627(寛永4)(48) 南禅寺金地院の茶亭を創建し,仙洞・女院各御所の作事に関与する。

1628(寛永5)(49) 仙洞御所の作事は5月まで関与。
■二条城二の丸の作事奉行に任ぜられる。この頃から,松花堂昭乗(1584〜1639,真言宗の学僧,能書家で寛永の三筆の一人,書は松花堂流の開祖)に書を学ぶ。

1629(寛永6)(50) 南禅寺本坊庭園,江戸城西の丸茶室・造庭に関与。

1631(寛永8)(52) 徳川家光の茶道師範として認められる。

1632(寛永9)(53) 金地院の方丈庭園を完成。
■「とにかく,無事に生き残ったな。若いときは,利休や織部のような轍は踏むまいと思っていたが…,結局は,茶会や,道具の目利きや造園設計の中をぐるぐると食禄は一度も増えずに利用され,生かされてきていたのではないのか」と,後に述懐している。

1634(寛永11)(55) 仙洞・女院各御所の庭園に関与。

1639(寛永16)(63) 寛永寺五重塔の作事に関与。

1643(寛永20)(64) 大徳寺孤篷庵忘筌の間(茶室)と庭園に関与。

1647(正保4) 2月6日,死去。享年68歳。

小堀遠州は1623年,作事奉行として,後陽成天皇の御所,駿府城修築の功績により従五位下遠江守に任ぜられている。翌年,1624年(寛永1)頃から茶人としての活躍が始まる。1631年,三代将軍徳川家光の茶道指南として認められる。彼の茶風は,武家茶動を基本に公家的な古典美を兼ね備えた「きれいさび」といわれる。

近世の茶道は,遠州によって大成されたとも評価されている。遠州作の茶室として,大徳寺孤篷庵,龍光寺密庵席,金地院八窓席などにデザインの独創性が発揮されている。

ジャンロレンツォ・ベルニーニ Gianlorezo Bernini 1598〜1680

バロック発展に傑出した貢献をなす。彫刻家，建築家，画家，詩人。

1598 彫刻家の父ピエトロ・ベルニーニ（1562〜1629，フィレンツェ人）とナポリ人の母のもと，ナポリに生まれる。

1605(7) 一家はローマに移住。

1618(20) すでに彫刻家として著名になっていた。

1621(23) 彫刻「プロセルビナの略奪」制作（〜22年）。

1622(24) 彫刻「アポロンとダフネ」制作（〜23年）。

1624(26) サンタ・ビビアナ教会の改修に関与。サン・ピエトロ大聖堂の天蓋製作に関与（〜33年まで）し，この制作が最初の仕事。

■前年，ウルバヌスⅧ世の教皇選出とその後の厚遇により，彼の建築家としての成功への道が広がっていく。

■**ウルバヌスⅧ世**（イタリア，1568〜1644，法王在位1623〜64）：フィレンツェ豪農出身。法王領を世俗国家と考え，諸築を建ててローマを飾り，文学的才能に恵まれていたともいわれている。

1629(31) サン・ピエトロ大聖堂の建築主任に教皇ウルバヌスⅧ世により任命される。

1638(50) 彫刻作品「四大河の擬人像」（ローマ・ナヴォナ広場）を制作（〜51年）。

1650(52) パラッツォ・ディ・モンテチトリオ設計。

1656(58) サン・ピエトロ大聖堂前の列柱廊に囲まれた楕円形大広場を設計。ペテロの司教座制作。

■この楕円形の大広場の構想は，神が人々を両手で包み込むことを造形化している。彼の天分が，巨大な記念的計画に遺憾なく発揮されている。

1658(60) カステルガンドルフォの教会設計（〜61年）。サ

ンタンドレア・アル・キリナーレ教会設計(〜70年まで)。

■教会設計の仕事は，60歳代から始まっている。

1662(64) アリッチアの教会設計(〜64年まで)。

■翌年には，ヴァティテカン宮殿の大階段サーラ・レージアの設計など。この作品は，最後の大作ともいわれ，彫刻，絵画，建築を一つに融合した壮大なバロック的総合芸術を打ち立てた。後に，イタリア・バロックの傑出した建築家，彫刻家，画家，詩人として，「万能の天才」と呼ばれ，名声は全ヨーロッパに広まっていった。

1664(66) パラッツォ・オデスカルキ設計。

1665(67) ルイ14世に招かれパリに行く。王の胸像制作やルーヴル宮の設計に関与する。

1680 ローマにて死去。享年82歳。

イタリア・バロックを代表する建築家，彫刻家，画家であり，数多くの祭壇画やフレスコ装飾をその有名な速筆で制作。また，建築家としては，パラッツォ・ヴェッキオの大改修(現在はウフィツィ美術館として使用)に携わる。

熱烈なイエズス会の教義の帰依者で，敬虔で深い信仰心をもっていた。彼について友人は，性格的には外交的で，自信に満ち洗練されたマナーをもっていたと語っている。一方で，革新的かつ芸術的天分に恵まれ，同時に実践的な組織能力をもち，「万能の天才」と呼ばれた。

バロック建築：ルネサンスは完全な美を追究したが，16〜18世紀にかけてバロック建築は，円から楕円へ，直線から曲線へ，個性あふれる表情をもって登場。欲望を隠さない非常に「人間的な時代」に。代表的な建築家として，ベルニーニとボッロミーニの二人があげられる。

フランソワ・マンサール

François Mansart
1598～1666

腰折れ屋根の設計。フランス古典主義建築最初の主唱者。

1598 大工長の息子としてパリに生まれる。若い頃,ド・ブロス(1571～1626,建築家)の下で建築を学修。

■フランス古典主義建築の最初の卓越した主唱者だったが,人間関係における傲慢さと気紛れが災いして仕事は未完成が多い。

1624(26) この頃から,パリで頭角を現す。

1626(28) ブルロワ城設計。

■様式は,独自の量塊的調和と記念碑的効果を表現していた。

1635(37) オルレアン公のブロア城館の翼部設計。

■**マンサール屋根**:この建物に採用された屋根(上部の傾斜が緩く,下部が急の2段に折れた屋根)の形をいう。また,この建物は,完全な左右対称で,パリの邸宅建築の古典的な様式の規範となった。

1642(44) メゾン・ラフィット(パリ近郊)設計(～51年までの9年間)。

■建物は,腰折れ屋根を採用した別荘建築。すべて石で仕上げられた翼部の楕円形の部屋や玄関の装飾は,温和とともに厳格さと知的な調和をもって表現されている。

1600(62) オテル・カルナヴァレ(パリ)の修復(～61年)。現存する唯一の作品。

1666 パリにて死去。享年68歳。

フランス古典主義建築において,最初の代表的主唱者と評価されている。

フランチェスコ・ボッロミーニ Francesco Borromini 1599～1667

イタリア，ローマ盛期バロック建築三大達人の一人。

1599 ビゾーネに石工の息子として生まれる。

1619(20) ローマ(20代初期)に移住。その後，遠い親戚にあたるマデルノ(63歳)の世話で，サン・ピエトロ大聖堂の石彫り職人となる。

1629(30) 紹介者マデルノの死去後，引き続いてベルニーニ(1598～1680)の下で働き主任助手となる。サン・ピエトロ大聖堂やP.バルベリーニの仕事に従事。

1633(34) サン・カルロ・アッレ・クアトロ・フォンターネ教会設計(～41年までの8年間)以後，独立。

1637(38) サビエンツァ図書館設計。

■この図書館は，18世紀の図書館建築の原型といわれる。

1638(39) サン・カルロ教会設計。

■独自技法による独創的な空間構成は革命的ですらある。

1642(41) サンティーヴォ・デッラ・サビエンツァ教会設計(～60年まで)。サンタ・マリア・ディ・セッテ・ドロリ教会設計(～46年まで4年間)。

1646(45) サン・ジョヴァンニ・イン・ラテラノ教会設計(～49年)。

1653(52) サンタンドレア・デッラ・フラッテ教会設計。

1660(59) コレッジオ・ディ・プロパガンダ・フィーデ教会設計。

■最後の作品。その造形手法は，建築と彫刻の混合と，空間と量塊との擬人的結合とに集約されていた。

1667 ローマにて神経症にて自殺。享年68歳。

ルイ・ル・ヴォー   Louis Le Vau
1612～70

フランス・バロック建築の第一人者。宮廷建築家。ルーヴル宮に関与。

1612 工匠の親方の息子としてパリに生まれる。父のもとで建築を修業し,イタリアでも学ぶ。

1640(28) オテル・ランベール(パリ)設計(～44年までの4年間)。

■この建物は,彼の天賦の才能が発揮されている。

1650(38) オテル・ロザン(パリ)設計(～57年までの7年間)。

1654(42) ルイ14世(在位1643～1715)の顧問秘書から宮廷建築家に任命される。

1656(44) ヴォー・ル・ヴィコント宮設計(～61年までの5年間)。

■この頃の代表的な作品となる。

1600(48) ルーヴル宮の増築設計(～63年までの3年間)。

1667(55) ルーヴル宮の東正面設計(～69年まで)。

■この仕事に情熱的に取り組み,ペローの協力を得ながらまとめている。後に,ヴェルサイユ宮殿の改築の仕事を得て,新庭園に面した側の外観をまとめる。
1667年から広大なヴェルサイユ宮殿をルイ14世様式に仕上げるために装飾家,彫刻家,庭園師,画家達によって創造的にまとめ上げている。

1670 パリにて死去。享年58歳。

フランス・バロック建築の第一人者。宮廷建築家として,多数の宮殿建築に業績を残している。

アンドレ・ル・ノートル André Le Nôtre 1613〜1700

17世紀フランスにおける創造的な造園家。

1613 王室出入りの園丁の息子としてパリに生まれる。若い頃，庭園設計や絵画，建築を学ぶ。

1637(24) 父ジャンの後を継いで，テュイルリー宮の王室庭園師に任命される。

1656(43) ヴォー・ル・ヴィコント庭園設計（〜61年までの5年間）。庭園設計の処女作品。

1662(49) 王室建築の総監督に指名される（〜90年までの28年間）。

■偉大な英国王チャールズⅡ世（1660〜85）当時の様式のように，グリーンウィチ公園（1662年頃ひどく崩れていた）を修復している。

1663(50) この頃，ルイ14世（在位1643〜1715）に認められ，ヴェルサイユ宮の大庭園を造園した（〜73年）。

■後に，サン・クルー，フォンテーヌブロー，クラニー，マルリーその他多くの庭園を設計している。それらの多くは，ルイ14世のためのものである。

1698(85) ウィリアムⅢ世（1688〜1702）のウィンザー庭園（バークシャー）を造園。

1700 この年，パリにて死去。享年87歳。

17世紀フランスの正統的な庭園といわれる幾何学的庭園のスタイルを確立している。一方で，絵画や建築を修得し，王室建築の総監督に指名されるなど，その多才ぶりを大いに発揮した庭園家として，多くの業績を残し影響を与えている。

サー・クリストファー・レン Sir Christopher Wren 1632〜1723

イギリス,セント・ポール大聖堂設計。古典主義の代表的建築家。

1632 父はウィンザーの首席司祭,伯父はイーリの司祭の家系の息子としてイースト・ノイルに生まれる。

1647(15) ロンドンの医科大学で解剖学者を志す。

1649(17) オックスフォードのヴァードハーム・カレッジに入学。数学と天文学を研究する。

■後にニュートン(1643〜1727)は,彼を当時の最も優秀な幾何学者の一人であると評価している。

1657(25) グレシャムカレッジの天文学教授に就任。

1661(29) オックスフォードのサヴィリアン・カレッジの天文学教授に就任。次第に建築に関心をもつ。

1663(31) ペンブローク・カレッジの礼拝堂(ケンブリッジ)設計(初期の作品となる)。

1664(32) シェリドリアン劇場(オックスフォード)設計(建物について王立アカデミーが関心をもつ)。

■チャールズⅡ世(在位1660〜85)は,セント・ポール寺院についての報告書を依頼している。

1665(33) パリに約8〜9ヵ月滞在中に,ベルニーニに会ったり,ヴェルサイユ宮殿や教会,修道院などを研究。

1666(34) 9月2〜5日,ロンドンの大火。3日間燃え続けた。大火は,彼に大きな機会を与えた。9月11日,国王に都市再建計画(放射状案)を提出。

1670(38) 1686年までの16年間は,数多くの教会を建設。

■建物は,拙速な設計や粗雑なものもあり。

1672(40) セント・スティーヴ教会(ウォールブルック)設計(〜87年)。

1673(41)「ナイト爵」に列せられる。
1675(43) セント・ポール大聖堂設計(〜1709年までの34年間を要す)。
　■大聖堂案が王室会議にて承認。ドームは,世界で最も雄大で荘厳かつ純粋な古典主義によって完成された,最大にして最高傑作。
1676(44) トリニティ・カレッジの図書館(ケンブリッジ)設計(〜84年)。
　■個人的な委託の中で,最も優れている作品。
1680(48) セント・クレメント・デインズ教会設計。
1681(49) クライスト教会(オックスフォード)のトム・タワー設計(〜82年)。
1682(50) チェルシー病院の廃兵院設計。
　■建物は,最も雄大で最もバロック的といわれている。
1683(51) セント・ジェームズ教会(ピカデリー)設計。この年起工。
1685(53) 下院議員に選出される。続いて1701〜02年まで選出される。
1709(65) モールバラ邸(ロンドン)設計。
1714(70) ジョージⅠ世(在位1714〜27)が即位すると,全ての官職から解かれる。
1723　ハンプトン・コート(ロンドン)にて死去。享年91歳。

私生活では,2度の結婚を経験し,自叙伝では「(神の慈悲により)王室の勤務に長い人生を費やし,世の中にいくらかその存在を知らしめているか…」と記している。ロンドン大火は建築への運命的な契機か。

ジュール・アルドゥアン-マンサール Jule Hardouin-Mansart 1646〜1708

フランスの建築家。古典主義のナンシー大聖堂設計。

1646 F.マンサール(1598〜1666)の甥の息子で,パリに生まれる。フランソワに学び,ル・ヴォー(1612〜70)に多くの影響を受ける。

1670(24) ヴェルサイユ宮の「鏡の間」にて,ル・ヴォーの基本構成をルブランらと完成。ルイ14世(太陽王)の宮廷への芸術的要請を迅速かつ的確に表現した。その才能を見込まれ,官僚建築家として徐々に頭角を現す。

1675(29) 王室建築家に任命される。

1678(32) ヴェルサイユ宮の大増築に関与。

■王としての威厳と栄光とを,宮殿建築にどのように反映させ演出していくのか明快な感覚をもっていた。

1680(34) アンヴァリッド教会(パリ)設計(〜91年)。

■ややバロック的な傾向をもっている。

1685(39) 首席建築家に任命される。

1689(43) ヴァンドーム広場設計。

■都市計画の眺望への天分が発揮されている広場。

1690(44) 90年代頃,ヴェルサイユ,トリアノン,マーリーの各宮殿の室内装飾は,優雅なロココ様式を表現。

1699(53) 建築総監に就任。ナンシー大聖堂設計(〜1736年完成)。

■内部装飾は,古典主義的教会の傑作。

1706(60) シャトー・ヌフ(ムードン)設計(〜09年)。

1708 死去。享年62歳。

王室建築家として古典主義的教会の傑作「ナンシー大聖堂」を設計し,壮大な外観を残している。

ヨハン・ベルンハルト・フィッシャー・フォン・エルラッハ
Johann Bernhard Fischer von Erlach
1656～1723

オーストリアの主導的バロック建築家。

1656 グラーツの近くで生まれる。初めは彫刻家兼スタッコ職人(上質の壁塗り仕上げ・漆喰塗りの職人の意)として働いていた。

1674(18) イタリアに行き,ローマのカルロ・フォンターナ(1634～1714,イタリア建築家)の下で建築を修業。

1685(29) ウィーンに移住する。

1690(34) シュロス・フライン(モラヴィア)設計(～94年)。
■最初の注目作品。宏大な楕円形のホールが特徴。

1695(39) オイゲン皇太子の宮殿正面と階段設計(～98年)。

1699(43) ウルスリーネン教会設計(～1705年)。
■教会は,イタリアの影響やボッロミーニ(1599～1667)の大きな影響が作品に表れている。

1700(44) シェーンボルーン宮殿(ウィーン)設計。

1704(48) 宮廷建築家に任命される。

1707(51) クラム・ガラス宮殿(プラハ)設計。

1710(54) トラウトソン宮殿(ウィーン)設計。

1716(60) カルルス教会(ウィーン)設計。

1721(65) 著書『歴史的建築図集』出版。
■エジプトや中国建築までも含めて図示された最初の建築書。以後,建築に大きな影響を与えている。

1723 ホーフブルク宮廷図書館設計。ウィーンにて死去。享年67歳。
■以後のヨーロッパの図書館において,最も壮麗かつ荘厳な室内装飾の一つとされる。

ヨハン・ルーカス・フォン・ヒルデブラント　Johann Lukas von Hildebrandt
　　　　　　　　　　　　　　　　　　　　　1668～1745

オーストリア・バロック建築家。

1668　ジェノヴァの軍楽隊指揮官の父とイタリア人の母との息子として，アントワープに生まれる。イタリア語が生涯の母国語。ローマでカルロ・フォンターナ（1634～1714）とともに学修。

1697（29）　シュヴァルツェンベルク宮（ウィーン）設計。

1700（32）　時の宮廷建築家に任命される。

1701（33）　以降，ウィーンに移住し活躍する。ラーケヴェ夏期宮殿設計（～02年）。

1706（38）　シュタルヘンベルク・シェーンボルン宮（ウィーン）設計（～17年）。

1714（46）　ベルヴェデーレ宮の下の宮殿の彫刻装飾（ウィーン）設計（5月に完成）。

1716（48）　ピアリスト教会（ウィーン）設計。

■平面は，八角形で律動的で明るい内部空間を構成。

1720（52）　時の皇帝より「爵位」を授与される。ベルヴェデーレ宮の上の宮殿（ウィーン）設計。

1723（55）　首席宮廷建築家に任命される。

■様式は，軽快でイタリア風かつ典型的なウィーンの魅力に満ちていた。また様式全体は，より絵画的・装飾的な美を追求し，ロココへの途を開いている。

1727（59）　ハルラッハ宮（ウィーン）の増築設計。

1729（61）　ヴェルツブルクの司教館の再建設計。

■主に非宗教建築の設計を手がけていた。

1745　ウィーンにて死去。享年77歳。

ウィリアム・ケント　William Kent 1685～1748

イギリス，画家，風景造園家，建築家。

1685　イギリス，ブリッドリントンに生まれる。貧しい両親の下で生活，初めは画家を志していたが，後に建築装飾に転じ，ローマに赴いている。ここでバーリントン卿に会う。

1719(34)　ロンドンに帰国する。

■バーリントン卿に会い，ともに帰国。後に，生涯を通じて友情と保護を受ける間柄となる。実際，彼は保護者とは正反対の性格。気まぐれで衝動的で，読み書きがまったくできないほど知的ではなかった。一方で，古典主義やゴシック建築を設計することもできた。彼をパッラーディオ主義の方向に導く卿に従順にしたがい，力量を発揮した。

1726(41)　建築局主任建築家に就任。

1734(49)　ホーカム・ホール設計。ザ・トレジュアリー設計。

■工事の大部分は，マシュウ・ブレッティング（1699～1769，イギリス建築家）が実施。設計の多くは，卿の手になっていると確定。

1735(50)　首席建築家および建築総監に就任。

1741(56)　住宅（アーリントン通り17番地）設計。

1742(57)　住宅（バークレースクエア44番地）設計。

■これらの住宅は，室内装飾によって著名。

1748　死去。享年53歳。

英国式風景庭園を創始。「自然との融和と調和」をモットーに，建築家としてよりも造園家として重要な人物。

ヨハン・バルタザール・ノイマン   Johann Balthasar Neumann 1687〜1753

後期バロックとロココ時代の偉大なドイツ建築家。

1687 ボヘミア(現チェコ共和国)に生まれる。フランケンで最初は大砲鋳造所の仕事に従事し、王族司教の砲兵を経験した後、建築を学修。

1717(30) ウィーンとミラノを旅行(〜18年)。

■帰国後、司教の新邸館の仕事に従事。デザインではヒルデブラント(1668〜1745)、ド・コット(1656〜1735)、ボフラン(1667〜1754)らに意見を聞く。1774年頃、躯体構造が完成。以後、60年以上工事を進行。宮廷の主階段は、大ホールに天井高く荘重さと威厳をもたせるように設計され、儀式や儀礼に最大限に利用された。技術的な巧妙さ、空間への明快な遊戯性とを表現した傑作となる。彼は軍事技師でもあった。

1727(40) ヴィーゼンタイト教区教会設計。

1730(43) ゲスヴァインシュタイン巡礼教会設計(〜39年)。

1734(47) ザンクト・ポウリマス教会設計。

1739(52) ホイゼンシュタム教会設計(〜40年)。

1741(54) エトヴァスハウゼン聖十字教会設計。

■教会建築家として多くの作品を残す。

1743(56) フィアツェーンハイリンゲン巡礼教会設計。

■複雑な形態と渦巻くロココ装飾によって刺激的な空間効果を演出。同時に、ロココ建築のもつ独特な動的な特質を巧みに表現した傑作といわれている。

1747(60) マーリエン教会設計(〜52年)。最後の作品となる。

1753(66) 死去。享年66歳。

アンジュ-ジャック・ガブリエル Ange-Jacques Gabriel 1698〜1782

18世紀フランスの俊才型建築家。

1698 建築家の父のもとパリに生まれる。建築家の父ジャック・ガブリエル(1667〜1742)はパリで活躍。父子は,ルイ15世(在位1715〜74)とポンパドゥール夫人のために生涯にわたって造営に関与した。

1749(50) ポンパドゥール夫人のたの小規模なエルミタージュ(フォンテーヌブロー)起工。

1750(52) パヴィヨン・フランセ(ヴェルサイユ)設計。

1751(53) エコール・ミリテール(パリ)設計(〜88年)。

1753(55) パヴィヨン・ド・ラ・ミュエット設計。

■北側は同じ幅の宮殿建物群が並び,美しい破風をもつコリント式別館の側面を飾る。完成は1775年。

1754(56) プチ・シャトー設計(〜56年)。

1755(57) コンコルド広場(パリ)設計(〜72年)。

1757(59) オテル・ド・クリヨン(パリ)設計(〜75年)。海軍省(パリ)設計(〜75年まで18年間)。

1761(63) ヴェルサイユの庭園に建築したプチ・トリアノン設計(〜68年)。

■プチ・トリアノンの建物は,英国のパッラーディオ主義を厳格,均整かつ忠実に優美さと洗練さとで表現。その他,生涯そのほとんどにわたり,宮殿造営などさまざまな王室の宮殿(フォンテーヌブロー,ヴェルサイユなど)の増改築に従事している。

1782 パリにて死去。享年84歳。

マルク-アントワーヌ・ロージェ

Marc-Antoine Laugier
1713～69

新古典主義の最も重要な理論家。ジェスイット派僧侶。

1713 フランスに生まれる。

フランスのジェスイット派の僧侶で，新古典主義の早期の最も重要な理論家の一人である。

著書『Essai sur L'Architecture（建築試論）』(1753, 40歳)の中で，古典建築に対する合理主義者の考察を叙述している。その考え方は，ヨーロッパ中に波及し，英語やドイツ語にも翻訳され，スフロ（1713～80，フランス最高の新古典主義建築家）にも影響を与えている。彼は理想として，原始人の「素朴な小屋」を挙げている。

独立して建てられている「円柱」は，建物の外回りにあたかも室内のように開放的に設けられ，ルネサンスやそれ以後の様式のもつ建築的要素すべてを非難している。

後の著書『Observations sur L'Architecture』(1765, 52歳)では，ゴシックのもつ優美さについては理解を示している。

ジャック−ジェルマン・スフロ Jacques-Germain Soufflot 1713～80

フランスの建築家，新古典派の開拓者。

1713 7月22日，フランスに生まれる。

1731(18) ローマに留学する(～38年)。

1738(25) リヨンに居住する。

1739(26) Hotel-Dieu設計(～48年)。

1741(28) 大規模な病院の工事に任用される。

　■この工事により，彼の名声は揺るがないものとなる。

1748(35) Loge des Changes設計(～50年)。

1749(36) ポンパドゥール夫人に招聘され，彼女の弟に随行してイタリアを訪れている。

　■この旅行は大収穫で，後に建築総監に指名される。

1750(37) イタリアを9ヵ月以上訪れている。

1756(43) ノートル・ダム大聖堂の聖具安置室を設計(～60年)。

1757(44) J.ガブリエル(1667～1742，フランス建築家)を排してサン・ジュヌヴィエーヴ聖堂(後のパンテオン)設計着工。この工事に専心している。

　■彼の最大傑作といわれ，フランスでは革命的な建物と評価された。一方，新古典主義の指導的な立場のロージェ(1713～69)は，「新古典主義の完璧な最初の実例であろう」と賞賛。円蓋は未完成。弟子のロンドレ(1743～1829，フランス建築家)が完成。スフロは亡くなるまでこの作品に従事したが，完成には至らなかった。

1767(54) ムナール城館の庭園に建つ点景としての建築を設計。

1780 死去。享年67歳。

ランスロット・ブラウン   Lancelot Brown 1715〜83

イギリス庭園師の巨匠。建築家。

1715 英国に生まれる。若い頃はケイパビリティ(capability, 可能性)ブラウンの愛称で呼ばれていた。

1740(25) 庭師となり,ケント(1685〜1748,イギリス風景造園家)の壮大な配置計画の建設に従事する。

■初めは園芸家として働き始め,グラーフトン公爵に招聘され,ウィークフィールドロッジに池を造って,より造園の才能が認められる。

1749(34) 顧問造園家に任命される。

■コバム卿の推薦により,ハンプトンコートやウィンザーの宮廷庭園師の地位を得ている。

1750(35) ウォリック・カースル庭園設計。

■**今日残っている庭園**:クルーム・コートの庭園 (51〜52年),ボーウッド庭園 (52年),ダディントン・パーク (64年),ブレニム庭園 (65年),アシュバーナム庭園 (67年),クレアモント・ハウスの庭園 (70年),ナニアム・コーティニー(78年)。

1783 死去。享年68歳。

彼の造園の基本は,形式的庭園の代用物ではなく,むしろ自然の代用物であった。ヨーロッパ大陸において圧倒的人気を博していたイギリスの風景式庭園の巨匠であり,建築家であった。

エティエンヌ-ルイ・ブレー Étienne-Louis Boullée 1728〜99

フランス新古典主義の指導的建築家。ニュートン記念堂計画案。

1728 フランスのパリに生まれる。絵画を学ぶも，後に建築に転向。

1747(19) 国立土木学校にて教鞭をとる。

1766(38) オテル・アレクサンドル（パリ）設計（〜68年まで2年間）。

1784(56) ニュートン記念堂計画案。

■彼は，建物を造らず，最も興味深い作品を残しているたぐいまれなる建築家。この案は，高さ500フィートの球形をもつ建物で，抽象的・幾何学的で単純な外観であるが，最も豊かな感性的な表現であり，一方では，圧倒的な創造性をもって見るものに衝撃を与えている。

1799 パリにて死去。享年71歳。

実作の少ない新古典主義の建築家の中で，最も影響力が大きかった一人。特に，ニュートン記念堂案は，後年，誇大妄想狂的な政治家や建築家の創造意欲に影響を与えている。最も有名なのは，アドルフ・ヒトラー，アルベルト・シュペーアを魅惑し，多くの建築表現に採用されている。

カール・ゴットハルト・ラングハンス

Carl Gotthard Langhaus
1732～1808

有名なブランデンブルク門を設計した新古典主義の建築家。

1732 ドイツのブレスラウに生まれる。数学を学んだ後に建築に転向し、ブレスラウにて活躍する。

1786(54) ベルリンに招かれて、王室の多くの建築を担当する。徐々に、新古典主義の建築家と評価される。

1788(56) シャルロッテンブルク宮(ベルリン)の劇場設計(～91年)。

1789(57) ブランデンブルク門(ベルリン)設計(～91年)。
■特に有名なドリス式の儀式用門の先駆け。1780年にプロイセンのF.ヴィルヘルムⅡ世により平和の象徴として建造。門の高さ26m、幅65m、奥行11m、6基2列のドリス式柱を連ね、門の上には勝利の女神が月桂冠を掲げ、4頭立ての当時の戦車の彫刻が載る。この門は、アクロポリス(アテネ)入口の門プロピュレアを模して建てられた。特に、古典主義復興期の建築群が最初に建てられたウンター・デン・リンデン通り(ベルリン)の西端に位置し、「シュプレー河畔のアテナ」と呼ばれた。18世紀末以降、ヨーロッパにおいて帝国主義的・軍事的権力の象徴的な役割を果たし、その影響力は多大であったと言われている。

1795(63) ポツダム劇場設計。

1798(66) グダニスク(ダンツィヒ)の劇場設計。

1808 死去。享年66歳。

彼の劇場建築は、重々しくかつ量感的。立方体的な重厚さを表現している。主に劇場建築家として活躍しているが、一方で、ブランデンブルク門の設計により、新古典主義の建築家の地位を不動のものとした。

新古典主義：バロック・ロココの華麗な趣味への反動。18世紀末から19世紀前半までの動向。古典古代を再認識すること。「ロマン的古典主義」ともいう。スマーク(英)、シンケル(独)が代表的な建築家。

クロード・ニコラ・ルドォー Claude Nicolas Ledoux 1736～1806

フランス新古典主義の卓越した建築家の一人。

1736 マルヌ県ドルモンに生まれる。版画家の工房で過ごす。次に，私設建築学校（J.F.ブロンデル，1617～86，建築家，理論家）で学び，後にL.F.トルアル（1729～94）の工房で働く。

1757(21) トルアルからの仕事に従事する（～64年）。

1762(26) シャトー・ドーボン設計（～63年）。最初の重要な建物となっている。M.カルリアン邸設計。

1764(28) オテル・ダルウィル設計（～66年）。オテル・ディゼ設計（～67年まで3年間）。

1768(32) シャトー・ブノヴィル設計（～70年）。

1769(33) オテル・ド・モンモランシー設計（～70年）。
■建物は，円形や長方形の部屋を設けたりして，対角線を軸にした独特な平面形で独創性が表現されている。

1770(34) マダム・デュ・パリのための仕事を始める。その後，パヴィリオン（ルーヴシエンヌ）を完成させる。
■建物は，すべて新古典主義様式で家具や室内が装飾され，古典的な浅い浮き彫りと，室内の壁には細い柱のように装飾された建築的な仕上げ手法によって構成されている。

1773(37) 王室アカデミー会員の建築家に推挙される。

1775(39) ブザンソンの劇場設計（～84年）。
■建物は，厳格な立方体の構成で，彼の傑作。1957年に焼失。
アルク・エ・スナンの製塩工場設計（～79年）。
■工場を中心にした楕円状の工場都市計画の先駆的設計。実現は一部のみ。

1776(40) オテル・テリュソン（パリ）設計。

1783(47) 塩の貯蔵倉庫(コンピエーニュ)設計。

1785(49) 通行税徴収事務所 (パリ) 設計 (〜89年)。通行税徴収事務所(スタリングラード広場のラ・ヴィレット)設計。
■建物は，刺激的な量感をもつ大きな円形建築物で，無装飾のドリス式正面と矩形の基部から構成されている。

1786(50) エクサン・プロヴァンスの裁判所・刑務所設計。彼の設計通りには実現していない。

1792(56) パリに15棟の住宅群設計。大富豪スルタンのために設計。後に解体される。

1793(57) フランス革命の影響から投獄(〜2年間)。以後，設計活動は終末を迎えている。

1804(68) 著作『芸術・習慣・立法との関係から考察された建築』刊行。晩年の数年間，自分の設計作品を出版するために準備していった。

1806 パリにて死去。享年70歳。

ルイ16世様式の建築家として出発。後に，フランスにおける最も大胆かつ独創的で過激な表現力をもつ新古典主義の代表者として大成した建築家の一人である。

トーマス・ジェファーソン Thomas Jefferson 1743〜1826

アメリカ最初の古典主義の建築家。

1743 4月2日，アメリカ，ヴァージニア州に測量技師の息子として生まれる。

1768(25) 広大な敷地に自邸設計(〜1809年完成)。
■ロバート・モリス(1834〜96)の『建築選集』やパッラーディオ(1508〜80)の注解書などを参考とする。

1776(33) 生来の文才により合衆国「独立宣言」の起草者に(7月4日採択)。

1779(36) ヴァージニア州知事に任命(〜2年間)。

1785(42) ヨーロッパ滞在中に，ヴァージニア州議会議事堂の設計を受諾(〜11年間)。
■議事堂は，イオニア式神殿をデザインの基にして設計。以後，アメリカ合衆国の官庁建築の模範となった。

1786(43) 駐仏全権大使に就任。後に国務長官就任。

1792(49) ジョージ・ワシントンの国家書記官就任。

1797(54) 副大統領から第3代大統領に就任(1801〜09年在職)。

1803(60) 新議事堂の設計をラトローブに委任した。完成後，1814年に焼失。

1817(74) ヴァージニア大学計画をラトローブの助力を得て建設(〜25年)。以後，大学建築の範例。

1826 死去。享年83歳。

経済学者，教育者であり，アメリカ第3代大統領。建築家としては素人であったが，有能で影響力をもち，アメリカ古典主義の最初の博学多才型の建築家。

チャールズ・ブルフィンチ   Charles Bulfinch 1763〜1844

生粋のアメリカ生まれの職業建築家。国会議事堂の工事監督。

1763 ボストンの裕福な教養ある家庭に生まれる。

1781(18) ハーバード大学を卒業。

1785(22) 第3代アメリカ大統領ジェファーソン（1743〜1826）の勧めにより、ヨーロッパ旅行をする（〜2年間）。

1789(26) ビーコン・モニュメント設計。高さ60フィート（約18m）のドリス式の円柱の記念塔。

1792(29) ハートフォードの州庁舎（コネティカット州）設計。

1793(30) ボストンの州庁舎設計（〜1800年）。

1805(42) ホーリー・クロス教会堂設計。

1810(47) ボストンの裁判所設計。

■この建物は、当時の威厳と権威を最も表現したアメリカの公共建築物の一つ。

1814(51) ニュー・サウス教会堂（ボストン）設計。

1817(54) ワシントンの国会議事堂の工事を監督する（〜30年まで13年間）。

1844 ボストンにて死去。享年81歳。

アメリカの公共建築に新古典主義を定着させることに貢献した。また、大規模な街路計画（統一された正面をもつ家並み建設）が、彼の監督の下に進められた。国会議事堂の工事監督として活躍し、当時の大統領のお気に入りの建築家の一人であった。

ベンジャミン・ラトローブ Henry Benjamin Latrobe 1764〜1820

アメリカで建築教育を受けた最初の建築家。

1764 イギリスのモラヴィア人牧師の息子としてウエストヨークシャー州に生まれる。幼年・青年期をイギリスで，後にドイツで過ごし，その後再びイギリスに戻る。初めは，S.P.コッカレル（1754〜1827，イギリス建築家）の下で建築の修業をし，スミートンの下で技術者として従事する。

1795(31) アメリカに移住する。第3代アメリカ大統領ジェファーソン（1743〜1826）に雇われ，ヴァージニア州議事堂（リッチモンド）の外部設計を担当する。

1798(34) フィラデルフィアに移住。ペンシルベニア銀行の設計競技に当選。ギリシア様式を実現した。

1800(36) 噴水を設計（イオニア式で表現）。

1803(39) ワシントン国会議事堂建設に招かれ，内装設計に腕を振るう（〜11年まで8年間）。上院の議場の北翼を設計。

1804(40) ボティモア教会設計（〜18年まで14年間）。
■この教会は，細長い集中式平面で代表的な作品。アメリカのゴシック様式教会の最も初期の作例である。

1819(55) ルイジアナ銀行（ニュー・オルリンズ）設計（この年に着工）。

1820 ニュー・オルリンズにて死去。享年56歳。

典型的な19世紀のアメリカ建築家で，多彩な西欧様式を導入した。

サー・ロバート・スマーク Sir Robert Smirke 1780〜1867

イギリスにおけるギリシア様式再興の主導的な建築家。大英博物館設計。

1780 画家（王立美術院会員）の息子として生まれる。若い頃，ソーン（1753〜1837，独創的なイギリスの建築家）に弟子入りしたが，数ヵ月後にやめている。

1801(21) イタリア，シチリア，ギリシアを旅行し，古代の建物をスケッチしている（〜5年）。著書『大陸建築作例集』出版。ローサ城設計（〜11年まで5年間）。

1808(28) コヴェント・ガーデン劇場設計。
■ロンドンで最初のギリシア・ドリス式の建物。当時は，大きな影響力を与えていた。1856年焼失。

1810(30) イーストナー城設計（〜15年）。この頃以降，急速に名声を得て，建設局の建築家に任命されている。

1823(43) 大英博物館（ロンドン）設計（〜47年まで24年間）。
■博物館は，巨大なイオニア式の列柱と高貴な威厳をもつ傑作。特に入口のデザインは，ギリシアの宗教建築から着想，寺院建築の様式が適用されている。

1824(44) 中央郵便局（ロンドン）設計（〜29年）。

1832(52) 「ナイト」の称号を授与される。

1845(65) 引退。大英博物館は2年後に完成。

1867 ロンドンにて死去。享年87歳。

カール・フリードリッヒ・シンケル   Karl Friedrich Schinkel
1781〜1841

多作なドイツの古典主義建築家。

1781　3月13日，助祭長の父の息子としてドイツ，ノイルッピンに生まれる。若い頃，ベルリンの学校で建築の修業を積む。新しいアカデミー（ベルリン）では，建築家F.ジリー（1772〜1800）に預けられた。ジリーの父の家に下宿して修業し，ジリーから多くの影響を受けている。

1794(13)　家族はベルリンに移住。

1803(22)　この頃から2年間，イタリアやパリに滞在して，当時流行のパノラマやディオラマの制作者として活躍（〜5年まで）。

1810(29)　この頃，ロマン主義風の絵画（風景やゴシックの大聖堂など）を制作（〜15年頃まで）。ヴィルヘルム・フォン・フンボルトの助力を得て，プロイセン建設局への就職が決まる。

1815(34)　この年，新設された公営工場局の枢密院建築顧問官（王侯のお尋ねに答える最高の官吏）に任命され，異例の抜擢を受ける。

1816(35)　この頃から演劇の仕事，特に舞台デザインの制作に関わる。

■関与した舞台装置は，「魔笛」「水の精」など42に及ぶ。この仕事は，1830年代まで続いている。ライン地方の旅行記念物の保存への興味と関心を深めている。彼の主要な建物は，すべてこの頃から1830年代までに設計されたものである。

1817(36)　新衛兵詰所（ベルリン）設計。

1818(37)　Schaupielhaus劇場設計（〜21年間）。

1820(38)　アカデミー上院の会員となり，建築学教授を任

命される。

1821(40)　ヴェルデルシェ教会設計（〜31年まで）。

1822(41)　テーゲル，フンボルトの田園住宅設計（〜24年まで2年間）。

1823(42)　Old Museum(Lustgaten，ベルリン)設計（〜30年まで7年間）。

■厳格な新古典主義の作品。イオニアの円列柱が大きな特色となっている。

1824(43)　イアリアを再び旅行。

1826(45)　パリに短期間滞在の後，イギリス国中を旅行している。

1830(49)　公営工場局の長官に任命される。St Nicholas教会（ポツダム）設計（〜37年まで7年間）。

1833(52)　ローマの浴場（ポツダム公園内）設計。

■建築と自然とが同調しあうというギリシア的主題が援用されている。

1841　10月9日，ベルリンにて死去。享年60歳。

19世紀ドイツの古典主義の代表的な建築家。ドイツやポーランドに150以上の建物を設計した，19世紀初期半ばまでで最も多作のドイツ建築家。今日なお，これらの建物は現存し，教会，美術館，宮殿，橋，学校，劇場，城館などがある。同時に舞台装置デザイナー，室内装飾家でもあった。

彼の座右の銘は，「目的のためには適合の原理原則を厳格に追求してゆくこと」で，古典よりも中世の建築に傾倒。建築は，設計の目的を実現するという意図をもっていると同時に，どっしりと壊れにくいことが要求される。例えば，建築の外観デザインにどっしりとした柱を整列させる。その結果，デザインの目的が見る者にしっかりと見えることが必要であると。

# 清水喜助 しみずきすけ
1783(天明3)～1859(安政6)

清水建設一代目。門跡上野宮御用達大工。受領名を授与される。

- **1783**(天明3) 越中（富山県）小羽村の農家に生まれる。幼名を宇治郎，次いで喜三郎，成人して喜助。
- **1804**(文化1)(21) 江戸に出て，神田で大工仕事を始める。
- **1838**(天保9)(34) 江戸城西の丸の造営に参加。後に，宮津藩の出入り大工になる。穴八幡の随身門工事に参加。門跡上野宮御用達大工となる。また，井伊家，鍋島家などの大名の普請も手掛ける。次いで，受領名（優秀と認められた職人や芸人が，国名を付した一種の官位を名乗ることを許されること）を受け，清水屋の基礎をつくる。
  - ■翌年，蛮社の獄（洋学者弾圧事件）が始まる。
- **1859**(安政6) 横浜開港とともに進出し事業を拡大する。横浜に向かう途中，急病にて亡くなる。享年76歳。

後に，外国奉行所，異人牢などを建築する。その他，品川の五ヵ国公使館を建築するも，竣工直前に攘夷派によって焼き討ちに合っている。

レーオ・フォン・クレンツェ Leo von Klenze 1784～1864

19世紀，ミュンヘンで活躍。ドイツ古典派建築家の代表的な一人。

1784 2月29日，ドイツに生まれる。

1816(22) グリストテーク設計(～31年)。

1826(32) ピナコテーク設計(～36年)。

1830(36) ヴァルハル(レーゲンスブルク)設計。エルミタージュ(レニングラード，現サンクトペテルブルク)設計。

■**サンクトペテルブルク**：「北のヴェネツィア」と称されるロシアの首都。バロックと古典主義の町並みで，ヨーロッパの濃厚な香りを放つロシア一番の都市。名は，守護聖人ペテロに由来する。ピョートル大帝（Ⅰ世，1672～1725）は，モスクワからの遷都を断行。大帝在世中の1721年，北方戦争勝利の年に完成した30km南に建つ離宮「ピョートル宮殿」は，ヴェルサイユ宮殿を範例とした豪華な建物で，後の冬宮。現在は，エルミタージュ美術館。後の歴代皇帝は，多くの建設事業を起こし，華麗典雅な都市を築いた。

1835(41) 著書『Amweisung zur Architektur des christ lichen Kultus』を出版。

1864 死去。享年80歳。

19世紀にミュンヘンを中心に活躍した古典主義建築の代表的な建築家の一人。一方，同時代にはベルリンを中心に活躍していたシンケルがいた。彼は，ギリシアの古典様式や，イタリア・ルネサンスの古典様式を模倣した多くの秀作を残してる。

フリードリッヒ・フォン・ゲルトナー Friedrich von Gärtner 1792〜1847

自由な創造力と感性による古典古代の復活を唱えたドイツ建築家。

1792 ミュンヘンの建築家の息子として生まれる。

1808(16) K.フォン・フィッシャー(ミュンヘン)の下で修業する。

1812(20) ヴァインブレンナー(1766〜1826,ドイツ建築家)の下で1年間修業。

1814(22) 後にパリに渡る。ペルシェ(1764〜1838,フランス建築家)とフォンテーヌ(1762〜1853,フランス建築家)とともに働く。この頃,イタリア,オランダ,イギリスに義務的な旅行。

1818(26) オランダとイギリスに滞在(〜20年まで)。帰国後,アカデミーにて教鞭をとる。

1819(27) 著書『Views of the Best-preserved Greek Monuments in Sicily』を出版。

1827(35) 裁判所と州立図書館設計(〜43年まで)。

1828(36) イタリアへの2度目の旅行に行く。バイエルン王ルートヴィッヒⅠ世(在位1825〜48)に認められる。

1829(37) ルートヴィッヒ教会設計(〜44年まで)。
■クレンツェ(1784〜1864,ドイツ建築家)とともに王のお気に入りの建築家となる。王は,新しい古典主義様式を好んでいたといわれる。

1835(43) 大学とGeorgianum設計(〜40年まで)。The Institute for the Blind設計。The Women's Charitable Foundation設計(〜39年)。

1836(44) 新しい王ルートヴィッヒの息子Othon王(在位1833〜62)の新宮殿設計(〜41年まで)。

■ポンペイ様式を多用し，華麗な室内をもつ新古典主義傾向のアテネの新宮殿を設計するためにギリシアを旅行している。また，ハンセン(1813〜91)とその他の人々による明らかに新古典主義とわかる建物を新しいアテネの地に計画している。

1837(45)　女子大学校設計。

1838(46)　製塩工場事務所設計(〜43年まで)。

1841(49)　将校ホール設計(〜43年まで)。

1842(50)　ポンペアン邸宅設計(〜46年まで)。

1843(51)　Victory Gate設計(〜54年まで)。

1847　死去。享年55歳。

父譲りの天性に恵まれ，同時に当時の王ルードヴィッヒのお気に入りになった。王は新古典主義を好んでいたことから，彼の建築構想に大いに刺激され，創造意欲を奮い立たせたのだろう。学才型の俊才建築家として，水を得た魚のように先駆者としての活躍をしている。

サー・ジョーゼフ・パクストン   Sir Joseph Paxton 1801〜65

イギリスの造園家,建築家.水晶宮設計.

1801　イギリス,ミッドフォードシャーの貧しい農夫の息子として生まれる。

1823(22)　デヴォンシャー公爵(チズウイック)の庭園で働く。

1826(25)　公爵に見出され,庭園管理人に採用される。後に,公爵とともにイタリア,ギリシア,スペイン,小アジア,スイス他を旅行する。後年は,領地支配人,事業顧問に出世して任用される。

1828(27)　鉄とガラスの組合せによる新工法を開発(温室)。

1831(30)　屋根の雨仕舞について特許を取得し,後に大温室を設計。

1850(49)　次年度開催の万博の展示実施案を国内外に公募。245案の応募があったが一等案なし。王立委員会案も不評。パクストン案は,安価,短期工,軽快であるために,幸運にも採用された。

1851(50)　ロンドン万博は大英帝国祭典として大成功。イギリスの総人口の3分の1の60万人が入場している

1854(53)　自由党下院議員に当選。

1865　死去。享年64歳。

彼の「水晶宮」と呼ばれる巨大な温室は,鉄とガラスによる近代建築の先駆け的作品で,最初の記念すべき建築である。新しい建築表現と内部空間を演出し,画期的な構法で近代建築を予感させる構築物となった。

アンリ・ラブルースト
Henri Labrouste
1801～75

フランスの建築家。建築物に鉄材を使用すべきと最初に唱えた主導者。

1801 5月11日,フランスに生まれる。若い頃,ヴォードワイエ(1803～72,フランス建築家)とル・バ(1782～1867,フランス建築家)の下で修業する。後に,エコール・デ・ボザールにて学修し,ローマ賞を受賞している。

1824(23) ローマに留学する。

1829(28) デュランに協力してパリの美術学校の建築工事に従事。

1843(42) サント・ジュヌヴィエーヴ図書館設計(～46年)。

1875 国立図書館改築。この年の6月24日に死去。享年74歳。

建築物に鉄材を使用すべきと唱えた最初の主導者の一人であった。1843年の図書館は,最初に鉄材で建設された大規模建築である。
兄L.François Marie Théodre (1799～1885)も建築家で,フランスの建築家ヴォードワイエとル・バの下で修業し,1845年からガウ(1790～1853,ドイツ生まれの建築家)のパリの病院建設に主任建築家として従事している。

ゴットフリート・ゼンパー Gottfried Semper 1803〜79

ドイツ，ヴィクトリア朝期の初期・盛期に華麗に活躍した建築家。

1803 11月29日，ドイツ，ハンブルクに生まれる。

1834(31) ドレスデンの美術学校教授就任(〜49年)。

1838(35) ドレスデン宮廷劇場(〜41年)。

■最初の秀作。形態は1500年代で，装飾は控え目，外観は丁寧に内部を表現している。

1839(36) ユダヤ教会堂案。

1851(48) 著書『建築の四要素』を出版。

1852(49) ケンシントン博物館創立に参画。

1855(52) チューリヒ国立工科大学教授に就任。1871年まで教鞭を取る。

1859(56) チューリヒ国立工科大学設計(〜64年)。

1861(58) 著書『工芸・建築芸術の様式と実用美学』(〜63年)を出版。

■著書は，従来の思弁的な観点からの芸術論ではなく，芸術的な様式は素材と技法との実用的な組合せにあるとする。以降の芸術論に大きな影響を与えている。

1867(58) ヴィンテルトゥル市庁舎設計(〜69年)。

1870(67) 新宮殿設計(協働)。

1871(68) ウィーン大学教授に就任。

1872(69) 芸術歴史博物館，自然歴史博物館設計(協働)。

1873(70) ウィーン国立劇場・ウィーン宮廷美術館設計(〜81年)。これらの建物は，カール・フォン・ハーゼウアー(1833〜94年)によって実施されている。

1879 5月15日，ローマで死去。享年76歳。

サー・ジョージ・ギルバート・スコット Sir George Gilbert Scott 1811〜78

イギリス人。多作なゴシック再興建築家。

1811 牧師の子としてイギリスに生まれ、彼自身も福音主義者であったが、大衆の建築家を自認。こうした考え方や性格から多作の建築家としての下地が築かれていった。

1843(32) チェスターフィールド教会の修復に着手。この頃から、危険なことも恐れない多忙な修復家への経歴を歩み始めている。

1844(33) ザンクト・ニコラス教会の競技設計に当選する。作品は、完璧なドイツ・ゴシック様式によってデザインされていた。その結果、高い能力と国際的な名声を得ている。以後、数えきれないほどの大聖堂と教区教会を修復することになる。

1846(35) ニコライ教会(ハンブルク)設計(〜63年)。

1849(38) ウェストミンスター大聖堂の建築監督に任用される。

1856(45) エクセター・カレッジの礼拝堂設計。

1858(47) 著書『Remarks on Secular and Dometic Architecture』を刊行。
■ゴシック様式のもつスタイルは、宗教建築とともに、世の中の一般的建築にも19世紀の表現に適合していることを証明している。

1862(51) 著書『Gleanings from Westminster』刊行。

1863(52) セント・ジョーンズ・カレッジ設計(〜69年)。

1864(53) アルバート記念碑(ハイド・パーク)設計。

1865(54) セント・パンクラス駅設計。

1869(58) ケンジントンの教区教会設計(〜72年)。
■これらの作風は、イギリス・フランス混交の盛期ゴシック様式(13

世紀後期〜14世紀初期まで)を活用している。また,宗教的な建築のみではなく,世の中一般の建築にも積極的に関与していた。

1872(61) ナイトの称号を授与される。

1878 3月27日,死去,享年67歳。

1879 著書『Personal and Professional Recollections』刊行。

福音主義者であるとともに,大衆の建築家を自認して活動。同時に,自分はどの建築家にも比肩し得るとの野望を抱いていた。非常に有能な建築家であるとともに,修復家としても,時には大胆に,時には慎重に振舞うことを旨として成功し,天寿をまっとうしている。

息子のジョージ・ギルバート(1839〜97)とジョン・オルドリッジ(1842〜1913)は,両人ともゴシック主義建築家。彼らは親に似て,有能かつ細心の技能を発揮している。兄の傑作は,聖アグネス教会(1877)。孫のサー・ギリス・ギルバート(1880〜1960)も建築家として活躍している。

オーガスタス・ウエルビー・ノースモア・ピュージン

Augustus Welby Northmore Pugin
1812～52

ゴシック様式を礼賛したイギリスの建築家。

1812 父はオーギュスト・シャルル(1762～1832)。フランスに生まれる。

父は，フランスからロンドンに渡り，ジョン・ナッシュ(1752～1835，イギリス宮廷都市計画家)の事務所の製図工となる。1821年にはゴシック建築に関する『作例集』を出版する。続いて，『ゴシックの装飾』の図案と編集作業を担当し，1831年に出版する。

ピュージンは，父の図案や編集作業を手伝いながら知識を積み上げてゆく。特に，装飾や建築部門などを任されるようになる。

1830(18) 海への異常なほどの好奇心により，フォース湾で遭難事件を起こしている。

1831(19) この頃，ウィンザー城の家具と劇場の舞台装置(ケニルワース)を設計。結婚する(1年後に死別)。

1833(21) 再婚する。

1834(22) カソリックに改宗。

■以降，ゴシック建築に異常な情熱を傾けて，13世紀後期から14世紀初期のゴシック様式に回帰すべきことを以後の著作で叙述している。

1836(24) 著書『対比』出版。

■著書には，彼の生きている時代の古典主義様式やゴシック建築は，俗悪で意味がないと記され，かつてのカソリックの時代の栄光に回帰することを叙述している。この著書によって彼の名は広く知られていく。

1841(29) 著書『尖頭式の，すなわち教会建築の正しい原

理』出版。チードル教会(スターフォードシャー)設計(〜46年)。

■前著作に比べ,より厳密・詳細に考察された内容となっている。一方で彼の建物は,いずれも資金難に見舞われ,実際に建築されたものはなかった。彼は,建物や家具,祭壇,ステンドグラス,金属細工にも興味をもっていた。これらを見兼ねて,バリー(1795〜1860)は,国会議事堂の仕事を彼に譲っている。これらの仕事では,正面のゴシック様式だけでなく,小物家具(インクスタンド,帽子掛け)などのデザインの仕事にも従事していた。

1842(30) ノッティンガム大聖堂設計(〜44年)。

1844(32) 2度目の妻と死別する。

1846(35) セント・オーガスティン教会(ラムスゲート)設計(〜51年まで5年間)。

■建物は,彼自身が出資者で,自邸に隣接して建築した。19世紀イギリスにおける非対称形の教会建築の先駆けとも評されている。

1849(37) 再々婚する。

1851(39) この年に発狂する。

1852 死去。享年40歳。

彼は建築家であり,そして家具やテキスタイル(織物)や装飾工芸のデザイナーでもあった。ゴシック礼賛の主張は,後のアーツ・アンド・クラフツ運動の建築家やデザイナーに多くの影響を与えている。特に,編集出版の才能は,設計そのものよりも彼の天性を十分に発揮させている。

ウジェーヌ・エマニュエル・ヴィオレ・ル・デュク　Eugene Emanuel Viollet le Duc
1814〜79

フランスの建築家，中世建築修復家，考古学者。

1814　1月27日，フランスに生れる。

1830(16)　フランスの7月革命では，大通りのバリケードの建設に参加し活動している。その結果，エコール・デ・ボザールへの進学を拒否した。

■富裕で教養豊かな進歩的な家庭に生まれている。反抗心は早い時期から目覚め，体制に対する不満を行動に移している。当時のブルボン朝チャールズX世の反動政治に対して，パリの有産市民が起こした政治的市民革命でブルボン朝が倒れ，ルイ・フィリップの7月王朝(オルレアン朝)が成立している。

1836(22)　イタリアに行き，建物を精力的に研究。

■彼の将来は，新しく創設された歴史的記念物委員会監査役プロスペル・メリメ(1803〜70，フランス，小説家，官吏として史跡監査官に従事。「カルメン」の作者)によって多大な影響を受けている。一方で，当時のヴィクトル・ユーゴー(1802〜85，フランス，詩人，小説家，戯曲家)の15世紀を舞台とした小説『ノートル・ダム・ド・パリ』の弱き者への憐憫の情やその社会的人道主義的な考えに共感し，フランス中世への回帰こそがフランス建築であると決断し，学者と同時に修復家への道へと突き進んでいった。

1840(26)　Vezelay Madeleiue 修復(〜59年)。

■最初の仕事によって中世建築の復元者としての評価を確立していった。続いて，サント・シャペル(パリ)の復元をエリック・ルイス・ジャック・デュバン(1797〜1870，フランス)とともに従事している。

1844(30)　ノートル・ダム聖堂(パリ)の復元を J-B-A. Lassus(1807〜57，フランス)とともに従事(〜64年)。

1854(40)　著書『フランス中世建築事典』出版(〜68年)。

1858(44)　著書『Analytical Dictionary of French Furniture

from the Carolingian Period to the Renaissance』を出版（〜75年）。

1863（49）著書『建築講話』2巻（〜72年）。

1875（61）著書『History of the Human Dweling-Place from Prehistoric Times to the Present』を出版する。

1877（63）著書『Russian Art, its Origins, its Constituent Elements, its Zenith, its Future』を出版する。79年，ロシア語に翻訳される。

1879 9月17日，死去。享年65歳。

建築家としての設計作品には見るべきものはないが，学者，考古学者，理想主義者であり著作家でもあった。豊かな知識と自信にあふれた行動と発言力は，一方で，非難の応酬を受ける。彼は，理想主義の考えから歴史上の同年代の建築は，デザイン・外観すべてにわたって同じように建築されているべきと（修復家の立場）主張している。多数の著書は，中世建築研究の貴重な文献として評価されている。

清水喜助
しみずきすけ
1815(文化12)～82(明治14)

清水建設の推進者，二代目。第一国立銀行設計施工。

1815(文化12) 越中国砺波郡井波の大工清八の次男に生まれる。本姓を藤沢清七という。

■この地は，今も井波大工の名で知られ，大工が多い。雪国の次男三男は，大工となるために，つてを頼りに江戸に上がるのが，この地方の通例であった。

1829(文政12)(14) 大工棟梁初代清水喜助（神田新石町）の徒弟・養子となる。

■後に，働きが認められ，娘と結婚。二代目となる。現在の清水建設株式会社の基礎を築く。義父の喜助は一介の町大工だが，経営の才能に恵まれ，江戸城西の丸の建設，日光東照宮の修理などに従事し，名字帯刀を許されていた。横浜が開港するとただちに進出して出店している。

1859(安政6)(43) 二代目を襲名。

■温厚な人柄で，既成の価値観に執着せず，時代の動きを注視し，西洋文化の流入を積極的にはかり，新時代と並走していった。

1861(文久1)(46) 幕府公認の請負人（4人）の一人に選出される。幕府や外国関係の公的な土木・建築関係の事業を独占的に請け負うようになる。

1868(明治1)(53) 築地ホテル館実施施工（基本設計ブリッジェンス）。別名エド・ホテル。この年8月竣工。1872年(明治5)，下町の大火で全焼。

1872(明治5)(57) 三井組ハウスの建設に着工，翌年第一国立銀行に転用される。

■初代頭取渋沢栄一は，建物をもっと高くするよう依頼。そこで，喜助は洋館の上に城郭を載せたデザインに仕上げる。三井組の請負仕事で大番頭三野村利左衛門を知り，事業への見識を深めていった。

後に,男子2人が夭折したため,2人の娘に婿養子を取っている。

1871(明治4)長女ムメは村田満之助(満19歳,普請奉行村田蔵六の弟)と結婚する。

　■村田蔵六(のちに大村益次郎)は,幕末・維新期の軍政家。洋学,兵学に明るく,近代的な軍隊組織を構想。1869年(明治2),新政府の兵部大輔(ひょうぶのたいふ)となり,軍制改革を提案。同年,京都にて守旧派の草莽(そうもう)(在野の人)の志士に襲撃され約2ヵ月後に没した。

1882(明治14)8月9日に没。享年67歳。

三代目の満之助は,組織内の改革に着手し,時代に即応すべく多くの努力を重ねている。しかし,若冠36歳で急逝する。妻ムメは,長男喜三郎(8歳)に満之助を襲名させ,後見人として男勝りの活躍を見せ,事業は継承されていった。そして,今日の清水建設の礎を築く。

ジョン・ラスキン John Ruskin 1819〜1900

イギリスの美術評論家，社会思想家。工芸美術改革運動の指導者。

1819 2月8日，ロンドンの富裕な商人の息子として生まれる。オックスフォード大学に入学するまでは，家庭教師から清教徒的な厳しい教育を受けている。大学に進学しても病気がちで，一時学業を中断している。

1840(21) この頃，イタリアに旅行。

■画家ターナー（1775〜1851，イギリス生まれ。著名な風景画家の3回目のイタリア旅行。当時65歳）と知り合い，ともにヴェネツィアに遊ぶ。当時のターナーは，ロイヤル・アカデミー会員や大衆からも理解されず，ラスキンだけが彼の理解者であった。

1842(23) オックスフォード大学を卒業する。

1843(24) 大著『近代画家論』第1巻を出版する。後に，全5巻の完成をみたのは，17年後の1860年(41歳)。

■彼は，ターナーの芸術を深く愛好し，かつ擁護するために書き始めた。彼には，功利主義を排斥し，理想主義を高く掲げ主張する信念があった。

1849(30) 著書『建築の七燈』出版。

■著書は，彼の確立しようとした原理を7つの燈火として記述。
①犠牲：建築は単なる建物ではなく，神聖さや美の要素が含まれる。
②真実：建築は，無駄な構造や偽の素材を使用せず，人の手を省かないこと。
③力：簡明かつ荘厳な構成であること。
④美：自然の模倣やその霊感を感ずる。
⑤生命：建築は生命を表現し，手づくりで建てられる。
⑥記憶：建築の最高の栄誉は記憶である。
⑦服従：様式は，広く受け入れられること。すでに知られている建築形態は十分に優れている。

そして受容されるべき完璧さをもつ様式として,次のように列挙している。

(1) ロマネスク(ピサ)
(2) 初期ゴシック(イタリア西部)
(3) ヴェネツィアン・ゴシック
(4) 英国初期の装飾式ゴシック(13世紀末〜14世紀初め)

1851(32) 著書『ヴェニスの石』出版(〜53年まで)。

■これらの建築論は,ラファエル前派運動を指導する力となり,一方,この頃から徐々に彼の関心は労働問題と社会改革に移っていった。著書『ヴェニスの石』は,中世の建築と装飾の美を語り,当時の石工達の喜びをうたいあげている。これらの主張は,後世の社会改革者モリスの作品とその行動に大きな影響を与えている。

1862(43) 著書『この最後の者にも』を出版する。

1865(46) 著書『胡麻と百合』出版。この頃から莫大な財産を投げ出して,労働者のための休息所などの施設を設けている。

1870(51) オックスフォード大学にて美学講座を担当する(〜85年まで15年間,66歳まで)。

■当時の社会が,彼の理想から遠ざかってゆくのを感じて,晩年に至るも心が安んじることはなかった。

1900 1月20日,死去。享年81歳。

ラスキンと弟子のモリスの存在は,イギリスに起こった工芸美術改革運動に多大な影響を与えている。

ジョセフ・モニエ   Joseph Monnier
1823〜1906

フランスの造園家，土木技術者。鉄筋コンクリートの開拓者。

1823 フランスに生まれる。

1849(26) この頃，コンクリート製品を発明。植木鉢，ベンチ，橋の耐力を増すために，鉄網を芯にして周りに砂利とセメントを混ぜて流し込み，堅固で耐久力のあるコンクリート製品を作った。

1860(37) この頃，特許を取得している。

1867(44) 最初の試みで植木鉢を作った。

■この試みは，革命的な建築素材（鉄筋で補強し強度が倍増したコンクリート）として，パリ万博に展示された。その結果，多くの技師，請負業者そして建築家達に関心と多大な影響を与えている。

1877(54) 後に，彼の工法は，ドイツ・ワイズ会社によって柱や梁を造ることに展開されていった。

■この工法は，ドイツが特許を買い取り，「モニエ・ベトン」と呼び，実用化と理論付けをして鉄筋コンクリート実用化につながってゆくことになる。

1887(64) ドイツ・ワイズ会社によって「モニエ学説」として出版。

1906 死去。享年83歳。

シャルル・ガルニエ

Jean Louis Charles Garnier
1825〜98

オペラ座(パリ)やリゾートのカジノを設計したフランスの建築家。

1825 パリの貧しい身分の家に生まれる。

1842(17) エコール・デ・ボザールに入学。

1848(23) 卒業時「ローマ賞」を受賞。同年ローマに留学。ローマで考古学を研究。後にアテネに旅行する。

1854(29) この年,パリに帰国してT.バリュー(1817〜85,フランス建築家)の下で設計業務に従事。

1861(36) パリの中心に歌劇場を設計するオスマン男爵主宰の設計競技「オペラ座」入選(〜75年)。

■16世紀末頃から17世紀初期のイタリアにオペラが誕生。当時,ヨーロッパ第一の富豪メディチ家の当主コジモは,教皇からトスカナ大公に任命され,大商人や都市貴族が誕生。市民の自由な活動,貿易による富の蓄積,産業の発達を背景に,華々しいルネサンスの盛期となり,メディチ家の絶頂期。建物は,華麗な時代の動きを巧みにとらえ,ルーヴル宮殿に倍する費用と,大理石などの高級な材料を使用し,世界最大にして最も美しい劇場になる。

1871(46) 著書『劇場の設計理論』を出版。

1872(47) 自邸(ボルディゲラ)設計。

1875(50) パリのオペラ座が完成する(〜14年間)。

■多くの装飾類が非難の的になり「詰め込み過ぎた食器棚」とも揶揄されたが,後に評価された。

1878(53) カジノ(モンテ・カルロ)設計。

■以後,ラテン諸国での軽快でかつ荘重なリゾート建築に多大な影響を与えている。

1889(64) パリ万博にて,セーヌ河畔に「人間居住の歴史」のパビリオン(展示館)群を設計する。

1898 死去。享年73歳。

ジョン・ダイアック John Diack 1828〜1900

香港より来日した建築技師。明治初期に工部省鉄道寮建築掛。

1828 イギリスに生まれる。

1870(明治3)(42) 3月1日，明治政府に雇用される。ただちに，工部省鉄道寮建築副役に就任。新橋〜横浜間の鉄道建設のための測量作業に従事する。また，石屋川トンネルの開削工事にも従事。さらに，京都〜大阪間の鉄道建設工事にも尽力し，大いに貢献している。後に，大阪，神戸に鉄道寮出張所が開設されると，友人のジョン・イングランド（1821〜77，イギリス鉄道技師）と協同して大阪〜神戸間の測量工事に従事。引き続いて，鉄道建設の工事にも関与している。

1888(明治21)(60) 日本郵船横浜支店設計。

1889(明治22)(61) ベンネット邸設計。

1900(明治33) 9月7日，横浜にて死去。享年72歳。横浜外人墓地に眠る。

ジョン・イングランドは，1871年（明治4）7月に明治政府の工部省鉄道局に雇用されている。建築副役として新橋〜横浜間の鉄道敷設工事に従事し，後に建築技師長に昇任する。1877年（明治10）9月14日，病気にて死去。享年53歳。横浜外人墓地に眠る。

立石清重 たていし せいじゅう
1829(文政12)～1894(明治27)

明治初期に洋風建築を試みた大工棟梁。開智学校設計。

1829(文政12) 松本藩出入りの町大工の家に生まれる。自ら江戸に出て，多くを見聞して帰郷する。

1875(明治8)(45) 開智学校の設計に先立って東京府（現東京都）に2回上京。開智学校の設計・施工が始まる。

1876(明治9)(46) 5月に竣工し，開校される。

■この校舎は，当時の筑摩県権・永山盛輝によって計画され，大工棟梁(松本)の立石が設計施工した。当時の校舎は，現存部分に広大な教室棟(30余室あり)が逆L字型に設計されて，約1,000人の児童を収容。当時，学校は「広大無辺，地方無比」ともたとえられた。

■明治時代の開智学校は，今日の幼稚園，中学校，高校，大学，博物館，図書館などの教育機関を併設していた。その後，各機関は独立している。

■全体の工事費は，当時としては巨額の約1万1,000円。その3割は公費で，残りの7割は松本町全住民の寄付により調達している(当時の東京府知事の月給は333円)。

■開智学校は，明治9年新築以来，1963年(昭和38)3月までの87年間使用された。

1876(明治9)(46) フィラデルフィア万博に学校写真が出品される。

1882(明治16)(53) 松本師範学校設計。

1887(明治21)(58) 県会議事堂設計。

1894(明治27) 松本にて没す。享年65歳。

ヘルマン・エンデ Hermann Ende
1829〜1907

ドイツの建築家。日本の帝国議会議事堂設計。お雇い外国人の一人。

1829 3月4日，ドイツ・ランズベルクに生まれる。

1848(19) バウ・アカデミー(ベルリン)に入学。

1856(27) キュンテスン・アカデミーにて優等賞を受賞。

1860(31) 建築士試験に合格する(1859年，エンデ・ベックマン建築事務所を開設。以後，36年間協同運営する)。その後，ベルリン高等工業学校教授に就任し，20年間勤務。ついで，官立バウ・アカデミー教授の後，評議員となり，院長に就任。

1886(明治19)(57) エンデとベックマンは，明治政府から臨時建築局顧問への就任と，併わせて国会議事堂，司法省，裁判所の設計を依頼され応諾。各建物の設計図を携えて来日。5月12日，彼は，内謁見を仰せ付けられ，3つの建物の図面を天覧に供している。

■帰国後，明治政府に提出した帝国議会議事堂などの建築図案は「和7洋3の奇図」として知られる。西欧のジャポニズム建築に少なからぬ影響を与えた。

1887(明治20)(58) 日比谷官庁街計画。国会議事堂，東京裁判所，司法省計画案を提示している。

■彼の設計案は，日比谷にこれらの建物を集中的に配していた。当時の日比谷界隈の地盤は軟弱のため，協力者ベックマンは初めの計画案の廃棄を進言している。しかし，彼は初めの敷地に固執し，自ら地質試験をするも失敗。そのために，改めて鹿鳴館(木造)の修理，議院設計及び工事監督に関する設計契約書を取り交わし，これらの設計図書を作成。この年7月19日に一時帰国。新たに設計した内容が実施不可能となり，ここで仕事は縮小。仮議事堂，司法省，裁判所のみ実現。この際，司法省の設計監理は河合浩蔵(4回生)。竣

工は1895年(明治28)。東京裁判所の設計監理は妻木頼黄(1回生)。竣工は1896年(明治29)。

1888(明治21)(59) 1月27日，政府は内閣会議にて，諸官庁建築には一切日本式を混用すべからずと決定し，即日この旨を電報にてドイツに通知している。

1895(明治28)(66) 芸術アカデミー(ベルリン)会長就任。(〜1904年まで)。

1907(明治40) 8月10日死去。享年78歳。

■**お雇い外国人**：明治政府の「富国強兵」の旗印の下に，西欧の科学知識や技術，諸制度を導入するために雇用。その数は，明治7・8年が500人を超え，延べでは政府・民間を含めると1万人有余人。国別では，最多は英国の6,000人有余で，次に米国(2,764人)，独(913人)，仏(619人)，イタリア(45人)。

■明治政府が最も多くの外国人を雇用したのは，文部省(西洋の学術)と工部省(近代技術)で全体の78%余を占めている。明治政府は，いずれの分野においても，お雇い外国人に政策的な主導権を渡さなかった。後に彼らに学んだ者・留学経験者が日本の近代化を推進している。

お雇い外国人の俸給（月給）

氏名	国籍	月給	主な職種	雇用期間
キンドル	英	1,045円	大蔵省大阪造幣寮首長	明治3〜8年
ロエスエル	独	900円	外務省法律顧問	11〜23年
ケプロン	米	833円	北海道開拓使顧問兼教師	4〜8年
ボアソナード	仏	700円	法律教師・司法省法律顧問	6〜26年
ベルツ	独	700円	東京大学医学部教師	9〜35年
ダイアー	英	660円	都検兼工部大学校土木工学及び機械工学教師	6〜15年
フルベッキ	米	600円	開成学校教頭・法律顧問	2〜11年
クラーク	米	600円	開拓使札幌農学校	9〜10年
エアトン	英	500円	工部大学校電信学科教授	3〜12年
コンドル	英	400円	工部大学校造家学科教授	10〜24年
モース	米	370円	東京大学動物学教授	10〜12年

注)金額は雇用期間中の最高額。下記は明治前期の日本人の月給。
①東京府知事　　333円　　　④労働者　　　　5円
②上級公務員　　60円(初任給)　⑤女工(一等)　2円
③銀行員　　　　35円(初任給)

ヴィルヘルム・ベックマン

Wilhelm Böckmann
1832〜1902

ドイツの建築家。日本の国会議事堂ほか設計。

1832 1月29日，ドイツに生まれる。ベルリンの高等建築学校に修学している。

1860(27) ヘルマン・エンデと協同してエンデ・ベックマン建築事務所を開設する。以後，36年間協同運営されている。

1886(明治19)(54) 4月27日，所員メンツを伴い，エンデとともに招聘され来日，同年7月2日までの2ヵ月余の滞日。その間，政府に建築家，建築職工のドイツ留学を提言し，後に，政府から許可実現する。

■建築家3人（妻木頼黄，河合浩蔵，渡辺譲），建築職工14人，建築材料製造職人3人が渡独。この「ベックマン留学」は，スレート瓦，ステンドガラス，化粧レンガなど西欧建築技術の本格的な習得と画期的な導入で評価された。

1902(明治35) 死去。享年70歳。

彼は，主に構造面，経営面を担当している。協同運営の下に設計された総件数153件。その80％がベルリンとその周辺のために，作品は2度の大戦でほとんど消滅している。作品の多くは，住宅，ヴィラが4割（62件）で，集合住宅，店舗がそれぞれ19件。エンデとともに彼らの母国よりも日本での知名度のほうが高い。一方で，日本での唯一の遺構は，法務省本館のみである。

ギュスターブ・エッフェル　Gustave Eiffel 1832〜1923

フランスの技師。パリ万博のシンボル・タワー，エッフェル塔設計。

1832　12月15日，フランス，ディジョンに生まれる。中央工芸学校に修学。後，鉄骨造建築物の仕事に従事。

1867(35)　鉄構造の事務所を開設する。

1876(44)　ドゥーロ鉄橋設計（〜77年まで）。ボン・マルシェ百貨店（パリ）構造設計。

1877(45)　マリア ピア橋（ポルトガル）設計。150mを超える鉄骨アーチの橋。

1880(48)　ギャラビー陸橋設計（〜84年まで）。

1884(52)　トリュエール橋設計。150mを超える鉄骨アーチの橋。

1886(54)　「自由の女神像」骨組の設計をしている。「自由の女神像」は，アメリカ合衆国の独立100年を記念し，フランス国民から両国民の友好の印として贈られる。

1889(57)　パリ万博のために「エッフェル塔」建造。

■フランス革命100年記念パリ万博のシンボル・タワーとして建造。塔は，高さ300.65mで，エンパイヤー・ステート・ビルが建つまで，世界で最も高い建造物であった。当時の技術者の技術目標は，1,000フィート（約305m）の塔建造だった。「エッフェル塔は，商業主義優先のアメリカでさえ欲しなかったもので，パリの恥なのである」とデュマとモーパッサンらによって建設反対の陳情書が残されている。

1990(67)　以降，航空力学や航空機の研究に従事。

1923　パリにて死去。享年91歳。

ウィリアム・モリス William Morris 1834〜96

イギリスの詩人,工芸家,社会改良家。近代美術運動の擁護者。

1834 3月24日,イギリスに生まれる。オックスフォード大学で神学を修める。卒業後,建築に転向してG.E.ストリート(1824〜81,イギリス建築家)のオックスフォード建築事務所に勤務。後に,詩人ロセッティ,画家バーン・ジョーンズの下で絵画を学ぶ。

■これらの修業を通して機械文明に反抗してゆくうちに,彼らの協力のもとに日用品美化運動(今日では,この運動は社会美化運動といったほうが適切であろう)を起こす。彼が指導者となってイギリスで起こった工芸美術改革の動きともいわれる。

1860(26) この頃,結婚を契機に自分の家を友人P・S・ウエッブ(1831〜1915,イギリス建築家)と共同で設計。

■この「赤い家」は,地方固有の建築素材と簡素な形態によって,中産階級のインテリ達の間で好まれ,多大な影響を与えた。

1861(27) この年に,モリス・マーシャル・フォークナー商会(後にモリス商会)を設立。

■事業内容として彼自身,壁紙やステンドグラスの装飾部分,チンツ(染め織物),じゅうたん,タピストリー,家具などもデザインしている。彼は,大衆に優れたデザインを届けたいと思う反面,「労働の分割は,労働者を作品から分離し,かつ,社会から分離する」という考えに基づき,機械化を拒否している。大量生産の拒否は,富裕層にしか購入できない高価な作品を導く一方で,多くの手工芸を再活性化し,製造業の初期の倫理を確立している。

1870(36) 著書,物語詩『地上楽園』を出版。

1877(43) 彼の工芸美術改革の動きが,その後のヨーロッパ中の工芸運動に多大な影響を与えている。

■これら影響を与えたのは,亡くなるまで続けられた講演活動の結

果であった。彼はイギリスにおける社会主義組織の設立者として，聴衆への熱情的な呼びかけをもって社会への改革を訴えていた。また，詩人である彼は，詩をもって公然と中世主義を標榜したり，自らのこの時代における社会的責任を主張している。

1890（56）書物を芸術化するためにケルムズコット印刷所（Kelmscott Press）を起こし，自ら活字，装画，製本を考案している（〜96年まで）。

1896 10月3日死去。享年62歳。

彼自身は建築家ではなかったが，当時の若い建築家達に大きな影響を与えている。特に，アーツ・アンド・クラフツ運動の展開に強い刺激を与えている。この運動の最大の擁護者であり，多産なデザイナー。モリス商会は，おもに室内装飾的な壁紙やカーテンなどに限定されていた。製品のデザインは管理され，社会と芸術との関係に一石を投じ，近代化運動の重要な出発点になっている。

一方で，イギリスの主要な社会主義者として，国の労働運動の基礎を築いている。彼の社会改革理念は，生活の美化を目指すもので，豪華さよりも日常的な実用性であり，改革の民主的な道具としてデザインを活用し，大衆に届けるとの道徳的倫理観を保持していた。

人名事典での彼の肩書は，「芸術家，詩人，工芸職人，中世研究者，印刷職人」とされ，幅広い領域にわたっている。

アーツ・アンド・クラフツ運動：19世紀後期，イギリスのW.モリスによって創始された美術工芸運動。産業革命による大量生産の製品の品質低下を「機械による生活用品への害毒」とし，職人の手加工による用と美の結合による良質の製品を目指す。

オットー・ワーグナー　Otto Wagner 1841〜1918

現代建築への主導と合理主義を提唱したオーストリアの建築家。

1841　7月13日, ウィーン郊外の田舎町に生まれる。父はハンガリー帝国の宮廷公証人で生家は鍛冶屋。母スザンネ・ワグナー方の祖父は貴族で宮廷書記官だった。社会的地位が劣るとして双方の両親が反対し続けた。そのため彼の両親は10年の長い婚約期間を経て結婚している。

1846(5)　父が肺病で死去する。

■父が亡くなって3軒の家と2人の息子が遺された。経済的安定のために絵画や収集品を売却して生計を立てていた。それでも母は彼を法律家にしようと考え, 9歳まで2人の家庭教師をつけた。革命が起こったときは大変だったと後に語っている。

■11歳になってベネディクト教団クレムス教会堂付属の神学校に転校。全員寄宿制の学校だった。神学校の生活が嫌でウィーンに逃げ帰り, 二度と戻ろうとしなかった。文科ギムナジウム（主にギリシア・ラテンの古典語教育をする中・高等学校）に転校し, そこを卒業している。

1857(16)　ウィーン工科大学に進学し, 優秀な成績により兵役を免除。工科大学では懸命に勉強し, 先生の勧めを受けてベルリン王立建築アカデミーで建築について多くを学んでいる。

1861(20)　ウィーンに戻り, 美術アカデミーに学び, 翌年に卒業する。

■美術アカデミーはたった2年間だったが, 多くの影響を受け, 今でも敬愛している2人の先生に会うことができましたと, この頃を回顧している。

■アメリカで南北戦争が勃発（〜1865年終結）。

1862(21)　R.von フェルスター・アトリエ入所。

1863(22) ヨゼフィーネ・ドームハルトと結婚。3人の子供が生まれる。この頃に独立している。
1864(23) ハーモニー劇場設計(後に音楽ホール)。
1868(27) エプシュタイン邸(現場管理を担当)。
1869(28) 賃貸住宅(ベラリア通り)設計。
1874(34) 設計競技「司法省庁舎」佳作案に入選。
1875(35) 設計競技「レムベルクの州議会議事堂」で二等案に入選。アトリエでの仕事の重点は,設計競技への参加に移行。
1876(36) 設計競技「独ハンブルク市庁舎」二等案に入選。
1880(40) アルティブス計画案発表。離婚する。設計競技「ウィーンの振替証券銀行」で三等案に入選。
1881(41) ルイーゼ・シュティフェル(22歳)と再婚。後に2人の子が生まれる。
1882(42) 設計競技「ベルリンの帝国議会堂」で佳作案に入選。設計競技「ブタペストの国会議事堂」で四等案に入選。
1883(43) 設計競技「州立総合銀行」で一等案に当選する。翌年竣工。
1891(51) ベルリンの大聖堂計画案。
1893(53) 設計競技「ウィーン市総合整備計画」で一等案に当選する。後に,実際に実現されたのは首都圏鉄道網の建設。
1894(54) ウィーン市交通問題委員会とドナウ河改修事業委員会の芸術顧問に任命される。皇帝よりウィーン美術アカデミー建築学科正教授に任命され,建築監督官から主任建築監督官へと昇進する。この頃,彼のアトリエには建築家,技術者やドラフトマンなど全部で70人位の

所員が働いていた。ウィーン郊外ヌスドルフの水門建設に関与（1898年）。市営鉄道の駅と諸施設建設に関与する（～1901年）。

1896（56） 著書『Moderne Architektur』出版。

■新しい建築設計の原理として「芸術は必要によってのみ支配される。」を残す。

1898（58） ドナウ運河水量調節の水門施設建設に関与する（～1901年まで）。

1899（59） ゼツェッシオン（分離派運動）に加入する。保守的な芸術家協会から脱退し，市民の非難を浴びる。カールスプラッツ駅舎設計（世界遺産登録）。

■建物は，半円形の屋根と壁面と軒の破風板（妻板）を飾るひまわりと特別な渦巻状模様が装飾されている。世紀末の秀作と評価されている。

1902（62） 指名設計競技「アム・シュタインホーフの精神病院付属教会」で一等案に当選する。

1903（63） 設計競技「ウィーン郵便貯金局」で一等案に当選する。

■彼の理論と実践を表現した代表的な秀作。古い様式にとらわれず，単純明快な幾何学的形態の構成で，建築の合理性を強調し，芸術的追求を主張している。「私の過去の37の応募案の中で最も機能的に適合した案である。」と自ら評価している。

1905（65） アム・シュタインホーフ教会の建設開始。クリムトほか18人の芸術家と分離派を脱退する（ホフマン，コロマン・モーザーとともに）。

1906（66） 設計競技「カールスパートのコロネード（列柱廊）」で三等案に入選（現代都市計画家・建築家協会）。ウィーン郵便貯金局竣工。

■貯金局の中央ホールは，大きな曲面をもち，ガラス，アルミ（初

めて建物に使用された),鉄などの金属,白大理石,御影石の平滑面で構成され,明るく機能的な空間として構成。世紀末モダニズムの精華と評価される。

■1908年,アドルフ・ヒットラー(19歳)は,ウィーン美術アカデミー絵画科を受験するも不合格に。後に抽象絵画を嫌悪したとされる。

1912(72) 美術アカデミーを定年退職する。宮廷顧問官の称号を授与される。

1915(75) 妻,ガンにて死去(享年56歳)。

1918 ウィーンにて丹毒(傷口から発症する急性・化膿性の伝染病)で死去。享年78歳。

古い様式にとらわれず,単純明快な幾何学形態で建築を構成した。同時に,新素材を積極的に採用し,合理的で芸術的な表現を追求していった。20世紀の幕開けにふさわしい機能的な近代的空間を演出。彼の「現代建築」に対する提唱は,門弟のオルブリッヒやホフマンらの建築家達に受け継がれた。そして,新芸術の達成を目指すゼツェッシオン(分離派運動)の理論的背景となり,実践されていった。

トーマス・ジェイムズ・ウォートルス Thomas James Walters 1842〜98

アイルランド生まれの土木・建築・機械技師。

1842 アイルランドに生まれる。

1864(元治1)(23) この頃来日し,奄美大島に薩摩藩の洋式砂糖工場を建設し稼働させている。

1865(慶応1)(24) 明治新政府の貨幣局は,造幣工場を大阪に設立するにあたり,T.B.グラバーに人材の推薦を依頼。グラバーは当時,香港造幣局の設計・監督を担当していたウォートルスを推薦し,招聘,来日した。

1870(明治3)(28) 11月に造幣工場が完成。造幣寮に隣接する泉布館(造幣寮の迎賓館)完成(泉布とは,古代中国の貨幣を意味している)。彼は,この頃,明治政府に広軌の鉄道建設を建白する。

1871(明治4)(29) 1月に大蔵省に招かれ,土木寮技師として東京に赴任。竹橋陣営設計・指導。鋳造所玄関柱廊(現桜宮公会堂玄関)設計・指導。彼は,造幣寮の開業に際し,建築設計工事や機械設置工事などを指導している。

1872(明治5)(30) イギリス公使館,銀座煉瓦街設計。

1874(明治7)(32) 有恒社製紙工場設計。

■当時の浅野長勲(1842〜1937,明治初期の広島藩主。維新後,駐伊大使,華族局長官,貴族院議員を歴任)を説得して有恒社製紙工場を設立する。特に,製紙技術のために弟アルバートを呼び寄せ,日本の用紙製造に大きな貢献をしている。

1875(明治8)(33) 2月に銀座街建設工事がほぼ完成。そのために工部省製作所を退任。

■一片の賞詞とわずかな賞与の品で解雇されている。この頃から新政府の関心は,技術,工場から宮殿,邸宅,劇場,博物館などの西

欧建築様式の建築に傾いていった。

2月28日,雇い止めの後に上海に渡り,土木建築技師として活動。

1891(明治24)(49) アメリカ・コロラド州にて,弟アルバート(鉱山開発していた)とアーネスト(元工部省鉱山寮鉱山副長)に合流して,デンバーにウォートルス兄弟社を開いた。

1898(明治30) 2月5日,死去。享年56歳。

建築家ではなかったが,万能の技術者としての力量は面目躍如といっても過言ではない。特に,コンドル来日までは,まさに「ウォートルスの時代」を築くほどの足跡を残している。お雇いアイルランド人かつ土木,建築,機械技師で,その合理的な思考法と技術者固有の明快なほどの課題の処理能力は,当時としては画期的な技術力といえる。日本の近代建築の揺籃期の時代は「ウォートルスの時代」に相当するのかも知れない。

ジョバンニ・ヴィンセンツォ・カッペレッティ

Giovanni Vincenzo Cappelleti
1843〜87

明治期のお雇い外国人。イタリア人建築家。

1843 6月6日,イタリアのミラノに生まれる。

1855(12) ミラノ王立美術学校に学ぶ。在学中ヴィッタディーニ財団ら主催の建築設計競技にて入選(1865年頃まで)。

1875(明治8)(32) ミラノ王立美術学校から工部省工部美術学校の「造家教師」として推薦される。

1876(明治9)(33) 8月30日,同画学教師フォンタネージ,同彫刻教師ラグーザとともに来日。工部美術学校に造家科は開講されず,予科教師として3年間勤務。

1879(明治12)(36) 8月29日,工部省営繕局に転じる。

1880(明治13)(37) 9月24日,解雇の後に,陸軍省工兵第一方面本署の雇いとなり,参謀本部および遊就館「新築方法ノ教授及ヒ図面調製」に従事した。

1885(明治18)(42) 渡米。アメリカのサンフランシスコで建築事務所を開設している。日本人の伊藤為吉(1864〜1943,異色の建築家,演出家・千田是也の父)や平野勇造を育てている。

1887(明治20) サンフランシスコにて死去。享年44歳。

エドモンド・オウガスト・バスチャン Edmond Auguste Bastien 1839〜88

フランスの建築家。横須賀製鉄所，富岡製糸所を設計。

1839 6月27日，フランスのシェルブールに生まれる。若い頃は，シェルブール造船所で造船工として働いていた。

1866(慶応2)(27) 横須賀製鉄所（後に横須賀造船所と改称）に造船工兼製図工として来日。

1870(明治3)(31) 明治政府は，上州富岡の地に一大製糸所を建設することを決め，そのためにフランスから製糸技師P.ブリューナー（1840〜1908?)を招聘。

■ブリューナーは，南フランス生まれ。明治政府に招かれ，1870年に雇用契約書に調印。1875年7月の任期満了まで首長として指導。彼の功績に対し表彰状と金賞牌が日本蚕糸会から贈呈されている。ブリューナーは，工場建設のために設計をバスチャンに依頼している。彼はこれを承諾し，造船寮から大蔵寮に転任して，土木絵図師として雇用された。彼は，ただちに2ヵ月半で同工場の繰糸所，繭置所，宿舎，事務所，首長館，蒸気釜所などの設計図書を仕上げている。

1871(明治4)(32) 3月，富岡製糸所建設に着手。

1872(明治5)(33) 7月に完成。完成後，横須賀に帰任。その後，日本を去っているが，その後の足跡は不明。

1888(明治21) 9月9日，横浜にて死去。享年49歳。

ヘンリー・ダイヤー Henry Dyer
1848～1918

お雇い外国人の一人。工部大学校創設時に活躍したイギリス人建築家。

1848 スコットランドに生まれる。彼の父親は鋳造工で，彼自身はカーク商会という工作機械を取り扱う会社の徒弟として，働きながら夜学校にて修学していた。

1866(18) グラスゴー大学に入学。大学では勉学に励み成績優秀，在学中は何度か褒賞を受けている。

1872(明治5)(24) 学業を修了し，工学士号を取得。
■指導教授M.ランキンは，明治政府から東京に新設の工部大学校の教育を全権委任できる人材の推薦を依頼され，彼を推挙した。

1873(明治6)(25) さらに工学修士号を取得。6月に横浜に到着。ただちに，工部大学校都検(後の教頭)に就任。

1874(明治7)(27) 5月，横浜英国公使館にて結婚。

1882(明治15)(34) 6月1日，工部大学校教頭の役職を辞し，経済的・家庭上の理由から帰国。帰国後，グラスゴー大学，エジンバラ大学に応募するも不採用。

1887(明治20)(39) グラスゴー・西スコットランド技術カレッジの新設に関与。後に終身理事に就任。

1890(明治23)(42) グラスゴー大学から名誉工学博士号を授与。

1902(明治35)(54) 東京帝国大学より名誉教師号を授与。

1904(明治37)(56) 工部大学校卒業生からの情報をもとに，著書『大日本』を出版する。
■日本の順調な成長を評価しつつも，その将来に世界平和への多くの貢献を果たすことを望んでいた。

1908(明治41)(60) 明治政府より勲二等を授与。

1918(大正7) 9月25日，グラスゴーにて病没。享年70歳。

ボアンヴィル

Aifred Chastel de Boinville
1849〜?

コンドルの助手として設計製図を指導。フランス人建築家。

1849 フランスに生まれる。

1872(明治5)(23) 11月，来日（3年契約）。最初，工部省測量司の雇用であった。

1874(明治7)(25) 1月，営繕課（後の営繕局）営繕寮に移動する。職名は「建築師」である（明治14年3月まで在職）。滞日中，赤坂仮皇居内に謁見所，会食堂を設計する（建物は，石造2階建，中央にドームを配置する）。

1876(明治9)(27) 建物は着工したが，明治12年の地震のために損傷を受けた。建物は，日本宮廷史上の最初の洋風建築となるものであったが，工事途中で中止。紙幣寮製造場設計。

1877(明治10)(28) 工部大学校講堂（木造2階建）竣工（8〜10年）。

1881(明治14)(32) 外務省庁舎竣工（11〜14年）。離日。没年不詳。

彼の工部省における活動は，かの「ウォートルスの時代」ともいわれる後を受けて，コンドルの時代に引き継がれるまでの期間。この間，日本政府の建築営繕の仕事を主導的な役割をもって果たしている。

サー・エベネザー・ハワード
Sir Ebenezer Howard
1850〜1928

生涯速記者をまっとうし,田園都市構想を熟成。「ナイト」受賞。

1850 1月29日,イギリスに生まれる。若い頃からロンドンで書記となり,重要な速記者として,生涯にわたって職務をまっとうしている。

1872(22) アメリカに5年間滞在。
■滞在中にホイットマンやエマーソンの著作に感銘。より良い生活とその実現を考える。

1898(48) エドワード・ベラミの著書『Looking Backward』に感銘を受ける。著書『Tomorrow A Peaceful path to real reform』を出版する。
■この頃より生涯にわたる「田園都市」構想へと熟成されてゆく。その都市は,独立していること,郊外であると同時に住宅地だけではないこと,そして,都市には生活上必要な多くの施設を計画的に配置していくこと。

1902(52) 著書『Garden cities of Tomorrow』を改定。
■著書では,大都市の欠陥や弊害を除くために,周辺に多くの田園都市を造成することを提案。現代の都市計画手法の端緒ともなっている。

1903(53) 田園都市構想は,建築家パーカー・アンド・アンウィンの設計により最初に実現されている。

1927(77) 「ナイト」の爵位を授与される。

1928 5月1日,死去。享年78歳。

ジョサイア・コンドル Josiah Conder
1852〜1920

明治期お雇い建築家。建築教育の制度を確立して後継者育成に尽力。

1852 ロンドンに生まれる。後に，南ケンジントン美術学校およびロンドン大学ユニバーシティ・カレッジに学ぶ。

1866(13) ベッドホードのモダンスクールに入学。

1869(16) サウスケンジントン・アート・スクールおよびロンドン大学にて建築学を学ぶ。

1873(20) 建築学者ロジャー・スミスに建築を学修。ウィリアム・バージェス建築事務所助手となる。工部省工学寮（工部大学校の前身）発足。

1875(22) バージェス建築事務所を退職。画家ロンスダール助手。ステンドグラスの製作修業。

1876(明治9)(23) 3月，英国王立建築家協会主催「ソーン賞」設計競技に応募して栄冠を獲得。ソーン賞は，若き建築家の登竜門。10月，日本政府（工部省）より招聘（5年契約）。

1877(明治10)(24) 1月28日に来日。

■前年10月にイギリスを出発し，横浜にイギリス蒸気船スンダ号で入港。招聘目的は，明治国家を建築で飾るという任務。来日後，工部省工作局と工学寮教師として工部大学校造家学科で教鞭をとる。兼ねて内匠寮出仕。工学寮造家学科教師，工部省技術官となる。麻布今井町官舎に入居。俸給は初任給333円（当時の東京府知事の月給は333円33銭3厘，銀行員初任給35円，労務者は5円，1円で白米26kg）。3年後350円。雇傭期間は当初5年契約。

1877(明治10)(24)〜**1886**(明治19)(34) この頃の作品は政府関係の記念碑的建物を建築する仕事に傾注。2月，日本アジア協会入会。

■東京大学(東京開成学校と東京医学校を統合)発足。西南戦争勃発する。第1回内国勧業博覧会開催。

1879(明治12)(26) 11月，工部大学校造家学科第一期生卒業。

■熱心で懇切丁寧な指導と明るく親切で温和な性格のコンドルは，学生達に人気が高かった。

1880(明治13)(27) 8月，長女ハル(英語名ヘレン)誕生。

■最初に同棲した女性との間に誕生。里子に出されるが，コンドルの結婚とともに養女として入籍。後に東京女学館に学び，卒業後ブリュッセルに留学。帰国途中の船でデンマークの名門の青年と知り合い，後に結婚。3男3女に恵まれ，コンドル没後に自宅や家財を処分。晩年はコペンハーゲンで余生を送り，1974年（昭和49），享年94歳没。

1881(明治14)(29) 開拓使物産売捌所設計。皇居造営顧問技師となる。

■宮内省主馬寮の山口融の紹介で，河鍋暁斎（当時50歳）に入門。1883年（明治16）11月には暁英の名をもらい日本画を実技学修。暁斎には，通称コンドル君で親しまれた。月謝は50銭～1円。彼は通常1回3円～5円を支払った。日本舞踊も花柳流の師匠に習う。年に1回は自宅で素人歌舞伎を上演。

■河鍋暁斎(1831(天保2)～89(明治22)は，幕末・明治の北斎といわれた日本画家。

1882(明治15)(30) 1月，工部大学校より工部省営繕局に転出。主に省庁，皇族，貴顕邸宅建築に従事。

1883(明治16)(31) 鹿鳴館(開館式11月28日)設計。

1884(明治17)(32) 英国王立建築家協会正会員に推挙される。4月，勲四等旭日小綬賞受賞。

1885(明治18)(33) 今井町の官舎から引越しする。9月まで麹町飯田町のC.ブリンクリー宅（イギリス軍人）に同居。8月1日より10日間，暁斎(54)と日光にスケッチ旅行。

新築された京橋区西紺屋町の官舎に転居。

1886(明治19)(34) 臨時建築局設置後，同局に転じ内務大臣・陸軍大臣両官舎竣工。4月から帝国大学工科大学建築学科講師を兼任する（〜明治21年まで）。6月『造家必携』発行。11月，学生17名を引き連れドイツに出発。途中でロンドンにまわり帰省する。

■明治12年から明治19年の8回まで，計21人の学生が工部大学校造家学科を卒業。本格的な建築家を育成し，日本の建築教育の基礎をつくる。「日本の建築界の母」と呼ばれ，今も銅像が工部大学校後身の東京大学工学部建築学科の前庭に立っている。

■東京大学を帝国大学に改称。工部大学校は帝国大学工科大学に吸収された。

1887(明治20)(35) 英国王立建築家協会（ロンドン）にて「日本の住宅建築について」を講演。

■この頃から日本への永住を決意か。鹿鳴館で政府主催の仮装舞踏会が開催された。

1888(明治21)(36) 3月，帝国大学工科大学講師を退官。設計事務所（東京西紺屋町）を開設（〜49歳）。岩崎家深川別邸，香蘭女学校校舎設計。

1889(明治22)(37) 4月26日，暁斎(58歳)の臨終・葬儀。鹿島清兵衛と葬儀費用を分担して挙行。

■東京美術学校が開校。パリ万博開催。

1890(明治23)(38) 三菱社の顧問就任。大磯の別荘を改修する。

1891(明治24)(39) ニコライ堂（日本ハリスト正教会教団復活大聖堂）設計。

1892(明治25)(40) 帝国大学名誉教授（勅任待遇（高等官待遇のこと）に推挙される。

1893(明治26)(41) 7月，日本舞踊の師匠前波くめと結婚。

長女ヘレン(ハル)を養女として入籍。

1894(明治27)(42) 勲三等瑞宝賞を受賞。三菱一号館。

■初めて建てられた3階建洋風事務所建築。クィーン・アン様式。丸の内一帯が「一丁倫敦(ロンドン)」と呼ばれるようになる。1968年(昭和43)解体。約40年後の2010年(平成22)、原設計に忠実に再建された三菱一号館は、「三菱一号館美術館」として開館。

1896(明治29)(44) 東京倶楽部, 三菱三号館, 英国公使館日光別荘, 岩崎久弥湯島本邸設計。

■岩崎久弥湯島本邸は、当時の金額で120万円。工事期間は3年間を要した。この金額は、当時の東京市の1年間の予算と同額。戦後はアメリカのキャノン機関に接収されていた。

1901(明治34)(49) 4月, 長女ヘレン(21歳)を連れてイギリスに一時帰国。横浜ユナイテッドクラブ設計。

1903(明治36)(51) ベルギー公使館改修工事。

1904(明治37)(52) 5月, 自邸(麻布三河台)を竣工し, 西紺屋町から転居する。

1906(明治39)(54) 長女ヘレン(26歳)がデンマークの名門家のウィリアム・レナート・グルートと結婚。

1908(明治41)(56) 岩崎弥之助高輪別邸(現関東閣)設計。

1911(明治44)(59) 5月, 著書『河鍋暁斎-日本画と画稿』を出版。アーウィン邸・加藤高明邸設計。

1914(大正3)(62) 2月, 帝国大学より工学博士号を授受。

1915(大正4)(63) 島津忠重邸(現清泉女子大学本部, 五反田御殿山)設計。

1917(大正6)(65) 古河虎之助邸(旧古河庭園)設計。

1918(大正7)(66) 山県有朋小田原別邸設計。

1919(大正8)(66) 成瀬正行邸設計(最終作品)。

1920(大正9) 6月10日, 夫人くめ死去。6月12日, 麻布三河台町にて脳溢血にて死去。享年67歳。芝アンドレ

一教会にて告別式。雑司が谷護国寺に眠る。

彼は，明治期のお雇い外国人の一人だが，生来の明るい性格から，日本を愛し，日本人に慕われ，日本に帰化。生涯を通じて日本人のために尽力している。

特に，教育現場では学生達に好感をもって迎えられ，多くの共感と感動を与えた。業績は，日本の建築教育制度を整備・確立し，同時に本格的な日本人の建築家を輩出したこと。その中には，第一回卒業生の辰野金吾（日銀本店，東京駅設計），片山東熊（赤坂離宮，表慶館設計），妻木頼黄（横浜正金銀行設計）や佐野利器（家屋耐震構造論の確立）など，創世期の日本建築学会や業界を発展させた原動力ともなった人材が多数。

設計作品は，鹿鳴館，ニコライ堂，三菱一号館など。旧岩崎邸庭園（三菱創業者岩崎弥太郎の息子久弥の本邸）は，本格的な西欧式邸宅の洋館で，スイス山小屋風の撞球室，書院造りの和館などが現存する。

アントニオ・ガウディ
Antonio Gaudi
1852〜1926

サグラダ・ファミリア聖堂建設に生涯を賭けた特異な建築家。

1852 6月25日、父は銅板職人のフランセスク・ガウディ、母アントニア・コルネットの5人兄弟の末っ子に生まれる。幼い頃からリウマチで足が悪く、悪いときは立って歩くことさえ不可能。そのため、身近な虫や草などを観察していた。

1863(11) ピアリスト修道院学校に入学。リベラとトダの2人の親友と出会う。トダは後に外交官になり、世界中を飛び回って珍しい写真を撮ってガウディに送る。

1868(16) バルセロナに移住。建築学校への進学のためにバルセロナ大学科学部予科に入学。

1873(21) 県立バルセロナ建築学校(現カタルーニャ工科大学建築学部)に入学。大学では、図書館でヴィオレ・ル・デュクの『建築講話』を熱心に読んでいた。

1874(22) 兄と母が死去。その後、父、姉、姪、叔母の4人は、彼を頼ってバルセロナに移住。何人かの建築家や工匠らの助手としてアルバイト生活を4年間続ける。

1878(26) バルセロナ建築学校卒業。建築家の資格を取得。卒業後、コメーリャス(バルセロナ革手袋店)の依頼で、パリ万博に手袋出品展示のケース製作。

■このケースが大評判。このケースを見たE・グエル(青年実業家、当時32歳)は、事務所に来たガウディに「君の才能は素晴らしいものだ」と語り、後に強力なパトロンとなる。ペピータ・モレウと恋をするが、「私には、結婚する資格がなかった」と(後に語る)。生涯独身。

■グエルは、ガウディの生涯にわたってのパトロン(後援者)。当時

の地中海の大富豪。希有な実業家，政治家。バルセロナ市の発展に寄与し，私財を芸術の振興に費やしている。

■バルセロナ建築学校の校長エリアナ・ロージェント(建築家)は，卒業資格を与えた夜に親しい友人に語る。「今日，一人の若者に建築家としての資格を与えた，彼の中に宿っているのは天才か，狂気か，それはわからない。しかし，時間が答えを出すだろう」。

■この頃，ホセ・フォントセレーの下でプンティ工房の仲間達と一緒に作った最初の作品は，港に近いブレッサ・レアール広場に立つ街灯(3本のみ，バルセロナ市の公募選定)である。

1883(31) カサ・ビセンス設計(～85年)。建物は初期の代表作。サグラダ・ファミリア聖堂の2代目主任建築家に就任。

1884(32) グエル別邸設計(～87年)。

■グエル氏の最初の作品。龍のついた門(鍛鉄製)を中央に，門衛，厩舎棟をもつ。外観は，ムデハル様式(16世紀頃のイスラム系の美術様式。特色は工芸や装飾に優れ，彩釉タイル，スタッコ細工，アラベスク風文様など)の印象を与えている。経済的に良好となる。

1885(33) サグラダ・ファミリア聖堂の主任建築家としてガウディの名が新聞紙上で公表される。

■聖堂は，バシリカ形式(古代ローマ時代の長方形の平面をもつ建物。内部は列柱と3つの廊下状空間をもつ)のラテン十字形平面。95m×45mに170mの塔を含む19本の塔で構成。ガウディがかかわったのは1883～1926年。現在も未完成。

1887(35) バルセロナ市長からの市庁舎議会ホール改造計画依頼が，理由不明のまま変更された。

■計画依頼を委譲された建築家ドメニク・イ・モンタネールは，上流階級の家庭に育ち，学生時代からエリートで，後に教授，校長，国会議員となる。ガウディは，アストルガ司教館建設依頼を受け，グラウ司教との親交が始まり，設計建設が開始される。

1888(36) サンタ・テレサ学院設計(～90年)。

1893(41) グラウ司教が死去。アストルガ司教館の建築家を辞任する状況となる。

1894(42) 年初に断食を実行し、衰弱により死を覚悟する。
■友人のジョゼップ・トーラス神父に諭されて断食を中止する。「良き友アントニオ。人生は儚く、すぐに去ってしまうものだ。だからこそ、人間は自らの意志ではなく、神の意志によって生命を讃えなければならない。…あなたはこの聖堂を完成させるという現世での使命を受けているからだ。」

1900(48) バルセロナ市第1回年間建築賞を受賞(対象：カサ・カルベット)。グエル公園設計(〜14年)。

1903(51) 聖堂第2期建設工事の中断危機(〜1906年)。
■名声は国内では定着し、国外でも評価が高まる。

1904(52) カサ・バトリョ設計(〜06年)。

1906(54) カサ・ミラ設計(〜10年)。
■特有の有機的形態をもつバルセロナの集合住宅で、代表的作品の一つ。建物全体を2つの光庭とその周りの住戸で構成。最上階の屋根は、放物線の連続アーチ構造。

1910(58) 栄養失調と過労のために近郊で静養する。パリにてガウディ展開催される。

1911(59) マルタ熱病のために療養。

1912(60) 聖堂第3期建設工事の中断危機(〜1917年)。

1914(62) この頃、聖堂だけに専念することを宣言し、献金集めに奔走する。

1918(66) 最大のパトロンのグエル(72歳)が死去する。

1922(70) スペイン建築家会議(バルセロナ)が開催され、彼の功労を讃える宣言が採択された。

1926 6月7日、サン・フェリペ・ネリ教会のミサに向かう前、聖堂で働いている職人に「諸君、明日はもっと良いものを作ろう」と言葉をかけた。これが彼の残した最

後の言葉となった。

この日は5時半頃に出たが，4台のタクシーに乗車拒否され，約30分後，4車線の広い通りを渡ろうとして市電にはねられ重体となる。貧しい身なりのため，身元不詳のままサンタ・クルス病院に移送されて，大部屋に寝かされた。6月10日，死去。その後，サグラダ・ファミリア聖堂の地下礼拝堂に埋葬された。享年74歳。

近代主義の主流，機能主義の時代に，独特な構造的合理性と装飾的表現性で異彩を放つ。カタルーニャ地方の強烈な伝統的色彩と彫刻，アール・ヌーヴォー的なうねる曲面構成，陶磁器の破片などの幻想的な造形感をもって異様でかつ明るい空間に仕上げた。20世紀の強烈な個性を発揮した不世出かつ奇才型建築家。

# 曾禰達蔵 そねたつぞう
1852(嘉永5)～1937(昭和12)

明治期建築家。関東大震災に耐えた「東京海上ビル」設計。

1852(嘉永5) 唐津藩の江戸詰の上級武士の家に生まれる。長じて，主君小笠原長行(外国奉行)の小姓として，イギリス公使パークスとの外交交渉等に陪席(ばいせき)する。

1868(明治1)(16) 維新の戦争では彰義隊で実戦に参加。
■小笠原長行，左幕派(幕府同調派)とともに彰義隊に参加，敗北して会津籠城。後に小笠原の命令で密かに脱出して生き残る。仲間は函館にて全滅した。

1873(明治6)(21) 工学寮第一回試験に合格。

1879(明治12)(27) 工部大学校造家学科第一回生として卒業。ただちに，工部省営繕局に入所する。

1881(明治14)(29) 工部大学校助教授に就任。

1886(明治19)(34) 海軍に転じ，鎮守府建築委員に就任。

1887(明治20)(35) 鎮守府建築委員として指導に従事。

1890(明治23)(38) 退官して三菱に入社する。日本最初のオフィス街の建設案実現にあたる。三菱三号館，同四号館，同六号館，同七号館などの設計に関与。

1891(明治24)(39) 水準原点標準設計。
■この建物は，同級生の中では最古の作品。

1906(明治39)(54) 退社して，建築設計事務所を開設(自営)。

1908(明治41)(56) 中條精一郎(1868～1936，明治・大正期に活躍した民間建築家，当時40歳)と共同して曾禰・中條建築設計事務所を開設。
■民間では最大規模の設計事務所として活動する。その作品数は，230点有余にも及んでいる。

1912(明治45)(60) 慶応義塾創立五十周年記念図書館設計。

1918(大正7)(66) 日本造家学会(現日本建築学会)会長に就任する(～21年(大正10)まで)。東京海上ビルディング設計。

■関東大地震を見事に耐え乗り越えた記念すべき建築。特に,佐野利器の耐震設計理論の有効性が実証され,その後の設計理論に大きな影響を与えている。

逸話 ある日,隆(辰野金吾の長男,ゆたか)は曽禰さんに父のことを聞いている。「貴方のお父上は,私なんかよりもずっと自主的で勉強家でした。寮の図書室におられて,あいつには敵わないと思っていたら,いつの間にか大学教授になり,立派な建築を建てた。そして,後に私を残して逝ってしまったのです。」

「私は,戊辰戦争で死に損なった男だ。こうして年をとってからも,片山東熊,お父上,佐立七次郎ら友人達に先立たれてしまっている。何か死に遅れたような気がする。」と語る曽禰のもの寂しそうな態度を,後年の隆は語っている。曽禰の妹おようは,高橋是清(1854～1936,明治・昭和戦前期の政治家・財政家。後に2.26事件にて殺害された)と結婚している。

1937(昭和12) 逝去。享年85歳。

辰野金吾と同郷で,工部大学校時代からの親友。辰野は政府機関に就職し,彼は工部大学校で教鞭をとり,後に三菱に入社。師であるコンドルと丸の内のオフィス街や煉瓦街の建設にあたる。作風は,同世代建築家の厳格な古典主義様式とは違っていた。左右対称とはせず,隅角部に塔屋を配置したり,都市や街全体への景観を配慮した外観を好んでいた。主な現存作品では,三菱銀行神戸支店(明治33年),慶應義塾図書館(明治45年)など。

同級生の活躍に隠れて目立たない存在ではあったが,明治・大正期では最大規模の設計事務所を経営して多くの作品を残している。

片山東熊
かたやまとうくま
1853(嘉永6)～1917(大正6)

明治期の代表的な宮廷建築家。迎賓館「赤坂離宮」設計。

1853(嘉永6) 12月20日，長門国萩古萩（現山口県萩市今古萩町）に下級武士の父文左，母ハルの四男として生まれる。

1866(慶応2)(13) 2人の兄に続いて奇兵隊に入隊。
■大きな体格のため年齢を偽る（元服前では入隊できないため）。

1868(慶応4)(15) 戊辰戦争では官軍として東北各地を転戦（当時の会津征討総督参謀は山県有朋（30歳）であった）。
■兄は，奇兵隊総監の山県有朋の信任厚く，その下で働く。彼は後に陸軍に入隊するも，一念発起して除隊し横浜に出る。イギリス商館のボーイとなり英語を学ぶ。

1873(明治6)(20) 工部寮給費生として工部大学校造家学科に入学する。

1879(明治12)(26) 工部大学校造家学科卒業（第一回卒業生）。ただちに，工部省技手となる。
■山県有朋の強い縁故により，その後「宮廷建築家」の栄光ある道を歩むことになる。

1881(明治15)(29) 有栖川宮の宮廷建築掛りとなり，建築造営に関与する。9月，ロシア皇太子アレクサンドルⅢ世の首都ペテルブルグでの戴冠式に，山県有朋（43歳）率いる日本使節団の随員として参列。後に，ロシア，イタリア，フランス，オーストリア，ドイツ，ベルギー，スペイン，ポルトガル，イギリスと主要な国の王宮を歴訪。加えて，1年間フランスとイギリスに滞在して，宮廷建築の研究に従事。同時に，有栖川宮邸の家具の調達のための見聞を広めている。

1883(明治17)(31) 有栖川宮邸設計。有栖川宮邸設計の建築に当たり，コンドルの助手として図面を描いている。

1886(明治19)(33) その後，宮内省に転じ，宮殿・離宮・華族邸宅建築に関与する。北京公使館設計。

1891(明治24)(38) 一条公爵邸・伏見宮邸設計。

1893(明治26)(40) 細川侯爵邸設計。

1894(明治27)(41) 奈良帝室博物館設計。

1895(明治28)(42) 京都帝室博物館設計。

1896(明治29)(43) 閑院宮邸設計。

1898(明治31)(45) 東宮御所御造営技監に就任する。

1909(明治42)(56) 東宮御所（現赤坂離宮），東京国立博物館の表慶館設計。

■明治期の記念碑的建築「赤坂離宮」では総監督となり，調査と設計に2年半有余。工事には10年の歳月を要して完成した。室内装飾には，黒田清輝(1866～1926，43歳)，岡田三郎助(1869～1939，40歳)，浅井忠(1856～1907，53歳)，今泉雄作，渡辺省亭，並河靖夫(1845～1927，64歳)などの外部の美術家が参加している。竣工後，体調を崩して長らく床に伏していた。その後，自宅の庭の温室にこもり，蘭の栽培に日々を送った。

1915(大正4)(62) 辞官する。

1917(大正6) 10月24日逝去。享年64歳。東京青山墓地に眠る。

少年期に兄に続いて奇兵隊に入隊と同時に，一念発起の除隊にも，その大志をうかがわせる。また，当時の総督参謀の山県有朋の信任を得て，現赤坂離宮や表慶館を完成し，明治期の大事業を完遂したことは，運命の巡り合わせのようである。

明治国家を飾る記念性を強調した左右対称の様式規範を忠実に表現した格調高い古典主義を好む。特にルネサンス様式，新バロック様式を採用し，西欧の様式建築を厳格に再現することを追求している。

辰野金吾 たつの きんご
1854(安政1)～1919(大正8)

明治期の代表的な建築家。日本銀行，東京駅設計。

1854(安政1) 8月22日，肥前唐津藩士の足軽に近い最下級武士の父姫倉右衛門，母おまつの次男として生まれる。苦学して勉学に励み，城下の私塾の塾頭になった頃，維新を迎える。

1871(明治4)(17) 6月，唐津藩が開校した英学校(耐恒寮)に入学。英学校講師に高橋是清が着任。しかし財政難のためまもなく閉鎖。この縁で以降，高橋の後援を得る。幼時，江戸の唐津藩邸に住む叔父辰野宗安の養嗣子となる。故郷で漢学，洋学を学んだ後，上京。

高橋是清(1854(安政1)～1936(昭和11))：政治家，財政家。日銀総裁，首相兼蔵相に就任し，2.26事件で暗殺された。

1873(明治6)(19) 8月，工部寮第一回入学試験が実施され，補欠合格。補欠合格者は通学生となる。

■受験者83名のうち合格者20名。曽禰達蔵は合格。全寮制ですべて官費。補欠では入寮できず，聴講は可だが官費はなし。2ヵ月後，第2回目に10名の募集があり，広報したため志望者が400名を超えて競争率40倍の難関となる。10日後の発表で，10名中10番で合格。合計30名の入寮者中最下位となる。造船を志すが造家に転科。10月，工学寮が開校。30名の入寮そして昼夜学寮に寄宿し，官費をもって衣食を支給され，満6年間勉学。12名の教師陣の講義はすべて英語。

1874(明治7)(20) 「工学寮学課並諸規則」発表。専門学科は「土木・機械・電信・造家・鉱山・冶金各学科と化学」。

逸話 彼は，進学について曽禰に相談した。造船技師を志望していたが造船科はない。機械科にと赤羽工場で2ヵ月間実習。学校から呼び出され，お前の成績では無理なので他の科にせよと言われた。ダ

イアー先生に相談すると,曽禰が造家を志望する予定であるとのこと。実は,曽禰も土木志望から造家に変えられた。「最後は,造家学科で力を合わせてやってゆこう」と決めた。

1875(明治8)(21) 工学寮第一期は,普通科(教養課程)2年修了し,専門科に進級。

■造家には,曽禰,辰野,原田東熊(後に養家の姓から実家の姓の片山になる),佐立七次郎,宮伝次郎(在学中に病死)の計5名。

1877(明治10)(23) 工学寮は工部大学校,開成学校も東京大学と改称する。この年,西南戦争が勃発する。

余話 コンドル(25歳)の最初の言葉は,「皆さんがアーキテクト(建築家)となるには,技術の知識と共に,芸術の素養を高めなければならないのです」。

1879(明治12)(25) 11月,工部大学校造家学科第一回卒業。卒業論文のテーマ「日本の将来の住宅」を英文で提出。

■卒業試験首席の副賞は,3年間のイギリス留学。化学科首席は高峰譲吉,造家学科は辰野。彼は急ぎ帰郷。12月1日に鳥羽秀と結婚(二男二女を授かる)。12月5日,東京に帰京する。

■当時の大学は秋から年度が始まる。6月に卒業設計,9月に卒業論文を提出した後に卒業試験を実施し,その合計成績で10月に卒業式が挙行された。本格的建築学習は2年半。

■卒業設計のテーマは,辰野金吾は「自然歴史博物館」,原田(後の片山)東熊は「美術学校」,曽禰達蔵は「精神病院」,佐立七次郎は「美術学校」。

1880(明治13)(26) 2月8日,イギリスに向け横浜港出航。

逸話 3月,ロンドン到着後,ロンドン大学を訪ね,建築学教授ロジャー・スミスに会う。「日本は,古い文化のある国だけど,どんな建築があるのかね」と質問され,彼は何も知らなかったので,「君はイギリスの建築を勉強するだけでなく,自国の建築も勉強しなければならない」と説教された。

1882(明治15)(28) 3月,ロンドン大学建築学科修了(1年

半)。パリとローマに1年間滞在(家庭教師から語学学修)。建築スケッチをして歩く(写生画5冊,700余図)。

1883(明治16)(29) 郵便船にて帰国。工部省営繕局に勤務。

1884(明治17)(30) コンドルの後任として,工部大学校教授就任。

1886(明治19)(32) 4月,帝国大学創設とともに,再び工科大学教授に推され就任する。

1888(明治21)(35) 中堅技術者の育成のために,工手学校(現工学院大学)を設立。長男・隆生まれる。8月,欧米の銀行建築調査に横浜港出発(1年余,同行者は岡田時太郎,桜井小太郎)。

|逸話| アメリカ西海岸からニューヨークに。11月末,日本銀行モデルを西欧で見つけようとブリュッセルに向かう。「日本銀行のモデルを見つけたぞ。ベルギー国立銀行だ」。設計者のアンリ・ベイヤール氏と会見。「今日のヨーロッパの嵐の中で,国立銀行が占拠されれば,国家の存立基盤は失われる。我々ベルギー人は,この建築を砦,城塞とすることだ」と。岡田,桜井を呼び寄せ資料作成。

1889(明治22)(36) 8月〜10月,辰野と岡田は横浜港に着く(桜井はロンドン大学で建築の学修のため残る)。

1890(明治23)(37) 1月8日,欧米調査を整理し,模型制作。7月,総理山県有朋他(内相・西郷従道,蔵相・松方正義,陸相・大山巌,法相,文相など要人)が模型・図面を検分し裁可。9月,日本銀行建築工事監督就任。次男・保が誕生。

|余話| 山県総理は,「文字通り,城じゃな。これなら反乱軍が押し寄せても,外国軍が東京に襲来しても,1週間はもつだろう。わしは,日銀を鹿鳴館にするつもりはない。堅固な城か砦で十分じゃ」「美しさは二の次でよい。豪華な建物は四郎(片山東熊)が宮殿を建てればよい。銀行は機能的で頑丈であることだ」。

1891(明治24)(38) 3月，日本銀行工事開始(～29年3月)。
■明治29年3月までの日銀竣工に至るまで，大学教授としての研究・教育活動と工事監督に集中。設計した建物は一つもない。
6月1日，高橋是清(37歳)は，日銀総裁川田小一郎より，「建築所」事務主任(年俸1,200円)を命ぜられる。

1896(明治29)(42) 3月22日，日本銀行本店竣工。
■日本銀行設計に際しては，欧米各国の中央銀行を調査。ベルギー銀行(1874年，アンリ・ベイヤール設計)の機能と平面計画を参考にした。デザインは，地味で堅実かつ派手さはなく，静かな記念碑的建物に。人々は堅固な建物を見て「設計者は辰野堅固」と徒名したという。

1902(明治35)(48) 片岡安と大阪北区に建築事務所開設。
片岡安(やすし)(1875～1946)：金沢生まれ。東京帝国大学造家学科卒業。後に日本銀行技師となる。関西にて指導的役割を果たす。

1905(明治38)(51) 東京海上火災保険ビル竣工。

1912(明治45・大正1)(58) 年末に工科大学教授を退官。

1913(大正2)(59) 葛西萬司と辰野葛西建築事務所開設。
葛西萬司(かさいまんじ)(1863～1942)：盛岡生まれ。東京帝国大学建築学科卒業。後に日本銀行技師となる。

1914(大正3)(60) 中央停車場(東京駅)竣工。
■中央停車場外観は，間口445mで明治国家の記念碑。開業の祝賀式での首相大隈重信の挨拶は，「この駅は，まさに光線を放射する太陽のようなものだ。あらゆるものの中心となり，中心にありて，ここから明日への光を四方八方に光り輝いていってほしい」と。

1918(大正7)(65) 臨時議院建築局常任顧問と設計競技審査委員に就任。

1919(大正8) 千葉館山別荘に療養中，設計競技の第一次審査後に倒れる(3月初旬)。3月25日，死去。享年66歳。東京新宿区西新宿7丁目の常円寺に眠る。

彼は，片山東熊のような強力な縁故をもたず，つねに苦労するしかなかった。工部寮の受験には失敗，2度目の挑戦で合格。入学後も昼夜をわかたず勉学を重ね，恩師のお雇い外国人ジョサイア・コンドルに認められ，首席で卒業。大学校一の秀才高峰譲吉らとともにイギリス留学。その成果を十二分に発揮した。彼のような貧乏な下級武士の息子達が，近代日本の黎明期に華々しく活躍した。

ルイス・ヘンリー・サリヴァン
Louis Henry Sullivan
1856～1924

アメリカ,シカゴ派の主導的建築家。

1856 アメリカ,ボストンに生まれる。マサチューセッツ工科大学で建築短期学修。

1873(17) シカゴに移住。一時,W.L.B.ジェニー(1832～1907,アメリカ建築家)の下で働いていた。

1874(18) この頃,エコール・デ・ボザールで学ぶためにパリに渡る。後に,1年間,ヴォードルメ(1829～1914,フランス建築家)のアトリエに勤務。後に帰国する。

1879(23) 帰国後,ダンクマール・アドラー(1844～1900,アメリカ建築家)の事務所に入所する。

1881(25) 同事務所をアドラー・サリヴァン事務所として協力体制を整える(～1895年まで14年間)。

1886(30) オーディトリアム(シカゴ)設計(～90年)。
■建物は,収容座席数4,000人以上で,室内装飾は軽快,植物的で具象的な表現。最初の大建物となる。

1890(34) ウェーンライトビル(セントルイス)設計。
■このビルは,摩天楼とモダニズムの提唱と促進へと向かう彼の初期の指針となる。基本構造(鉄骨構造)を忠実に反映した外観表現は,壮大かつ優雅な設計と評され,先見性のある建築家となった。
モダニズム(1910～40年頃):近代合理主義。伝統的な思想を否定。幾何学的形態を活用し,機械を手本に単純な格子組など,機械美学を軸とし,鉄・ガラス・鉄筋コンクリートを主な構成要素としている。

1893(37) シカゴ博覧会のために「交通運輸館」設計。

1896(40) 論文「芸術的に考慮された高層オフィスビル・高層建築設計のプロセス」を執筆。内容は,後の近代建

築の動向に多大な影響を与えた。

1899(43) カーソン・ビリー・スコット百貨店（シカゴ）設計。その後，3回の追加設計で完成。

■建物は，シカゴ派（19世紀末，シカゴを中心として商業的な高層ビルを発展させたグループ。鉄骨構造の開発と構造に対する明快な建築表現が特徴）の代表的な作品。

■シカゴ派の指導的人物であるダニエル・バーナム（1846〜1912）は，1893年シカゴ万博の建築会長に任命され，中心的な役割が評価されている。

1901(45) 著書『閑談』を出版。

1906(50) National Farmers' Bank（アイオワ）設計（〜08年）。シュジンガー＝マイヤーストア設計。

■スコット百貨店の前身ともなる設計で，最後の大きな委嘱作品。建物は，1世紀以上にわたり利用されている。

1913(57) Merchants' National Bank（アイオワ）設計（〜14年）。

1919(63) People's Savings & Loan Association Bank（オハイオ）設計。Farmers' Merchants' Union Bank（ウィスコンシン）設計。

1924 シカゴにて死去。享年68歳。

「形態は機能に従う」という彼の言葉は，モダニズムの基調精神の提唱であり，時代精神を的確につかんだ先見性のある提言である。性格的には気難しく，妥協を嫌い，一風変わってもいたが，その天性の才能は一目置かれていた。彼の家系には，アイスランド，スイス，ドイツの血が混在している。

ジェイムズ・マクドナルド・ガーディナー
James MacDonald Gardiner
1857〜1925

外国人に避暑地・日光を紹介。金谷ホテルを創設したアメリカの建築家。

1857 5月22日,セントルイスに生まれる。

1879(22) ハーバード大学建築学科卒業。ニューヨークにて実務に従事する。

1880(明治13)(23) 10月に米国聖公会伝道局より派遣され来日。日本聖公会関係者から教会・学校建設に当技師の派遣を要請されていた。来日後,立教大学校(東京築地)で英文学の講義を担当。同時に,同校の新校舎の設計に当たる。

1882(明治15)(25) 新校舎が竣工する。築地に塔(高さ地上17m)を備えた新校舎。

1893(明治26)(36) 6月,立教大学校校長を辞任するも,英文学の講義は引き続き担当する。この頃,ガーディナー夫妻は,鉄道未開通の日光に旅行する。

■日光を避暑地として,外国人に紹介推薦している。加えて,外国人向けのホテル建設の必要性を説明。当地の金谷旅館(日光市四軒町)経営者の長男を立教大学校に修学させた。卒業後,長男は金谷ホテルを創立。箱根富士屋ホテルとともに日本最初の洋風ホテル。

1925(大正14) 11月25日,聖路加病院(東京築地)にて死去。享年68歳。日光市日光真光教会(彼の設計作品)の聖書台の下に埋葬されている。

妻木頼黄 つまきよりなか
1860（万延1）〜1916（大正5）

明治期の代表的な官僚建築家。現神奈川県立博物館設計。

1860（万延1） 江戸旗本の家に生まれる。父源三郎は進歩派旗本官僚で，若くして赴任先の長崎で病死。残された母子は，維新後に非常に苦労する。

1876（明治9）（17） 今日の母子家庭となり，学業に励み，後に渡米。多くの失敗（奴隷として売られたことも）を重ね，ニューヨークへ渡る。当地の商店で小間使いとして働く。商店のガラス拭きの姿を見た冨田鉄之助（ニューヨーク領事）から学問の必要を諭されて，後に帰国。

冨田鉄之助：（1835〜1916）：官僚，実業家。仙台藩士の子で後にアメリカ留学。岩倉遣外使節団に随行。日本銀行総裁，貴族院議員，東京知事を歴任。実業界の発展に貢献している。

1878（明治11）（20） 工部大学校造家学科に入学。

1883（明治16）（24） 同校を中退し，渡米する。コーネル大学3年に編入する。赤坂の家屋敷を売って留学の資金をつくる。

1885（明治18）（26） 同校を卒業。

1886（明治19）（27） 帰国し，東京府御用掛りに任官。

1887（明治20）（28） 臨時建築局が設置され，中央官庁街の建設に着手している。河合浩蔵（1856〜1934，31歳，明治洋風建築の推進に貢献）らとともにドイツに派遣された。ドイツでは，エンデ・ベックマン事務所（ベルリン）に在籍し，建築設計に関与した。

ヘルマン・エンデ（1829〜1907，当時78歳）：ベルリンにエンデ・ベックマン事務所を開設。1882年（明治15），帝国議会議事堂や諸官庁建築の設計を日本政府から委嘱され来日。後に，政府の信用を

失い，政府の財政上の困難も加わり帰国。実現したのは，司法省(1895)，裁判所(1896)。彼は帰国後，ベルリン工科大学教授に就任。日本の建築関係者の再教育の必要性を痛感して，建築家(妻木頼黄，河合浩蔵，渡辺譲)，大工，煉瓦工，左官，板金工，塗装工，スレート工，画工，錠前工，ステンドグラス工ほかを帯同し，当時のドイツでの技術教育を修学させている。

1890(明治23)(31)　ドイツから帰国。内務省技師として官庁建築に関与する。

1894(明治27)(35)　東京府庁舎設計。

1899(明治32)(40)　東京商業会議所・日本勧業銀行設計。

1901(明治34)(42)　大蔵省営繕課長任官。大蔵，内閣，税関，専売局などの営繕を統括した。

■巣鴨監獄，横浜税関，神戸税関，全国183箇所の薬煙草取扱所，倉庫，71箇所の煙草製造所，56箇所の塩専売所，醸造試験所，造幣局東京支局，東京衛生試験所ほかを設計している。

1904(明治37)(45)　横浜正金銀行本店(現神奈川県立博物館)設計。

1912(明治45,大正1)(53)　日本赤十字本社設計。

1913(大正2)(54)　病状すぐれず退官し，以後，病気の回復を願って療養する。

1916(大正5)　10月10日，逝去。享年56歳。

彼は，若い頃の苦労をもとに，その後の学業の重要さと技術教育の向上の必要性を痛感していた。そして，ベックマンの熱意に賛同し，数十名の各分野の技術者とともに，当時のドイツ技術を体得している。後に官庁に勤務し，着実な業績を残している。

主な現存作品は，新港埠頭煉瓦2号倉庫(横浜赤レンガ倉庫,明治44年)，日本赤十字社(大正1)，福岡県庁本館(大正4)など。

ヘルマン・ムテージウス Hermann Muthesius 1861〜1927

ドイツの建築家。ドイツ工作連盟を組織。

1861　4月20日，ドイツに生まれる。
　■兄は，ヘルマン・カール（1859〜1929，ドイツの教育者，ワイマールの師範学校長）。主な著作には，教育関連からゲーテに関するものが多い。

1882（21）　ベルリン工科大学に修学する（〜87年）。

1887（26）　彼は，エンデ及びベックマンとともに来日している。ただちに，彼らと建築の仕事に従事（〜91年）。特に，エンデ滞在中，彼は月給250円を支給されていた。

1896（35）　ドイツ大使館（ロンドン）に勤務（〜1903年）。
　■ドイツに帰国後，イギリスの住宅や生活文化の質的な豊かさを知り，ドイツ工業製品の質的向上の必要性を力説する。

1900（39）　著書『Englische Baukunst der Gegenwart』刊行（〜02年）。

1904（43）　著書『Das Englische Haus』3巻刊行（〜05年）。

1907（46）　ドイツ工作連盟を組織する。以後，同連盟の中心的・主導的な存在として活躍する。

ドイツ工作連盟：1907年，彼（プロイセン技官）は，ミュンヘンにて芸術家・企業とともに日用品の生産と品質向上の必要性から連盟を設立。イギリスのアーツ・アンド・クラフツ運動のような発展を期し，主に展覧会・出版物等により活動。W.モリスの思想を土台にしつつ，後に工業生産との協力と新しい造形原理の確立を目指す。1933年，ナチスにより解散。戦後の1946年，ベルリンにてハンス・シャロン（1893〜1972）が初代会長に。翌年デュッセルドルフにて正式に再建される。

1927　10月26日，ドイツにて死去。享年66歳。

バロン・ヴィクトル・オルタ Baron Victor Horta 1861〜1947

アール・ヌーヴォーを主唱した有能な建築家。世界遺産となる4邸宅設計。

1861 ブリュッセルの靴職人の息子として生まれる。

1878(17) パリに渡る。装飾デザイン関連のスタジオで働く。

1881(20) ベルギーに帰り,美術アカデミーに入学。アルフォンス・バラ(Alphonse-Hubert-François Balat(1818〜95,ベルギー建築家,国王レオポルドⅡ世(1865〜1909)の顧問)に師事する。この頃,社会活動に積極的に従事。

1886(25) 最初の住宅を設計。

■積極的に鉄材を使用し,内外部にわたって多くの曲線を活用,新しい形態への意欲を発揮していた。

1890(29) ブッリュッセルに設計事務所を開設する。

1892(31) タッセル邸(ブリュッセル)設計。

■室内の柱は,柱頭から這い上がる超現実的な鉄の茎に変身し,そのなまめかしい曲線は見る人の感情や関心をあおる官能的な印象を演出している。室内には,露出した花模様の鉄の装飾や壁面の線状装飾など,大胆なアール・ヌーヴォー様式で,一種の耽美主義運動の始まりともいえる。

アール・ヌーヴォー(新芸術の意味):1890年から1910年頃,フランス・ベルギーなどを中心に,過去の様式を放棄して新様式の創造を目標に展開された「新芸術運動」。自然の形態(植物の茎・葉,長い髪など),動きをもつゆったりした非対称形の曲線・曲面を主題にした装飾が特徴。1895年,パリに開いた装飾美術店の名前によっている。

1894(33) 労働のための計画案を作成するも未完成。

1895(34) ソルヴェー邸(ブリュッセル)設計(〜1900年)。

■独創的な美しい邸宅。
1897(36) ベルギーの労働者社会党のために「人民の家」設計(〜1900年)(1964年に取り壊し)。
1898(37) 自邸設計(〜1911年)。
1899(38) Aubecq House 設計。
■ブリュッセルの公民館設計。鉄とガラスの新建築の構造形態で,機能的かつ独創的な建物(1965年に解体)。
1901(40) イノヴァシオン百貨店設計(後に解体)。
1911(50) ブリュッセル中央駅設計(〜37年)。
1912(51) ブリュッセル美術アカデミーの教授に就任。
1913(52) ベルギー王立アカデミー美術部門の派遣員となる。
1920(59) Palais des Beaux-Arts (ブリュッセル) 設計 (〜28年)。
1921(60) 記念碑・地区委員会会員に指名される。
1922(61) ボザール宮殿(ブリュッセル)設計(〜29年)。
1925(64) ベルギー王立アカデミーの美術部門長となる。翌年,同会長となる。
1932(71) 国王アルバートⅠ世により男爵に。
1947 死去。享年86歳。

アール・ヌーヴォーの最も素晴らしい主唱者の一人ではあったが,後に古典主義の作風に戻っている。タッセル邸,ソルヴェー邸,オルタ邸,ヴァン・エート・ヴェルト邸の4軒は,世界遺産に登録(2000年)。自邸は「オルタ博物館」となっている。

サー・レーモンド・アンウィン Sir Raymond Unwin 1863〜1940

最も多大な影響を与えたイギリスの建築家，都市計画家。

1863 イギリスに生まれる。

1896(33) バクストンに事務所を開設。

■バリー・パーカー（1867〜1941，建築家，彼とは義理の兄弟にあたる）と協同して田園都市計画を実践（〜1914年）。

1901(38) ヴィレッジ・トラスト開発に着工。

1902(39) 著書『Cottage Plans and Common Sense』を出版（1908年に再版）。

1903(40) 最初の田園都市計画としてハートフォードシャーのレッチワース開発計画に着工。

1905(42) ハムステッド・ガーデン・サバーブ開発着工。

1909(46) 著書『Town Planning in Practice: An Introduction to the Art of Designing Cities and Suburbs』を出版。

■著作は，これ以降の30年間にわたり，都市計画の重要な教科書となる。

1911(48) バーミンガム大学教授に就任（〜14年）。

1913(50) 都市計画委員会創立者の一人であった。

1918(55) チューダー・ワルターズ住宅委員会委員就任。

1922(59) アメリカの地区計画顧問に就任。

1927(64) マンチェスターのウィゼンショウ開発。レッチワース開発（1903年着手）は遅々として進まず，ハムステッドとウィゼンショウ開発は双方成功。

1929(66) 大ロンドン地区委員会の首席顧問就任。

1931(68) 王立建築家協会会長に就任（〜33年）。

1940 死去。享年77歳

アンリ・クレメンツ・ヴァン・デ・ヴェルデ Henry Clements van de Velde
1863〜1957

モリスなどから影響を受けたベルギーの画家，建築家。

1863 アントワープの裕福な家庭に生まれる。

1881(18) アントワープのアカデミーで絵画を学ぶ。

1885(22) この頃，パリのカロル・デュランのもとで実習している。

1886(23) アルス・イク・カンに加わり，ラール・アンデパンダンを共同設立した。

1888(25) 後期印象派(進歩的な)の芸術グループ「レ・ヴァン」のメンバーに加入する。

1892(29) ラスキンやモリスの改革理念に影響を受け，絵画を断念しデザインに転向。レ・ヴァン展に刺繍を出展，本・雑誌などの装飾デザインをしている。

1894(31) 著書『芸術の除去』出版。芸術の統合を訴えている。ブリュッセル大学で「工業術と装飾美術」を講義。工業デザインの概念に反対。

1895(32) 自邸(ブリュッセル)設計。最初の建築作品。

1896(33) 「自由な美」展に部屋を展示している。

1897(34) 彼の自邸を「装飾美術」誌の創刊者らが訪問。「国際芸術展」に家具デザインを展示。アンリ・ヴァン・デ・ヴェルデ協会工房をブリュッセル近郊に設立。家具デザインを製作。

1899(36) Havana Cigar Company (ベルリン) の室内設計で成功(〜1901年)。ベルリンに移住。

1900(37) ドイツの工芸改革に協力。フォルクスヴァンク博物館(ハーゲン)設計(〜12年)。

■現在は，Karl Ernst Osthaus美術館として使用。豪華に装飾さ

れた建物により,名声は不動のものとなる。

1901(38) 著書『近代芸術と工芸の復興』出版。皇帝の理髪師フランソワ・アビーの店の室内デザインを手がける。

1902(39) ザクセン・ワーマール・アイゼンナッハを統治する。ウィルヘルム・アーンスト(1901〜18)大公芸術顧問として仕える。

1903(40) ニーチェ図書館の入口・閲覧室を再設計。

1906(43) ワイマール美術工芸学校を設計する。

1908(45) 新しい美術工芸学校が開校。学長に就任。

1914(51) ドイツ工作連盟展示会のための劇場設計。

■劇場は,曲線の屋根とコーナーをもつ建物。ドイツ工作連盟を脱退。翌年,ワイマールの教職を免職。

1917(54) スイスに移住。建築家として活動。

1925(62) 著書『フランスの新様式』出版。

1926(63) 建築家協会を設立し,運営に関与。

1937(74) クレーラー・ミューラー博物館(オランダ,オッテルロー)設計(〜54年)。10年後,スイスに移住。

1956(92) 著書『回想録』出版。

1957 チューリッヒにて死去。享年93歳。

モダニズム初期の強い影響力をもった主導者。彼のアール・ヌーヴォー様式は,近代デザインの機能主義と抽象主義を予感させていた。しかし,この様式は,ドイツやオーストリアでもアール・ヌーヴォーの影響を受ける以前の曲線様式。

# 横河民輔 よこがわ たみすけ
1864(元治1)～1945(昭和20)

帝国劇場，三井銀行本社を設計した明治期の実業家，建築家。

1864(元治1) 兵庫県明石市に生まれる。

1890(明治23)(26) 工部大学校造家学科を卒業。ただちに建築設計事務所を開設。
■辰野金吾の最初の教え子の一人。卒業論文は「商人・職人の生活改善と建物の耐震・耐火性の向上策－下町の商家と長屋を対象にして－」，卒業設計は「東京の町屋－Tokyo City-Building」

1891(明治24)(27) 著書『地震』出版。
■内容は，下町の2階建の土蔵造りや赤煉瓦造りをいかにして簡便に耐震化できるかを叙述している。

1892(明治25)(28) 三井元方の嘱託就任。三井銀行本店の建設参与に就任。

1895(明治28)(31) 三井元方に正式に入社。

1896(明治29)(32) 会社よりアメリカに出張を命じられる。三井本館の計画に取り組み，日本にない鉄骨構造と決める。鉄骨の買付けと鉄骨構造の研究，建築事情の視察のために渡米する。

1897(明治30)(33) アメリカより帰国。

1902(明治35)(38) 三井銀行本社竣工。
■このビルは，鉄骨構造の最初の事務所ビルで，エレベーターを装備している。

1903(明治36)(39) 横河工務所開設。東京帝国大学工科大学講師に就任（明治38年まで）。最初の鉄骨構造の講座を担当する。三井本館が竣工して退社。

1907(明治40)(43) 横河橋梁製作所を設立。鉄骨関連の工事が増加したため分離独立させた（東京，大阪に工場

を開く)。

1911(明治44)(47) 帝国劇場設計。

1912(明治45)(48) 三井貸し事務所ビル。訳本『科学的経営法原理』を出版する。

■アメリカ，テーラーズ・システムの聖典といわれ，フォードの自動車大量生産を可能にした理論研究書。

1914(大正3)(50) 人工皮革(家具用)の研究開発のために横河化学研究所を設立。日本橋三越設計。

1915(大正4)(51) 横河電機製作所を設立。

1916(大正5)(52) 東亜鉄工所を設立。

■近来のエレベーター製造技術や空調機械の開発と製造のために新会社を設立している。

1920(大正9)(56) 日本工業倶楽部設計。

1925(大正14)(61) 日本建築学会会長に就任。

1927(昭和2)(63) 兜町株式取引所設計。

■横河本人は，幅広い人脈を通して仕事をとってくるが，デザインには関心が薄く，所員の自由に任せたという。息子の横河時介もアメリカ留学後，所員として設計の仕事に従事した。

1935(昭和10)(71) 建築施工研究所を開設。

1937(昭和12)(73) 倭楽研究所を設立。長すぎて運ぶのに不便な「琴」を折畳み式にするための開発・研究をする。

1942(昭和17)(78) 東亜航空電機を開設。

1945(昭和20) 6月26日，逝去。享年81歳。

建築設計業とともに，時代の要求した建築関連の諸事業にも手を広げ，実業家としても幅広く活躍し，多くの成果を収めた。

エクトール・ギマール
Héctor Guimard
1867〜1942

フランスのアール・ヌーヴォーの建築家。パリ地下鉄の入口設計。

1867 フランス,リヨンに生まれる。

1882(15) 国立装飾美術学校でウジューヌ・トランとシャルル・ジャヌイの下で学修する(〜85年まで)。

1889(22) エコール・デ・ボザールでギュスターブ・ゴーランの下で学修する。

1893(26) シャルル・ジャセード邸設計。

■統合されたインテリアとエクステリア計画は,ゲザムト・クンスト・ヴェルクとして考案されている。その後,イギリスの自国再興建築やヴィクトール・オルタ(1861〜1947,ベルギー建築家)の渦巻形デザインに触発されている。

1894(30) カステル・ベランジュ集合住宅(パリ)設計。

1898(31) ウンベル・ド・ローマン・コンサートホール設計(〜1900)。

1899(32) コワリオ邸(リール)設計(〜1900年)。

1903(36) パリ地下鉄の鋳鉄製入口を設計。

■最も有名な渦巻形の典型的な傑作。

1912(45) 自邸装飾,ホテル・ギマール(パリ)装飾。

■技巧・作品とも最も円熟した時期であった。

1920(53) 規格化家具の最初の作品制作。

■20年代のアール・デコ様式の台頭により,彼のデザインは流行遅れとなっていた。

1938(71) アメリカ,ニューヨークに移住する。

1942 死去。享年75歳。

伊東忠太 いとうちゅうた 1867(慶応3)〜1954(昭和29)

最初の建築史家。異色多彩な建築家。築地本願寺設計。

1867(慶応3) 10月26日。山形県米沢市に生まれる。
　■伊東家の家系は，江戸時代以来の医者，祖父昇廸(のぶみち)はシーボルトの弟子の一人で，米沢の名医と知られる。父も医者で，忠太は3人兄弟の次男。
　■彼は，初めは画家になりたかったが，「画家は士大夫(したいふ)の道ではない」との父の言により，造家の道を選んだ。

1870(明治3)(3) 5月，東京にいた両親は，子供の教育を東京で行わせるため上京させた。

1879(明治12)(12)〜81(明治14)(15) 佐倉で過ごす。後に東京に戻り，外国語学校ドイツ語科に入学。

1885(明治18)(18) 第一高等中学校（後の第一高等学校）予備科に編入。

1889(明治22)(22) 帝国大学工科大学造家学科に入学。

1892(明治25)(25) 7月10日，同大造家学科卒業。卒業論文「建築哲学」，卒業設計「Design for a Cathedral」。大学院に進学。

1893(明治26)(26) 東京美術学校講師の辞令を受け任官。「建築装飾術」を担当。岡倉天心（明治期の美術史家，思想家，31歳）ほかの知遇を得て，多大な影響を受ける。建築技師として平安遷都記念殿に勤務。

1894(明治27)(27) 論文「アーキテクチュールの本義を論じ其の訳字を選定。我が造家学会の改名を望む」を発表。論文「法隆寺論」(「建築雑誌」に発表)。
　■「いかにして日本の建築に対して方法論的な手法を構築できるか」「本邦において古来建築に関する学術なかりしは本邦の瑕瑾(かきん)なり」，

当時の研究の「木見て森を見ず」式の方法に対する批判を展開。

1895(明治28)(28) 平安神宮設計に関与(〜1920年)。造家学会は, 翌年7月1日に「建築学会」と改称。

1896(明治29)(29) 東京帝国大学講師に任官。

1898(明治31)(31) 豊国廟竣工。五輪塔設計。神宮徴古館計画案。著書『法隆寺論』を出版する。

1901(明治34)(34) 中国を旅し, 忘れ去られた雲崗(うんこう)石窟を再発見, 広く紹介する。台湾神宮, 太宰府文書館竣工。

1902(明治35)(35) 支那, 印度, トルコに留学(〜05年)。最初のトルコ留学者。大学は休職扱い。

■この年から3年間, アジア・ユーラシア大陸横断の旅に出る。西洋から日本への建築様式伝播の過程を追っている。後に, 「建築進化論」を提唱。以後, 独特な折衷式建築を設計する。

1903(明治36)(36) 伊勢神宮司庁竣工。

1905(明治38)(38) 東京帝国大学教授に任官。

1909(明治42)(42) 増上寺大殿計画案。論文「建築進化の原則より見たる我が邦建築の前途」(「建築雑誌」に発表)。

1912(明治45)(45) 本願寺香港布教所計画案, 東京帝国大学正門竣工。

1914(大正3)(47) 不忍弁天堂天竜門竣工。

1916(大正5)(49) 前島密像台座完成。弥彦神社(新潟県)設計。

1917(大正6)(50) 論文「妖怪研究」発表(「日本美術」掲載)。

■彼の化物論は, 化物は各時代, 各民族には必ず無くてはならないものであると…その民族の差異に応じて化物は異なっているものである。この頃から, 日本の伝統様式に関心をもち始めていた。

1920(大正9)(53) 平安神宮竣工。市街地建築物法(内務省)が公布される。

1923(大正12)(56)　上杉神社(山形・米沢市),　総持寺設計。

1925(大正14)(58)　帝国学士院会員となる。田中新七家墓(総持寺)。論文「化けもの」(「週刊朝日」に掲載)。
■彼は「化物はいてもいなくても構わない。只,化物が面白いのである。…元来化物が実在のものでない以上,どんな奇怪な不自然なものでも差し支えないのである。従ってその意匠は絶対に自由であり,誰にでも勝手に描ける筈であるが,さて実際にやって見ると中々そう無造作なものではない」と語っている。

1926(大正15・昭和1)(59)　白石元次郎家墓(総持寺)。

1927(昭和2)(60)　大倉集古館,入沢達吉邸竣工。入沢邸は,1937年(昭和12)に近衛文麿(第35代総理大臣)が購入。
■西園寺公望命名の「荻外荘(てきがいそう)」として,後に政治上の重要会談の舞台となる。

1928(昭和3)(61)　東京帝国大学定年,早稲田大学教授に就任。

1930(昭和5)(63)　震災記念堂(現東京都慰霊堂)設計。
■記念堂の厳粛な霊堂にそぐわないとも思えるデザイン(軒先に太った鳩,懸魚の顔を隠したり)についての批判に対して,彼は,「一見滑稽なる遊戯を試みたかのようであるが,心事には少しも遊戯的気分は無く,最も緊張した真剣味を以て考案したものであることを認めて欲しい」と。彼は真の滑稽味は真剣の裡より生じ,真の真剣味は滑稽の裡より生じるものと信じていた。

1931(昭和6)(64)　中山法華経寺聖教殿(千葉・市川市)設計。

1933(昭和8)(66)　靖国神社神門設計。

1934(昭和9)(67)　築地本願寺竣工(再建)。
■築地本願寺は,1617年(元和3)に西本願寺(京都市)の別院として建立された。その後,地震や火事でたびたび焼失し,現在の建物は1923年(大正12)の大震災で焼失後,ここに再建された。古代インド様式が特徴で,昭和初期の貴重な鉄筋コンクリート建築,椅子式

の本堂や,珍しいパイプオルガンなどがある。
1936(昭和11)(69) 藤田政輔墓完成(多摩霊園)。
1937(昭和12)(70) 帝国芸術院会員となる。
1938(昭和13)(71) 鮎川義介家墓完成(多摩霊園)。
1939(昭和14)(72) 入沢達吉墓完成(谷中霊園)。
1940(昭和15)(73) 伊東家墓完成(総持寺)。
1943(昭和18)(76) 4月,文化勲章を授与される(建築界で最初の人)。明善寺竣工(山形市)。
1954(昭和29) 4月7日,逝去。享年86歳。

日本最初の建築史家。「法隆寺」こそ日本の仏教建築において現存する最古の実例であり,飛鳥時代の粋を集めた世界最古の木造建築群をもつ古刹(寺)であることを発見し発表した。異色の建築家とも呼ばれた所以は,国粋主義者,風刺まんが家,妖怪デザイナー,世界探検家で東京帝大教授という多彩な能力にあった。築地本願寺は,当時では貴重な鉄筋コンクリート建築で,日本最初の椅子式の本堂や珍しいパイプオルガンなどが設置されている。また彼は,日本人最初のトルコ留学者ともいわれている。

フランク・ロイド・ライト Frank Lloyd Wright
1867～1959

人間と自然との融合，有機的建築の先がけとなるアメリカの建築家。

1867 6月8日，アメリカ・ウィスコンシン州リッチランドに生まれる。牧師の父W.ライトと20歳も年下の母アンナの間に長男として生まれた。母は建築家になることを期待した。父は音楽に熱中し「交響曲は音の建築である」と言っていた。愛読書はホイットマン，モリス。

1876(8) 両親と開国百年祭記念博覧会に行く。
■彼が大学に入学しようという頃，両親は離婚した。彼の建築知識は，ほとんど独学。

1887(19) アドラー＝サリヴァン建築事務所（シカゴ）に勤務。独立まで仕事は一任されていた。

1889(21) キャサリン・トービンと結婚。2人の間に6人の子供をもうける。

1890(22) チャーンレイ邸（シカゴ）設計。

1893(25) 最初の独立事務所，ウィンスロー住宅ライトを開設する。ゲール邸（シカゴ）設計。仕事も増え，ますます多忙であった。

1895(27) ウインスロー邸（シカゴ）設計。
■大実業家の邸宅は，独立後の代表的成功例。

1900(32) プレーリー・ハウス（Prairie House）約50軒余を設計。

1904(36) ラーキン・ビル（バッファロー）設計。
■このビル計画は，事務所建築のあらゆる技術的な革新を試みた傑作の一つ。最も独創的なオフィス建築。

1906(38) ユニティ教会（シカゴ）設計。
■設計された建築の中で最も重要な作品。

1909(41) トーマス・ゲール邸,インガル邸設計。

■彼の生活は順調で,ピアノを弾いたり,乗馬を楽しんだり,自動車の遠乗りドライブをやっていた。女性に好意を寄せる癖があり,依頼者の若い奥さん(チェイニー夫人)と恋に落ちる。妻のキャサリンに離婚を持ちかけているが断られる,以後,1911年までの2年間はヨーロッパに逃れる生活。母はいつも味方になり,彼女所有のタリアセンの土地を提供。工房建設開始。

1913(45) ハリー・S・アダムス邸(イリノイ)設計。2度目の来日をしている。

1914(46) 自邸タリアセン竣工(タリアセンとはウェールズ語で「輝ける眉骨」の意)。

■**タリアセンの悲劇**:タリアセンの料理人ジュリアン・カールトンが突然,出入口の周りにガソリンをまいて火をつけ,驚いて飛び出してきたチェイニー夫人と訪れていた2人の子供,3人の所員と1人の作業員を次々に斧で殺害。

1915(47) ジャーマン倉庫(ウィスコンシン),帝国ホテル(東京)設計(~1922年まで)。

■ある日,まったく面識のない詩人ミリアム・ノエルからタリアセンの悲劇を不憫に思う丁寧な手紙が届く。たちまち意気投合する。この頃も妻のキャサリンは離婚に不同意だったが,数年後,ミリアムと結婚。彼女は強烈な感情の爆発,ドラッグにアルコール中毒で,東京の帝国ホテルの現場にはミリアムも一緒に来てはよく酔い潰れていたが,助手のレーモンドの奥さんが面倒を見てくれていた。ミリアムとは1927年に離婚,その後ミリアムは病死。

1916(48) マンクヴィッツ・アパート(シカゴ)設計。帝国ホテル(東京)の正式な設計契約を結ぶ。

■帝国ホテルの建設は,契約時の工事予定金額150万円,施工期間1年半だったが,工事の進行とともに金額は900万円,施工期間が5年に延び,設計監理はライトの弟子の遠藤新(1889~1943)が引き継いで完成している。

1921(53) 自由学園(東京)設計。

1922(54) 7月2日，帝国ホテルのオープン目前に帰国して，再び来日することはなかった。

1932(64) ニューヨーク美術館設計（P.ジョンソン協同）。「モダンアーキテクチャ展」開催。自伝出版。タリアセン・フェローシップ開設される。

1936(68) エドガー・J・カウフマン邸（落水荘）（ペンシルベニア）設計（1937?〜39年）。

■そのままの自然と，水平線と垂直線との力強い構成で組み合わされた人工の美(建築物)との調和は，まさに有機的建築の典型ともいえる。

「ジョンソン・ワックス会社」（ウィスコンシン）設計。

■ワックス会社ビルの室内は，円を基調とし，下方から上方に向かって少しふくらませた円柱。頂部は逆円錐形のキノコ状の円盤を載せて，一本の樹木のように林立している。円盤は，そのまま梁の役目をして荷重を支持するように設計・構成されている。デザインは好評で，以後，会社の広告にはこの建物の写真が使われていた。

1943(75) グッゲンハイム美術館（ニューヨーク）設計（設計開始は42年?，完成は60年）。

1957(90) マリン郡庁舎(カリフォルニア)に指名設計される。

■これまでアメリカ政府の公共建築物の仕事はなかった。90歳の誕生日を迎えた日に初めて指名されている。この建物は，唯一の公共建築で，有機的建築の総仕上げのような建物となっている。

1959 4月9日，アリゾナ・フェニックスにて死去。享年92歳。

1960 グッゲンハイム美術館(ニューヨーク)完成。

■有機的建築における空間の連続性と構造の造形性とを表現することに腐心していた。そのため螺旋形や渦巻形を採用。5回転して最

上階に達する本格的スロープ(傾斜)で、同時に上階に行くほどに広げて逆円錐形に計画している。見る者には鑑賞疲れになるとの評も受けた。一方、五番街の都市景観と調和していないとも指摘されるが、機能よりも形態的に帯状の円形の壁面をもつ建築的な造形効果は、明日の都市の姿への提案といわれている。

1962 マリン郡庁舎(カリフォルニア)竣工。

1964 アリゾナ州立大学記念劇場(アリゾナ)竣工。

「近代建築の三大巨匠」の一人と呼ばれる。「美は、人間の光(魂)の輝きにほかならない」と語る。彼の有機的建築は、人間と自然との両方の本質面を象徴し、単なる歴史主義者とかモダニストよりも、熱烈なヒューマニストであった。一方で、その個性的な造形力は、芸術的にも高く評価され、普遍性のある造形感について新鮮かつ多大な影響を与えている。作品への広範な構想力は、以後の設計デザイン理論の典範ともなっている。

有機的建築：その建築の建つ敷地の形状や環境、建築そのものや室内の家具調度など、全てが一体化された建築全体のかもし出す"品性"をさしている。人間でいえば、品格・人格に当たる。

一方では、最新の工業技術や建築構造のもつ合理性を的確にとり入れ、自然との融合をねらうもので、近代の機能主義的発想とは異なる造形的効果を期待しているものであった。

チャールズ・レニー・マッキントッシュ
Charles Rennie Mackintosh
1868〜1928

イギリスの建築，インテリア，家具の総合デザイナー。

1868 警察官の8人兄弟の5番目の息子として，グラスゴーに生まれる。

1884(16) 建築家を目指す。建築家ジョン・ハッチンの事務所に弟子入りする。建築家教育の義務として，5年間の徒弟関係を結ぶ。グラスゴー美術大学夜間部に入学。日中は実務，夜間は大学で基礎芸術を学ぶ。

1888(20) マウンテン・チャペル計画。グラスゴー建築家協会賞を2つ受賞。

1889(21) ハニーマン・アンド・ケペー事務所にドラフトマンとして移籍。レッド・クリフ設計。

1890(22) 公会堂の作品発表。科学芸術博物館設計。

1891(23) アレクサンダー・トムソン旅行奨学金によりイタリア旅行に出発。チャプター・ハウス設計。

1893(25) グラスゴー・アート・クラブ設計。グラスゴー・ヘラルド・ビル設計。鉄道終着駅設計。ソーン賞設計競技のための作品計画。

■親友H.マクネイヤー，マーガレット，フランシス・マクドナルド姉妹達と「ザ・フォー」と呼ばれるグループを組み，独創的なグラスゴー・スタイルを打ち出して一躍有名になる。後に，この4人はそれぞれ結婚している。

1894(26) クィーン・マーガレット医科大学設計。

1895(27) マータス・パブリック・スクール設計。

1896(28) グラスゴー美術大学設計競技に入賞。

■明快な平面と形態を実現し，近代化に多大な影響を与えた。建築，インテリア，家具などの統合デザインにも活躍し，アール・ヌーヴ

オー様式から新しい明快な直線(直角)と純粋な白との組合せへと移行。次の20世紀の直方体と立方体を強調するデザインを確立しようとしている。

1897(29) グラスゴー美術大学第1期工事着手(〜99年)。
■建物は,競技設計入賞に始まった代表的な作品。完成には15年を要した。近代主義の先駆け的な建物で,後に,グラスゴー派の拠所ともなった。

1898(30) ロンドンでのアーツ・アンド・クラフツ展示協会に出展し,批判を受けて決別する。

1900(32) マーガレット・マクドナルド(1864〜1933)と結婚し,新居を構える。

1901(33) 7月にホリーアイランドへ新婚旅行に出発。グラスゴー1901万博の売店2店を設計。

1902(34) ヒル・ハウス設計(〜04年)。
■グラスゴー近郊に建ち,土地特有な様式と機能性に重点をおいた,幾何学的な抽象性を構成した完成度の高い代表作。後の近代主義の範例ともなった。

1903(35) ウィロー・ティールーム設計。
■芸術的な手法が商業空間に十分に発揮され成功した代表的な作品。

1906(38) 自邸設計。室内は,グラスゴー大学内の美術館に再建保存。
■単純さの中に独創的な空間を演出し,愛用家具とともに再現され,日本的趣味の室内も残されている。
モッサイドの住宅設計。

1907(39) グラスゴー美術大学(第2期工事)着工(〜09年)。

1908(40) レディ・アーティスト・クラブ設計。

1910(42) グラスゴー美術大学建築学科長に就任。

1911(43) イングラム・ティールーム,クロイスター・ルーム,チャイニーズ・ティールーム設計。

1913(45) ハニーマン・アンド・ケペー事務所辞職。住まいをサフォーク海岸のウォルバーズウィック村に移す。
1914(46) 住まいをロンドンのチェルシーに移す。グラスゴー美術大学を辞職。グラスゴーを去る。
1920(52) マーガレット・モリス劇場,芸術家協会のスタジオ各計画。ヘラルド・スクエアのスタジオ計画と3つの住宅設計。
1923(55) 住まいをチェルシーから,南フランスの地中海沿岸の町に移す。水彩画に没頭する。
1927(59) 喉の炎症の診断のためロンドンに戻る。
1928 12月10日,ポーチェスター・スクエアの療養所(ロンドン)で舌ガンのために死去。享年60歳。

建築家であるとともにインテリア,家具,照明,テキスタイル(織物)の各デザイナーであり,イラストレーター(宣伝美術家),アーティスト(画家)と多彩な才能,多様な領域で活躍した。
今日いわれるトータル・デザイナー(総合デザイナー)としての先駆者。

近代主義:19世紀以来の近代特有の素材(鉄・ガラス・コンクリート),構造(柱・梁と壁)や機能(目的に応じた使い方を満たす)を計画の条件とし,歴史的様式とは違った独自の建築スタイル。近代建築は,19世紀以来の建築の総称。

中條精一郎 ちゅうじょうせいいちろう
1868(明治1)～1936(昭和11)

大正・昭和初期の建築家。如水会館，東京YMCAビル設計。

1868(明治1) 中堅官吏の子として生まれる(山形県米沢)。

1898(明治30)(29) 東京帝国大学建築学科を卒業。

1899(明治31)(30) 文部省技師に任官(～02年，退官)。北海道大学開設のための札幌農学校・図書館，農学講堂などの建築に当たる。

1903(明治35)(34) 旧藩主上杉氏の世子(諸侯の跡継ぎ)の渡欧に随行。ケンブリッジ大学にて学修(1年間)。

1909(明治41)(40) 曾禰・中條建築事務所を開設する。

1912(明治45・大正1)(44) 慶応義塾大学図書館設計。

1913(大正2)(45) 国民美術協会会頭に就任。

1914(大正3)(46) 建築士会を辰野金吾らと創立する。理事長，会長として社会的地位向上に活動する。

1918(大正7)(50) 東京海上ビルディング設計。

1919(大正8)(51) 如水会館(ゼツェッション様式風)設計。

1928(昭和3)(60) 救世軍本営設計。

1929(昭和4)(61) 東京YMCA設計。

1932(昭和7)(64) 全国神職会館(和風デザイン様式風)設計。

1934(昭和9)(66) 華頂博信侯爵邸，岩崎小弥太男爵熱海別邸設計。

1935(昭和10)(67) この頃まで，民間最大の規模を誇った建築事務所として数多くの作品を手がけている。

1936(昭和11) 死去。享年68歳。

建築設計業，実業家として活躍。特に，民間最大の建築事務所として建築の質の向上と建築業の社会的認知度の推進と技術発展に貢献した。

ペーター・ベーレンス Peter Behrens 1868〜1940

近代建築の先駆け「AEGタービン工場」設計のドイツ建築家。

1868 ハンブルクに生まれる。カールスルーエ美術工芸学校で学修し,絵画とグラフィック・アートの作品を残している。初めは画家となるが,ウィリアム・モリスの影響を受けてデザインと工芸に引かれ,後に建築家に転向する。

1893(25) この頃,ミュンヘンのゼツェッシオン創始者の一人となる。ミュンヘンの前衛的な芸術家グループで活動。特に,活字の字体やガラス食器などをデザインしている。同時にミュンヘンの工房連合の創設者の一人ともなっている。

1899(31) ヘッセンの大公エルンスト・ルートヴィッヒⅡ世(在位1892〜1918)に招かれて,ダルムシュタットの芸術家村建設運動に参加する(〜1903年まで)。

1901(33) 自邸設計(〜03年完成)。

1903(35) デュッセルドルフ美術工芸学校校長就任。

1907(39) この年以来,AEG(アルゲマイネ電気会社)顧問デザイナーに就任。以後,同社の工場,製品,カタログなど一貫したデザインを担当,単純明快な枠組の壁面構成を確立。

■グロピウスは1907〜10年まで,ミースは1908〜10年まで,コルビュジエは1910〜11年までベーレンスの事務所に所属。これらの日付には諸説があるが,近代建築の三人の巨匠がベーレンスの事務所に合いまみえたことは事実。特に,グロピウスとミースは正式の所員で,一緒に仕事をしている。コルビュジエはドイツ旅行中(2度)の数ヵ月の滞在者ともいわれている。

1909(41) AEG社(ベルリン)タービン工場設計。

■近代建築の先駆けとなった建物。機能本位と実利性が明確に表現されている。鉄骨構造を剥き出しとし，大きな窓，張り出した屋根が建物全体を包み込み，隅角部の壁面は，粗面仕上げの石造りで全体を引き立て，新古典様式にまとめている。

1911(43) ドイツ大使館（サンクトペテルスブルク）設計（～12年）。

■古典主義的な作品であるが，AEGタービン工場とともに，もう一つのベーレンスの大作である。

1920(52) I.G.ファルベン事務所(ヘヒスト)設計(～24年)。

1922(54) ウィーンのアカデミーの教授に就任する(～1936年まで)。

1925(57) ニュー・ウェイズ（ノーザンプトン・ウェリンバラ通り508番地）設計。

■イギリスにおける20世紀様式最初の作品。

1927(59) ワイセンホーフのジードルンク設計に関与。

1940 死去。享年72歳。

初期の工業デザイナー（電気湯沸かし器や電気時計など精度の高い製品類）としての評価や会社のデザイン戦略を総合的に実施した経営手腕の先導者としても，その評価は高い。一方，初期のドイツの近代建築化運動の主導者として，後に多大な影響を与えている万能型建築家の一人である。

ヨーゼフ・ホフマン Josef Franz Maria Hoffmann 1870〜1956

デザイナー,建築家。世界遺産「ストックレー邸」設計。

1870 モラヴィア(チェコスロバキア)に生まれる。ウィーンに移り,帝室美術学校のO.ワーグナー(1841〜1918,オーストリア建築家)の下で建築を修業する。

1897(27) J.M.オルブリヒ(1867〜1908,オーストリア建築家)らとともに,ウィーン・ゼツェッシオンを結成。

1903(33) サナトリウム(ウィーン郊外ブルケルスドルフ)設計(〜05年)。コロマン・モーザー,フリッツ・ヴェンドルファーらとともに「ウィーン工房」を設立する。

ウィーン工房:建築を中心に,家具,照明器具,テキスタイル(織物),壁紙などのインテリア商品やアクセサリー,食器やカトラリー(食卓用の刃物類の総称)など,生活全体のデザインを斬新な美意識に高めようとする総合芸術を指向していた。そのために集まったデザイナーと職人達の革新的な企業集団。

1905(35) ストックレー邸(ブリュッセル)設計(〜11年)。
■ストックレー邸は,純白の大理石で壁面構成され,幾何学模様のブロンズ(青銅)で縁取りされ,一部は金箔で飾り立てられている。食堂内の2つの壁面には,有名画家のG.クリムトの「期待」と「実現」が飾られている。邸宅は,完璧かつ近代的総合芸術と評価されていた。この邸宅は,2009年に世界遺産に登録された。

1906(36) ウィーン工房は,ロンドンとフランクフルトでの展覧会に参加。

1908(38) 国際美術展・第1回「ウィーン・クンスト・シャウ」を開催する。
■このクンスト・シャウについて,ヘルマン・ムテージウス(1861〜1927,ドイツ建築家,ドイツ工作連盟の中心的人物)は,「このウィーンの現代芸術は,私達の時代がこれまで生み出したものの中

でも，もとより統一的なものであったが，最も完璧なものとなっている」と評している。

1912(41) オーストリア工作連盟を設立する。

1914(43) ウィーン工房の事業上の損失は大きく甚大なものとなり，有限会社へと変更する。

■1932年，ウィーン工房は破産登録。第一次世界大戦が勃発。

1924(53) 国際芸術装飾展示会のためのオーストリア展示館（パリ）設計（～25年）。Ast House (Velden, Austria) 設計。

■1925年，パリ現代装飾万博開催される。

1934(63) ヴェニス・ビエンナーレのオーストリア展示館設計（～35年）。

1953(82) この年，ウィーンにThe Heiligenstàdterstrasse集合住宅を設計（～54年）。

1956 ウィーンにて死去。享年85歳。

ウィーン工房を通して，建築を中心に家具，照明器具，織物，壁紙など生活全体のデザインを新たな美意識に高めようとするデザイン企業集団の経営者兼総合芸術型のデザイナー，建築家の一人であった。

オーギュスト・ペレ Auguste Perret 1874〜1954

フランスの建築家,請負人。RC構造による建築への可能性を開発。

1874 2月12日,ベルギー,ブリュッセルに生まれる。

■父方の家系は,ブルゴーニュ地方の代々の石工。母のポリーヌ・ロリメの祖父は石工,叔父は大工で建設業には縁のある家系。実際に,初期ルネサンスの建築家の多くは,中世の石工の家系の出身者であった。その結果,石工の徒弟制度的な建築教育の伝統が18世紀まで続き,フランスの古典主義建築の隆盛を担った。

■1950年に,生家にオーギュストを讃える銘板が取り付けられた。「鉄筋コンクリートに初めて建築的スタイルを与えしフランス建築家,フランス学士院会員オーギュスト・ペレ,1874年2月12日ここに生れる」建築家協会(現ベルギー現代都市計画家・建築家協会)。

1876(2) 弟ギュスターヴ生まれる(〜1952年死去)。

1880(6) 弟クロード生まれる(〜1960年死去)。

■後に,弟はもっぱらペレ事務所の渉外・会計等の事務を担当。ペレ兄弟は,鉄筋コンクリート造の構造美の開拓に一生を捧げている。「よく造られたコンクリートは,大理石よりも美しい」(ペレの言葉)。

1883(9) ブリュッセルからパリに帰る(父と一緒)。

1885(11) エコール・アルザシェンヌ(1873年独立,プロテスタント系,リベラルな教育)に入学。

1890(16) エコール・アルザシェンヌを卒業。

1891(17) エコール・デ・ボザール(パリの国立美術学校)に入学。

■当時,鉄筋コンクリートに関する講義は未開講。

1893(19) エコール・デ・ボザール上級に進学する。

■弟ギュスターヴ(17歳)も同校に入学(終生,兄オーギュストの忠実な補佐役に徹した)。

1894(20) ローマ大賞に初挑戦するも落選する。

1895(21) ローマ大賞に再度挑戦するも落選する。「競馬場」の課題でアメリカ建築家感謝賞を獲得する。

アメリカ建築家感謝賞：アメリカ人建築家（ボザールOB）が1889年に設けた賞。ペレは賞金1,470フランと3単位を取得。

■彼はどうしてもボザールの教育や風習にはなじめなかった，例えば，一般に教えにくい教えられないような芸術を教えようとし，教えやすい技術を教えていなかったことなど。技術者になれても，建築家は生まれつきというのと似ているとも語っている。そのために，図面などは自宅で製図していた。

1896(22) ヴォジラール通りからロシェ通りに転居する。この年，ランスで兵役（1年間）に従事する。

1899(25) サン・マロのカジノ設計。

■建物の屋根窓は複雑に入り組み，絵画的で異国風。中世以来の地方の邸宅建築に類似。前年来の海外旅行の見聞や体験が影響している。

1901(27) エコール・デ・ボザールを退学（学校には9年間在籍する）。

■彼は，早めに退学しようと思っていたが，引き留められている。ボザールの卒業証書（ディプロマ）と建築家の称号を取るのと，家業を継ぐのと…考えていた。もっとも，この頃は職能分離がはっきりせず，法的に分離されるのは1940年以降であった。

1902(28) ヴァグラム通り119番地のアパート設計（パリ）。ジャンヌ・コルド（1877～1964，美術専攻）と結婚し，レヌワール通りのアパートに新居を構える。

■今日，このアパートの壁面に彼を讃える銘板がつけられている。「この構築的天才によって1903年以来，鉄筋コンクリートに古い材料の高雅さを与えし建築家，学士院会員オーギュスト・ペレ（1874～1954），1932年よりその死までここに住む」（ベルギー現代都市計画家・建築家協会）。

1903(29) アパート（フランクリン通り）ペレー兄弟設計。

■コンクリートの柱と梁の構成美をそのまま鉄筋コンクリート建築の表現とした初期の秀作。

1905(31) 父クロード・マリ死去。

1907(33) ガレージ(ポンテュ通り)設計。
■鉄筋コンクリート造初期の秀作例。後に取り壊し。

1908(34) アルジェリアの三都市の倉庫，ロンドンの仏英博覧会のアルジェリア館の各施工を担当する。
■彼の事務所でル・コルビュジエ(当時21歳)は14ヵ月間働いていた。ペレは，コルビュジエに給料を渡して，ヴィオレ・ル・デュクの『フランス中世建築事典』を買うことを勧めている。

1923(49) ル・ランシーのノートルダム聖堂設計。
■教会は，「コンクリートのゴシック」といわれ，教会建築の傑作。費用はペレの持ち出し。労働の質の悪さや工期の短さなど。今世紀最初の四半世紀で最も革命的な建築物と評価される(近年・修復)。鉄筋コンクリート造への情熱的な追求が，打放しコンクリートとプレキャストコンクリートによる独自の構成美を表現した作品。

|挿話| ル・コルビュジエは，ペレについて語っている。「彼は，19世紀と20世紀の間を洗う大波の中で，丈夫で堅固な筋(もやい)のような存在であった。彼こそは発見的建築家であり，冒険家でもある」。

1924(50) ボザールの学外アトリエ主宰(〜30年)。

1925(51) チェコスロバキア白獅子勲章を授与される。
■彼は，アール・デコ博覧会のエスプリ・ヌーヴォー館を見て，そこには建築がないように感じた。

1926(52) レジオン・ドヌール勲章を授与される。

1930(56) エコル・スペシャル・ダルシテクチュール教授就任。競技設計「ソヴィエト宮」に応募する。

1937(63) 土木事業博物館設計。

1943(69) フランスの学士院会員に推挙される。

1945(71) ボザールの学外アトリエ主宰(1954年)。

1948(74) RIBA(英国王立建築家協会)金賞を受賞する。

1949(75) デンマーク美術アカデミー名誉賞受賞。

1950(76) ジフ・スユル・イヴェット地区開発計画。

1952(78) AIA(米国建築家協会)より金賞受賞。次男ギュスターヴ(76歳)死去。

> 逸話　彼は語る。「自分の作品は,設計したもの,修復,改装などの簡単なものを含めて約90点,計画に終わったもの約40点,合計130点くらい。しかし,実施された作品のほうが多いのは有り難いといえるであろう」。

1953(79) ル・アーヴルのサン・ジョゼフ教会設計。

1954　2月25日,パリの自宅にて死去。享年80歳。

1961　UIA(国際建築家連合,本部パリ)に「ペレ賞」が設けられる。

彼は,鉄筋コンクリート構造の建築への可能性を発見し,同時に,19世紀と20世紀の間を繋ぎ止め,後の20世紀の華麗な鉄筋コンクリート造建築の競演を呼ぶ。

ヤン・レッツェル Jan Letzel 1880〜1925

広島県産業奨励館(現広島原爆ドーム)を設計したチェコの建築家。

1880 チェコスロバキア，ナホトに生まれる。

1900(20) プラハ美術専門学校建築科に入学。卒業後，エジプト王家の代理者に雇用され，3年間勤務。

1907(明治40)(27) デ・ラランデ（ドイツ建築家）建築会社に就職のため来日。

1909(明治42)(29) ヤン・レッツェル建築事務所（東京・京橋）を設立。

1915(大正4)(35) 広島県産業奨励館（現広島原爆ドーム）設計。他の主な作品は，上智大学，聖心女学院，上野精養軒など。第一次世界大戦前夜の不景気のために事務所を閉鎖し，帰国する。

1918(大正7)(38) 第一次世界大戦終結とチェコスロバキア共和国貿易省のアタッシュ（大使館・公使館付の情報担当官）として再び来日するも，帰国している。

1925(大正14) プラハにて死去。享年46歳。

ユリウス・ブルーノ・タウト

Julius Brono Taut
1880〜1938

ドイツ建築家。独自の社会思想を展開。表現主義の代表者。

1880 ドイツ東プロイセンの首都ケーニヒスベルクに，父ユリウス・ヨーゼフ・タウト(36歳)，母ヘンリーテ・アウグステ・ベルタ・タウト(21歳)の第3子として生まれる。少年時代から働いて学資を稼ぐ。

■ケーニヒスベルクは，今日ではロシアの飛地。リトアニアとポーランドに挟まれたカリーニングラード。

1897(17) クナイプヘフシェン・ギムナジウム（日本の旧制高校に相当）を卒業する。地元の建設業グートツァイト社入社。2年間，主に煉瓦工事，石積みなどの仕事の見習いとして働く。

1900(20) ケーニヒスベルクの国立建築工学校入学。父親の商売を助け，建築現場で見習いとして働く。

1902(22) 国立建築工学校卒業。この年，ハンブルク，ベルリン，シュトゥットガルトで建築実務を習得。

1903(23) ブルーノ・メーリング教授主宰の建築事務所(ベルリン)に入所。

■ドイツ皇帝の森林研究所にて，日本人留学生(北村)から日本に関する知識を得て日本に関心をもつ。

1904(24) セントルイス万博（アメリカ）の仕事に従事する。

1906(26) プロテスタント教会（シュトゥットガルト郊外のウンターレキシンゲン）の改修に関与する。ヘドウィック・ヴォルガストと結婚。ベルリンに戻る。シャルロッテンブルク工科大学にて修学。翌年2月，長男ハインリッヒ生まれる。

1908(28) シャルロッテンブルク工科大学（現ベルリン工

科大学）で都市計画を受講する。ハインツ・ラッセン建築事務所（ベルリン）に勤務。長女エリザベート生まれる。

1909（29） 友人の建築家フランツ・ホフマンとタウト＆ホフマン共同事務所を設立する。

1910（30） ニーデン村の教会大改修工事に関与する。ドイツ工作連盟の会員になる。

1913（33） ライプチヒ国際建築博覧会で「鉄の記念塔」を造っている。

■鉄の記念塔のデザインにより近代建築の先駆者として躍り出る。その要点は，①新材料スティール（鋼材）を駆使していること。②新しい建築表現に成功していること。

ドイツ田園都市協会の主任建築家に就任する。マックス・タウト（弟）が参加し，タウト兄弟＆ホフマン共同事務所を開設（〜14年）。弟は，後にベルリン芸術大学建築学科教授に就任している。

1914（34） ドイツ工作連盟展示会に「ガラスの家－ガラスのパビリオン（展示館）」を建てて注目される。

■特徴は，①多角形の壁面を厚いガラス板で構成。②全体を菱形の骨組で，内部の金属製の階段とガラスのドームで構成されている。特に，ガラスの素材をそのまま表現し活用している。前年の「鉄の記念塔」と「ガラスの家」により，世界的な名声を得る。

1916（36） ドイツ・トルコ友好会館建設のためにコンスタンチノープル（現イスタンブール）を訪問。徴兵にて，ブランデンブルクの火薬工場の軍務につく。ここで，エーリッヒ・バローン（社会主義運動家）より影響を受ける。

1917（37） ドイツ田園都市協会（ベルギッシュ・グランドバッハ）に勤務。当協会職場の部下エリカ・ヴィティヒトと知り合う。翌年10月24日にタウトの長女が生まれている。

1919(39) グループ「ガラスの鎖」を結成する。ユートピア思想を伝えるため意欲的な文筆活動を続ける。

1921(41) 歴史都市と呼ばれるマグデブルク市建築監に就任。独自の都市像の構築に従事する(〜24年)。この頃,国際的な新建築運動として近代合理主義に傾倒してゆく時代が始まる。「色彩宣言」を発表する。

1924(44) GEHAG(共益住宅株式会社,ベルリン)の主任建築家に採用されてベルリンに戻る。

1925(45) ベルリンに帰る。フライエ・ショレ・ジードルング建設(〜31年)。ワイマール共和国時代の住宅不足のための住宅計画にグロピウス達と参画する。

■集合住宅の特徴は,次の通り。①平面形は,台所,浴室,バルコニー付きで,機能性・実用性を重視した割安家賃。②室内に十分な外気や光を採り入れるために,建物全体は馬蹄形。③当時の古典近代主義から20世紀初頭に至る住宅建設のモデルになった。

1926(46) 建築家連盟「リング(環)」の会員として参加。自邸(ダーレヴィッツ)設計。

1928(48) カール・レギーンの集合住宅団地(総面積3,390ha)(〜30年)設計(世界遺産登録)。

1930(50) シャルロッテンブルク工科大学客員教授「住宅と住宅団地計画」講座を担当する(〜32年)。

1932(52) 旧ソ連系政府(現ロシア)の招聘で,モスクワ都市管理局の下に社会主義国家の指導的な建築家の地位に就任。「大モスクワ建設」の事業に協力。

■ヒトラー独裁。多くの建築家達は国外へ亡命。

1933(昭和8)(53) 2月にモスクワから失意のうちに戻る。ヒトラー逮捕者リストを知り,急いでパリに逃亡。日本インターナショナル建築会の招聘で日本に移住する。10

月,商工省工芸指導所と群馬県の嘱託に就任。著書『日本美の再発見』『日本文化私観』『日本－タウトの日記』刊行。日向別邸(熱海)の内装設計に関与。

■日本各地をめぐって古い建築を見学,桂離宮の美を再発見し,賞賛している。

1936(昭和11)(56) 10月8日,少林山達磨寺の洗心亭を発ち,10月15日に下関から関釜連絡船で離日。11月11日にイスタンブール到着。イスタンブール国立美術アカデミー教授・アンカラの文部省建築局主席建築家に就任する。自邸やアンカラ大学の校舎などを設計。

1938 12月24日に心臓疾患のためトルコにて死去。享年58歳。エディルネ門国葬墓地(イスタンブール)に眠る(イスラム教徒の墓地にただ一人の例外として)。

2008 「ベルリンに建つモダニズムの集合住宅」として世界遺産に登録。

■ベルリンに建つ集合住宅が(単体または集合住宅群の6つを含めて),世界遺産の対象となっている。①ファルケンベルク庭園街。②シラーバーグ集合住宅。③ブリッツ集合住宅(馬蹄型の集合住宅はタウトが担当)。④カール・レギエン住宅街。⑤ヴァイセ・シュタット。⑥ジーメンス・ジードルング。

彼は,1930年代までに共和国の住宅政策のもとに集合住宅の設計・建設に活躍。1918年,第一次世界大戦終結,ドイツ帝国崩壊。翌年ワイマール共和国が成立。戦後の住宅不足に対応した革新的な住宅計画を指導し推進したのが,W.グロピウスとタウトらで,1930年代までに12,000有余の住宅を建設。共和国の住宅政策とともに高く評価され,これ以降の集合住宅の進展に多大な影響を与えた。

ウィリアム・メリル・ヴォーリス

William Merrell Vories
1880～1964

アメリカ人宣教師であり，実業家。

1880 10月28日，米国カンザス州に生まれる。

1887(7) 彼の健康のためにアリゾナに移る。

1900(20) イーストデンバー高校を卒業する。マサチューセッツ工科大学への進学希望であったが，経済上の事由からコロラド大学に進学する。

1904(24) 同大学卒業。哲学士号を取得。

■彼は，在学中に第4回S.V.M.(海外伝道学生奉仕団)世界大会に大学代表として参加。その結果，永年の建築家志望の夢を捨て，キリスト教伝道者の道を選択している。卒業後，コロラド州スプリング市のYMCA副主事に就職している。

1905(明治38)(25) 1月，東京YMCAから日本の中学校が英語教師を募集していることを知り，応募し参加する。1月29日に横浜港に来日。ただちに，2月2日に勤務地の近江八幡に到着。2月4日に滋賀県立八幡商業高校にて最初の英語の授業を開講する。次に，2月8日に夜間聖書クラスを開講し，学生45名が参加。後に，彦根中学，膳所中学でも授業を開講し，同時に，夜間聖書クラスも開講している。同年10月には，日本で最初の中学生主体の八幡YMCAを会員37名で設立している。

1906(明治39)(26) 激務から健康を害し，アメリカに一時帰国。2学期の9月から近江八幡に戻り，授業再開。同時に，YMCA会館の建設に着手し，教会の設計に取りかかっている。

1907(明治40)(27) 3月25日，滋賀県立八幡商業高の英語教師解職。

■新任の学校長・伊香賀矢八は,彼の解任を県当局に申し入れていた。彼は,この結果からかつての建築への情熱が燃え上がっていく。京都に移り,京都YMCA会館内に建築事務所を開設。かつての高校時代の教え子2人が参加している。

1910(明治43)(30)　新たに教え子3人が参加し,彼らと近江基督教伝道団を結成。

1919(大正8)(39)　一柳満喜子と結婚する。

1923(大正12)(43)　著書『吾家の設計』出版。

1934(昭和9)(54)　2月,同伝道団は「近江兄弟社」と改称。
■同社は,近江八幡を中心に独自の宣教を行い,多くの病院やサナトリウムを経営していった。建築作品は,神戸女学院。東京青山学院本部。

1937(昭和12)(57)　著書『ヴォーリス建築事務所作品集』出版。

1941(昭和16)(61)　1月,日本に帰化。名前を一柳米来留(ひとつやなぎめりる)と改名した。

1942(昭和17)(62)　東京・京都両帝国大学にて英語・英文学を講義。

1945(昭和20)(65)　「メンソレータム」を販売開始する。

1958(昭和33)(78)　近江八幡名誉市民賞を授与される。

1960(昭和35)(80)　日米修交通商百年記念功労者に選ばれ,表彰される。

1964(昭和39)　5月7日死去。享年84歳。

本来は建築家志望であったが,家庭経済の事情からキリスト教の伝道に来日している。当時の社会的な状況から,自前で伝道のための多くの建築作品を遺している。キリスト教に基づいて幅広く事業を展開し成功,多大な社会貢献をしている。

日本政府から多年の功労に対して正五位勲三等に叙せられ,瑞宝賞を授与された。現在,近江八幡市恒春園墓地に眠る。

# 佐野利器 さの としかた
1880(明治13)～1956(昭和31)

大正・昭和期の建築構造学や都市計画,社会事業発展に貢献。

1880(明治13) 4月11日,山形県西置賜郡荒砥に父山口三郎,母ゑんの四男として生まれる。

1896(明治29)(16) 佐野誠一郎の養子となる。

1900(明治33)(20) 東京帝国大学建築学科に入学する。

■彼は,建築の色彩や形などを語ることは婦女子の仕事であり,最も男性的な仕事は建築構造であると考え,学生時代から,将来は耐震構造で国家社会に尽くそうと決心していた。建築美の本質は,重量と支持との明確な力学的表現に過ぎないと語っている。

1903(明治36)(23) 同上建築学科を卒業。大学院に残り講師に就任する。

1904(明治37)(24) 「構造計算法」を開講する。

1905(明治38)(25) 「鉄骨・鉄筋コンクリート構造」を開講。

1906(明治39)(26) サンフランシスコ地震を視察する。

■鉄筋コンクリート建築による耐震構法への必要性と確信を得る。東京帝国大学建築学科助教授となる。

1909(明治42)(29) 日本橋丸善書店の構造設計。デザインは田辺淳吉。工場を除く,日本初の純鉄骨構造を試みている。

1911(明治44)(31) 三井物産横浜支店の構造設計。デザインは遠藤於菟(おと)。日本初の全鉄筋コンクリート造の構造計算を担当する。ドイツに留学(～14年まで)。

■この頃,佐野理論によって建物の耐震化は進められていく。他の工学分野からの批判が登場。真島健三郎(海軍土木技術者,鉄筋コンクリート造煙突,高さ45m設計)は,「全体を柔らかくして,振動を自分の揺れで吸収すべき」と指摘するが,それに対し佐野は,「振動したりせず剛体として抵抗させる構造体を固めればよい」と。

「柔剛論争」が世間の注目を集めた。

1915(大正4)(35)「家屋耐震構造論」で工学博士となる。
■野田俊彦は,卒業論文「建築非建築論」を発表する(指導教官,佐野利器,内田祥三教授)。主な論説は次の通り。「建築は芸術ではない」「建築は,ただ完全なる実用品であれば可である。そのかたわら美や内容の表現をも有せしめんとするのは余計の事である」「建築をもって都市や自然の景色を装飾せんとするのは誤りである」。

1917(大正6)(37)論文「家屋耐震構造論」(「震災予防調査会報告」八十三号甲)を発表する。

1918(大正7)(38)同上建築学科教授となり,建築学第三講座(建築構造学)を担当した(1929年まで)。

1919(大正8)(39)公布された「市街地建築物法」・「都市計画法」制定に当たって指導的な役割を果たした。

1920(大正9)(40)文部省を動かして「生活改善運動」を開催し,市民への啓蒙活動のために生活改善同盟を結成する。この頃,モデル事業「大和村の開発計画」(三菱岩崎家所有の駒込の土地)に着手する。

1923(大正12)(43)関東大震災直後,後藤新平(1857〜1929,当時,内相・帝都復興院総裁)に請われて,帝都復興院理事,建築局長(帝大教授兼任)に就任。震災復興計画(道路・橋梁の新設と拡大,大小公園の新設,公共建築の不燃化,区画整備などの難事業)に着手している。
■関東大震災後,日本のビルの構造技術は,鉄筋コンクリート造と鉄骨鉄筋コンクリート造に焦点が当てられた。

1924(大正13)(44)東京市建築局長を兼任。同潤会を設立(社会局外郭団体としての住宅供給組織),佐野利器は評議員。内田祥三は理事兼建築部長に就任。土地を買い上げ,すべてを直営事業とする。
■鉄筋コンクリート造集合住宅形式で,猿江裏町,青山,代官山,

大塚女子，江戸川などに建設，1941年(昭和16)をもって延べ18年間の活動に幕を閉じる。

1929(昭和4)(49) 東京帝国大学建築学科を退官する。合資会社清水組副社長，日本大学工学部長，予科長を歴任。

1930(昭和5)(50) 震災復興計画の難事業に着手する。

1938(昭和13)(58) 震災復興計画が完了する。

■以後，日本のビル建築は，鉄筋コンクリート造と鉄骨鉄筋コンクリート造が主流となっていった。

1956(昭和31) 12月5日逝去。享年76歳。東京雑司が谷墓地に眠る。

建築構造学(耐震構法)に留まらず，都市計画や生活改善運動などにも大きく貢献している。岩崎久弥(三菱三代目社長)に依頼されて開発計画を実施，計画は100坪以上の規格化された敷地や上下水道の完備，電線の地下埋設化と住民クラブハウスの建設などを実現させている。また，彼は住民どうしの連帯を強化するべく，自治組織の結成を主導している。特に，関東大震災後には後藤新平に請われ，震災復興計画などの難事業に着手し，多大な成果を挙げている。

# 岡田信一郎 おかだ しんいちろう
1883(明治16)～1932(昭和7)

大正・昭和初期の建築家。大阪市中之島公会堂設計。

1883(明治16) 東京芝宇田川町に生まれる。
 ■病弱であったために読書を好み、海外事情に明るく、伊東忠太に次いでの論客として時代を語り、後輩を励ましていた。
1906(明治39)(23) 東京帝国大学工科大学建築学科を卒業する。成績優秀で恩賜賞を授与される。
1907(明治40)(24) 美術学校嘱託となる。
1910(明治43)(27) 「様式論争」を展開する。
1911(明治44)(28) 早稲田大学講師となる。
1912(明治45・大正1)(29) 美術学校教授となる。大阪市中之島公会堂設計競技に一等入選。
 ■設計競技は辰野金吾の弟子15人を対象にして行い、岡田案が互選形式で最優秀に。実施設計は辰野・片岡事務所が関与。似たような例では、早稲田大学大隈講堂設計競技で、優勝者を決めながら、大学側の都合で審査員の佐藤功一が実施設計をしている。当時の設計競技では、よくある事例であった。
1925(大正14)(42) 歌舞伎座設計。
1926(大正15・昭和1)(43) 東京府立美術館設計。
1930(昭和5)(48) ニコライ堂修復。
1932(昭和7) 虎屋設計。死去。享年50歳。東京護国寺に眠る。

当時の秀才型に多い病弱ではあったが、建築デザインや建築評論の優れた論客でもあった。

ヴァルター・グロピウス Walter Gropius 1883〜1979

ドイツ生まれのアメリカ建築家。国際的近代主義の実践者，教育者。

1883 ドイツに生まれる。

1903(20) ミュンヘン工業大学にて修学(〜05年)。

1905(22) ベルリン工科大学にて建築を学習する(〜07年まで)。この頃，工科大学で勉強するも，途中で飽きてしまい中退。実践的なことを勉強したくなり，ある建築学校に入り古典オーダーのことを勉強していた。

■ザクセン・ワイマールの大公は，この頃，ワイマールに美術と工芸の学校を設立し，校長にヴァン・ド・ヴェルデ(1863〜1957，当時43歳，ベルギーの画家，デザイナー，建築家)を採用。彼は，教室における教育よりも，作業場での教育に重点を置く。ドイツを去る際，後任にグロピウスを推薦した。

1906(23) 農民用の低コスト住宅案(最初の建築企画)。

1907(24) P.ベーレンスの事務所に勤務(〜10年まで)。

■後に，彼が最も影響を受けた師匠は，P.ベーレンスと語る。特に構造を露出した大胆な手法と，素材の全く新しい使用方法など，建築の新しい潮流を目の当たりにしている。

1908(25) ワイマールの美術工芸学校の校長職に推薦されるが，その職を引き継ぐ前，1915年に学校は閉鎖。

1910(27) 独立すると，有力な将来のクライアントに住宅と設備の大量生産に関する覚書を提出している。アドルフ・マイヤー(1881〜1929)と組んで建築事務所を設立し，ドイツ工作連盟(1907年創立)に加入する。

■彼は，若い頃，F.L.ライト(1867〜1959)の作品を見たが，彼の建築哲学とは異なっていた。ライトは強い個人主義者のようだが，彼はチームワークを好み，建築家は元来，コーディネーター(統合者)的な性質をもっているでしょう，と語っている。

1911(28) ファグス工場(アールフェルト)(A.マイヤーと協働設計)。

■近代の国際様式は,世界中どこにでも通用するような普遍的デザインの条件として,鉄・ガラス・コンクリートを用いてゆく新しい建築の表現となり,以後の近代建築の成立に大きな影響を与えた。例えば,その特徴は,ガラスそのものを利用した水平・垂直の壁面の構成,コンクリートを利用した平らな屋根で,水平を強調したデザインなどが挙げられる。

1914(31) ドイツ工作連盟展のモデル工場および事務所建築設計(A.マイヤーと協働設計)。

■第一次世界大戦が勃発。彼はこの大戦に従軍し,反資本主義者となる。従軍中,ヘルガー工房の工芸思想に共鳴し,「工業,商業,工芸に対して芸術的助言を行う教育機関設立の提言」を作成している。

1916(33) 1月,美術工芸学校と造形芸術大学を合併して,一つの学際的な工芸デザイン学校に変革する勧告をザクセン州政府大公に送っている。

1919(36) 4月,ワイマールの新しい国立バウハウスの学長に正式に任命され,「バウハウス宣言書」が発行された(~28年まで)。芸術の統一を強調し,師匠P.ベーレンスが指導する工房制度を導入した。

■このバウハウスの名前は,彼の造語。ドイツ語のbauen(つくる,組み立てる,建築する)は英語より広い意味をもっている。bauerは農民の意をもつ。農民のための家,構築(組み立てる)の家という意味。

1923(40) バウハウスにて学生作品の展覧会を開催。

■この展覧会については,バウハウスの学生に仕事を奪われるとの地元のギルド(同業組合)からの申し出に対して,地元の行政機関は,国の継続的な支援を正当化できるような展覧会の実施を求めていた。

■この展覧会には,G.T.リートフェルト(1888~1964,当時35歳)

「赤と青の椅子」などデ・スティルのデザインも展示。世界中，特にアメリカの批評家から絶賛されたが，地元の不安を和らげる効果はなかった。

1925(42) 学校への補助金が半減し，バウハウスは移転せざるを得なくなり，デッソウに移る。バウハウスは共産主義の温床と閉校宣言が出される。

1926(43) バウハウス校舎設計（デッソウ）。

■建物は，卍型の一部右側が欠けたような平面形。ガラスのカーテンウォールを使用。プレハブ構造。工芸から工業的な機能主義への転換を迎え，新しい建築に対する概念を顕示している。

■バウハウスでは，教師は全員で20人位。初めの1年間は学生数も80人以下だったが，その後，最高150人程度に。バウハウス教育の基礎は建築部門であり，最後の学長となったミースによってさらに進展。そのために，ワークショップを学校の各部門と協同させた。そして，多くの照明器具，家具，テキスタイルなどを，企業と契約を交わし実物を製作したり，工場に派遣して自分達のデザインと現場の製作方法とを学習させている。これによる多様な製品ビジネスによってロイヤリティを得，それを学校の運営費にあてた。

■当時は，異常なインフレーションで貧しかった時代。学長であった彼は，給料を貰うと食料品店に駆け込んで，すぐに買い物をした。というのは1時間でそのお金の価値は半減，お金の価値がまったく信用できなかった時代であった。

1927(44) ヴァイセンホーフ集合住宅展（シュトゥットガルト）用にプレハブ住宅を開発している。

1932(49) 8月22日，デッソウ議会は学校閉鎖の動議を可決する。

1933(50) 7月29日，教師全員による解散是非の投票を行い，ここに正式に終止符を打つ。多くの教師は迫害を逃れアメリカに移住。

1934(51) イギリスに移住し，建築家E.マックスウェル・

フライ(1889〜1987)と組む(〜37年まで)。

1937(54) アメリカに移住。ハーバード大学教授就任。グロピウス自邸設計(マルセル・ブロイヤー(1902〜1981)と協働), アメリカにおける最初の建物。

1938(55) ニューヨーク近代美術館にて「バウハウス・デザインの回顧展」が開催される。

1946(63) 設計グループ「TAC(The Architect Collaborate)」を結成, アメリカの建築近代化に大きな影響を与えた。
■「よいデザインというものは, 最も無個性なものだ」と彼は常に言っていた。

1954(71) 来日。清家清(当時35歳)設計の「私の家」を見学。この縁により, 12月から1年間, アメリカのボストンの彼の事務所に清家は招待される。

1957(74) アメリカ合衆国大使館(アテネ)設計(〜61年)。

1963(80) 著書『Apollo in Democracy』を出版。
■この頃, タリアセン(ライトの工房)を見に行く。未亡人が学校を引き継いでいて, 生徒は60人位。ライトは偉大な個性の持ち主だったと述懐している。

1976(83) ベルリンのバウハウス資料館設計(〜79年)(1964年にA.ツヴァイヤノヴィッチと協働)。

1979 ボストンにて死去。享年86歳。

彼は, ファグス製靴工場(1913)とモデル工場事務所(ケルン展示会, 1914)の二つの工場建築によって, 近代における普遍性をもった造形手法と新鮮な表現形式を獲得していった。一方, バウハウスの教育の目的は, 大量生産社会向けの機能的で芸術的な製品の生産をうながすこと。建築を通して, これらの総合的な統合をねらい多大な成果をあげていた。実際の設計作品やその著作, 教育活動を通して, まさに近代建築の強力な主導者の一人であった。

内田祥三
うちだよしかず
1885(明治18)～1972(昭和47)

明治～昭和期の防災計画・文化財保護などに貢献した建築学者。

1885(明治18) 2月23日，東京深川の米屋の父安兵衛，母せんの長男として生まれる。少年時代から火事が好きで，長じても野次馬として火事があると，いち早く現場に駆けつけて見物していたと語っている。

1907(明治40)(22) 東京帝国大学工科大学建築学科を卒業後，三菱合資会社に入社。三菱十三号館の建築現場を担当する。

1910(明治43)(25) 佐野利器に大学に呼び戻され，コンクリートを原料とする建築構造の研究を始める。

1911(明治44)(26) 同上建築学科講師となる。

■この頃，地震のほかに火事にも関心を深め，警視庁から非常線突破の特別許可証をとり，木造建築の燃え方について多くの体験を積んでいく。

1912(明治45)(27) 所沢飛行船格納庫を設計。

1916(大正5)(31) 同上建築学科助教授就任。

1920(大正9)(32) 内務省から木造防火の条項を一任される。本格的な市街地建築物法が公布される。

1921(大正10)(36) 同上建築学科教授に就任。

1923(大正12)(38) 同大学の営繕課長に就任（～1938年まで）。

■関東大震災後の東京帝国大学キャンパス計画などほとんどの設計に関与。佐野利器の愛弟子。柱と梁による軸組構造を強化し，接合部を強固にすることを主張。これを東京海上ビルの構造設計に採用し，大震災時にその真価を発揮した。

1925(大正14)(40) 東京帝国大学大講堂（安田講堂）設計

に関与(岸田日出刀・共同設計)。
1928(昭和3)(43) 東京帝国大学図書館設計に関与。
1941(昭和16)(46) 東京帝国大学工学部長に就任。
1943(昭和18)(48) 東京帝国大学総長(〜45年まで)。学徒出陣や対米折衝等に大学を代表してその任を果たした。
1972(昭和47) 文化勲章を受賞。12月14日死去。享年87歳。東京青山墓地に眠る。

日本の建築と都市が近代化を推進する明治末期から第二次世界大戦前までの時期に,建築構造,建築計画,都市計画,防火,建築法規,住宅問題,文化財保護などの分野に関心を抱き,後進の育成,建築界の組織化に尽力し活躍した。特に,若い頃からの火事場見物が高じて,木造建築の燃え方への知識から,後に市街地建築物法の木造防火の条項をまとめている。その幅広い活動に対して,文化勲章が授与された。

ルートヴィッヒ・ミース・ファン・デル・ローエ　Ludwig Mies van der Rohe 1886〜1969

国際的近代主義に最も影響を与えた近代建築三大巨匠の一人。

1886　ドイツ・アーヘンに，石工の息子として生まれる。裕福ではなかったので，幼い頃から家業を手助けしていた。

1900(14)　アーヘン市カテドラル・スクール普通教育を修了する。

1905(19)　ベルリンに移り，工芸家B.パウルに師事。
■政治経済の中心地で仕事を探し，家具や椅子の工芸家の下での修業が困窮の時代を救い，名作の椅子を残すことになる。

1907(21)　建築家として独立する。

1908(22)　ペーター・ベーレンス事務所にデザイナー兼ドラフトマンとして入所する。

1910(24)　フランク・ロイド・ライト展を鑑賞する。
■歴史と伝統の束縛から解放された建築の独自性に由来する自由な表現に感激し，多大な衝撃を受ける。時代に対峙させるべき建築のあるべき姿を「時代の精神の表現」に見出す。

1912(26)　クレラー夫人に招聘されてオランダのハーグに滞在。ベルリンに戻り，事務所開設。

1914(28)　第一次世界大戦に従軍する。

1923(37)　コンクリート田園住宅計画案などを発表。演題「建築と形についての警告」を発表。デ・スティル派の前衛的抽象映画作家らと雑誌『G』(Gestaltung：創造)を創刊。翌年，表紙を飾るガラスタワーの第二案などを発表。建築家としての評価を受ける。

1924(38)　演題「建築と時代」で講演。
■巨大なダムや橋には設計者名が不記載であるのと同じく，建築も匿名であるべきことを論じている。

1926(40) ドイツ工作連盟副会長に就任。
1927(41) 同副会長として,第2回住宅展示会開催の総監督を担う。
■近代建築運動の代表的な指導者を招待し,高品質の住宅空間をいかに創るかという新生活様式の提案が目標で,後の近代建築の発展を導いた。
1929(43) バルセロナ万博「ドイツ・パビリオン」を設計。「バルセロナ・チェア」を発表する。
1930(44) トゥーゲンハット邸設計。バウハウス(デッソウ)の校長に就任。
■バウハウス創設の精神「あらゆる造形活動の終局の目的は建築にある」というテーマを実践教育において明快に具体化している。
1933(47) バウハウスをベルリンに。後に閉鎖。
■私財を投じてベルリンにバウハウスの教育の場を作るが,ナチス政権による建築家やデザイナーの弾圧が始まり,運営が困難となり,4月11日に教授達の投票により閉鎖が決定となる。
1938(52) 渡米し,アーマー工科大学に建築学科を創設し,同大学建築学科の主任教授に就任。
■アメリカでの就任演説では,「無視できない社会の力」=「時代の要求」を的確に見極めて,それらを「空間に翻訳して」,最終的には「誰でもできる建築」として提案することの重要さを述べている。
1940(54) アーマー工科大学はルイズ工科大学と合併し,イリノイ工科大学(IIT)に改名。
1946(60) 科学工学科棟・同窓記念会館(IIT)設計。
1950(64) ファンズワース邸設計(〜51年)。
■4対のI形鋼によって浮き上がったガラスの箱で,最も賞賛を浴びたアメリカでの作品。広い敷地に140m²(約43.2坪)のこの家は,板ガラスの壁によってテラス,床,屋根が支えられている。彼の名言「Less is more.」の理想が具体化されている(博物館として公開)。

1951(65) レイクショアドライヴ・アパート(シカゴ)設計。

1958(72) イリノイ工科大学建築学科主任教授退職。シーグラム・ビル(ニューヨーク)設計(フィリップ・ジョンソンとの協同設計)。

■ミースにとっての最初の高層オフィスビル。38階建の近代的なビルディング・タイプを提案している。建築を体得していくために「Discipline (訓練)」と「Define (明白に描きだす)」という言葉を所員に伝えている。建築とは，創出していくための建設の訓練であり，建築の精神を知見していくことである。建築とは絵画や彫刻とは違うものであり，印象や瞑想でもない。建築は，まさに時代の表現である，とも語る。

1959(73) ロイヤル・ゴールドメダルを授与される。

1960(74) コロネードパーク・アパートメント(ニュージャージー州ニューアーク)設計。

■ニューアーク再開発計画による最初の建物。平面は，中央廊下を挟んで住戸ユニット(560戸)を配置している。

1961(75) この頃から，足が弱くなり車椅子で動きながら設計活動を行う。

1964(78) 連邦センター(シカゴ)設計。

■3棟の建物は，広場を中心に適度に配置され，彼の最高傑作とも評価される。中央広場には巨大な赤い彫刻を配置。

1966(80) イリノイ工科大学より名誉学位を授与。

1968(82) 西ドイツ政府の設計依頼により，ニューナショナル・ギャラリー設計。

■彼の技術的な構想の集大成。建築の大衆化を目指して，新しい構造システムを用いて最も有利な模範解答を追求。建築の規格化・合理化を最上の手法として構想される。

1969 ドミニオン・センター(トロント)設計。悪性の咽喉ガンに肺炎を併発し，8月7日に死去。享年83歳。

最初は,建築施工者となる教育を受ける。1900～04年まで,地元アーヘンの建築会社にスタッコ装飾の製図工として勤務している。彼は,モダニズム運動の主要な提唱者であり,20世紀で最も影響力のあった建築家にして主導的なデザイナーの一人。20世紀の近代建築三大巨匠の一人ともいわれている。彼の影響力は,ル・コルビュジエやグロピウスよりも上回るといっても過言ではない。金属とガラスによる明快は表現は,世界中で広く模倣されていった。

バウハウス(独)Bauhaus：1919年,ドイツ・ワイマールにW.グロピウスを校長(～1928年)として創設,国立造形学校。芸術の統一を目的に,工匠制度を導入。機械化時代の造形芸術を建築へと再統合することを目指す。後に,ナチスの圧力により1933年最終的に解散。その後,1937年ニューバウハウス(シカゴに創設),ドイツでは,ニュージャーマンバウハウス(ウルム造形大学)として継承される。

エリック(エーリヒ)・メンデルゾーン Eric(Erich) Mendelsohn 1887〜1953

「アインシュタイン塔」を設計したドイツ〜アメリカの近代建築家。

1887 東プロイセンのアレンシュタイン(現ポーランドのオルシュティン)の商人に家に生まれる。若い頃,経済学を学習するが,途中からベルリン工科大学,ミュンヘン工科大学にて,T.フィッシャー教授(1862〜1938)の教えを受ける。

1912(25) ミュンヘンで仕事を始める。

1914(27) 第一次世界大戦中は,ドイツ砲兵隊に従軍。前線では多くのスケッチを残している(〜18年まで)。

1919(32) 第一次世界大戦後,アインシュタイン(1879〜1955)の相対性理論を検証する天体観測所の設計依頼を受け,アインシュタイン塔(ポツダム)を設計(〜24年)。
■建物は,滑らかな曲線による白い外観(下地はレンガとコンクリート造)を構成し,ドイツ表現派の代表作品となり,名声を世界に発信した。現在は国定記念物となり,ポツダム宇宙物理学研究所に使用されている。

1921(34) モッセ・ビル(ベルリン)改築。

1923(36) ルッケンヴァルデの帽子工場設計。

1924(37) アメリカを訪れ,摩天楼の強烈な表現主義的形態に感銘を受ける。

1926(39) ショッケン百貨店(シュトゥットガルト)設計。
著書:写真集『アメリカ』を出版。

1928(41) ショッケン百貨店(ケムニッツ)設計。

1929(42) メタル・ワーカーズ・ユニオン本部(ベルリン)設計。コロンバス・ハウス(ベルリン)設計(〜30年)。

1933(46) ユダヤ人であったため,ナチス独裁制成立とと

もに故国を離れ，イギリスに亡命し，ロンドンに移住。エリック(Eric)に改名し，イギリス市民権を取得。

■イギリスで，S.シャマイエフ(1900～96，ロシア生まれ，アメリカの建築家)と協同してイギリスに近代主義を導入する。

1934(47) デ・ラ・ウォール・パビリオン設計。イスラエルに移住。

1935(48) ベクス・ビル設計(～36年)。

1936(49) チェルシーのオールド・チャーチ街64番地設計。マウント・スコパスのハダッサ大学医療センター（エルサレム）設計(～38年)。

1937(50) ハイファ病院(イスラエル)設計。

1941(54) アメリカに移住し，サンフランシスコに居住する。

1946(59) マイモニーズ病院（サンフランシスコ）設計（～50年)。

1950(63) アメリカでの秀作ラッセル邸（サンフランシスコ）とパシフィック邸（サンフランシスコ）設計。このほか，アメリカ各地のユダヤ教会やユダヤ人コミュニティ・センターなどを設計。

1953 サンフランシスコにて死去。享年66歳。

ル・コルビュジエ Le Corbusier(Charles-Edouard Jeanneret)
1887〜1964

近代建築三大巨匠の一人。時代の中心的組織者。画家,先見的建築家。

1887 10月6日,スイスの小都市ラ・ショー=ド=フォンに,時計の文字板職人とピアノ教師の母の次男として生まれる。

1900(13) ラ・ショー=ド=フォン美術学校に入学。彫金師を目指して,地元の装飾美術学校で学ぶ。

1905(18) シャルル・レプラトニエの勧めにより建築家を志し,上級講座に進む。処女作「ファレ邸」設計。

1907(20) イタリア旅行,フィレンツェに1ヵ月滞在し,その後ウィーンに滞在。ヨゼフ・ホフマンと会う。

1908(21) オーギュスト・ペレの建築事務所にて14ヵ月間働く。鉄筋コンクリートに関心を深めてゆく。

1909(22) 故郷に戻り,友人とともに「連合アトリエ」を結成するも,まもなく解散。

1910(23) ペーター・ベーレンス(42歳)に師事し,先輩格のミース・ファン・デル・ローエ(24歳)に出会う。

1914(27) ドミノ・システムを開発。

■このシステムは,鉄筋コンクリート構造骨組を用いた量産住宅。規格化による多様な機能と美的要素を適合させた考え方は,1920年代頃から具体化される。

1917(30) パリに移住。アメダ・オザンファン(画家)と知り合う。事務所を開設。

1918(31) オザンファンとともに「キュビズム以後」を共同執筆し,自分たちの運動を「ピュリスム(純粋主義)」と呼称。土木会社の顧問を勤める一方で,建材工場を経営する(〜21年まで)。網膜剥離で左眼を失明する。

1920(33) オザンファン,ポール・デルメ(詩人)とともに雑誌『エスプリ・ヌーヴォー』を創刊。これ以後「ル・コルビュジエ」を名乗る。

1922(35) サロン・ドートンヌにて,ヴィラ型集合住宅案と「300万人のための現代都市」計画案を発表。

1926(39) ジュネーヴの国際連盟本部を設計するが,実現せず。ワイゼンホーフ・ジードルング展にて「近代建築の五原則」を発表。

1927(40) 設計競技「国際連盟本部」(ジュネーヴ)にて一等案に入選するも計画案は採用されず。

1928(41) 6月,CIAM(近代建築国際会議)がスイスで設立される。以後,9回の総会に毎回参加。設計競技「セントロソユース」(モスクワ,現存)に入選し,ソヴィエトを訪れる。
■前川國男(23歳)がアトリエ入所(〜1930年,5年間)。
■1920年代末頃,ル・コルビュジエは,芸術と同じように技術の重要性に対して高い評価を与えた。「家は住むための機械である」の言葉に集約されている。

1930(43) この春,モスクワに旅行。12月18日,イヴォンヌ・ガリと結婚する。フランス国籍を取得。
■結婚に際して,子供はいらない。建築家としての人生が非常にやりにくくなることを恐れたからだと語る。

1931(44) サヴォア邸(パリ郊外)竣工(29年〜)。この邸宅で明日の近代建築の五原則を叙述。指名競技設計「ソヴィエト・パレス」に応募するも落選。
近代建築の五原則:(1)ピロティ (2)水平横長の窓 (3)自由なプラン(平面図) (4)自由なファサード(正面) (5)屋上庭園。
■丹下健三は,外国雑誌に掲載されたこの応募案に感銘。
■坂倉準三(30歳)がアトリエに入所(〜1936年,5年間)。坂倉は,

アルヴァン・ペイロン(仏・救世軍司令官)のサマー・ハウス(木造部分の細部装飾)を助手として手がけている。

1934(47) 5〜6月に,ローマでムッソリーニの講演を聞き,接触をはかる。

1937(50) パリ万博に「新時代館」を建設。

1940(53) 6月,ドイツ軍のパリ占領に伴い,アトリエ(セーヴル通り)を閉め,妻とオゾンへ疎開。

1941(54) ヴィシーに長期滞在。5月,ペタン元帥に接触,フランスの都市計画に関する委員会の委員に任命される。

1945(58) ドートリー復興相からユニテ・ダビタシオン(マルセイユ)の設計を依頼される。

1947(60) 国連本部ビル最終案が受諾されるが,設計は外部に委託される。

1950(63) 被災したロンシャンの礼拝堂の再建着工(〜55年)。

■吉阪隆正(33歳)がアトリエに入所(〜1952年,2年間)。

1952(65) 10月14日,ユニテ・ダビタシオン(マルセイユ)竣工。チャンディガール総合庁舎着工(〜58年)。

1953(66) ユネスコ本部建設のための5人委員会に任命される(ほかにグロピウス,ブロイヤーなど)。チャンディガール議事堂着工(〜62年)。

■チャンディガールでは,宗教というよりは,太陽という絶対的な神のような存在への畏敬の念を信仰に変え,建築の中で表現していった。州議会議事堂を太陽に捧げた祭壇として位置づけている。

1955(68) 3月19日,チャンディガール高等裁判所落成式が挙行され,ネール首相が出席する。11月,国立西洋美術館(東京)の設計準備のために来日。

■11月2日,午後8時10分,東京羽田着のフランス航空機で最初で最後の来日。彼は,率直に語る。「若い頃から,日本の景色と建

築に憧れをもっていた。設計の仕事のほか，得るものがあればと期待している。美術館設計の構想は，まず現地の空気，日本側の希望なども見聞きし，それに自分の方の提案を加えることになるから，今のところはまったくの白紙だ。資料をまとめてパリに帰ってから，じっくり考える。日本は，是非ゆっくり見たいが，それも仕事が完成した後になるだろう。死ぬ前にもう一度必ず来る」。9日までの168時間40分間滞日し，東京上野公園内凌雲院跡で設計の構想を練り，帰途インドでも都市建設の設計を行う計画をもっていた。

1956(69) フランス芸術院会員に推挙されるも辞退。

1957(70) 10月5日，妻イヴォンヌ死去。

1958(72) 国立西洋美術館（東京）竣工（前川国男，坂倉準三と協同）。ルシオ・コスタとともに，ブラジル学生会館（パリの大学都市内）設計。ラ・トゥーレット修道院設計。

1964 8月27日，地中海カプ・マルタンで海水浴中に心臓発作にて死去。享年78歳。9月1日，ルーヴル宮クール・カレで，葬儀委員長アンドレ・マルロー文化相の下に国葬として送られる。

近代建築の三大巨匠の一人。20世紀で最も影響力のある建築家，デザイナー，デザイン理論家，都市計画家，画家，著作家。20世紀モダニズム建築の最大にして最高の万能型建築家とも評されている。

シアム（CIAM・近代建築国際会議）：1928年，スイスで第1回会議開催。建築を社会的・経済的視点からとらえること。参加者は，W.グロピウス（45歳），ル・コルビュジエ（41歳）ほか。書記長にはS.ギーディオン（34歳）（1894〜1968，スイスの美術史家。著書は近代建築運動に多大な影響を与えた）。
会議は1956年10回まで続く。後に，存続論議の末に1959年解散。

ヘリット・トーマス・リートフェルト
Gerrit Thomas Rietveld
1888～1964

デ・スティル派のオランダ建築家。世界遺産シュレーダー邸設計。

1888 6月24日,指物師の息子として生まれる。
1899(11) 父の家具工房で修業(～1906年)。
1911(23) 独立し,家具製作に従事(～19年まで)。家具製作のかたわら,建築を修業する。
1918(30) この頃,「赤と青の椅子」を発表する。
1919(31) デ・スティルのメンバーに参加(～31年まで12年間)。
1924(36) シュレーダー邸(ユトレヒト)設計。
■ユトレヒトの銀行家未亡人であるシュレーダー夫人の依頼による小規模住宅で,デ・スティル(1917年,オランダ・ライデンで結成された造形運動)の現存する唯一の作品。抽象画家P.モンドリアンの絵を想起させる線と面によって空間構成され,造形の純粋性を追求・完成された端正な小住宅。世界遺産に登録されている。
1927(39) プレハブ構法による実験住宅設計。この頃,住宅のプレハブ化や労働者用集合住宅などの社会的・技術的課題に取り組む。
1928(40) CIAM創立メンバーの一人として活動。
1934(46) テラス住宅(Erasmuslaan)を設計。
1936(48) Vreeburg Cinema(ユトレヒト)設計。
1954(66) ヴェネツィア・ビエンナーレのオランダ館設計。オランダ王室より勲章を授与。
1963(75) ゴッホ美術館(アムステルダム)設計(～72年)。
1964 7月23日,ユトレヒトで死去。享年76歳。

アントニン・レーモンド

Antonin Raymond
1888〜1976

日本の近代建築の発展に貢献したアメリカ国籍の建築家。

1888 5月10日,オーストリア領ボヘミア地方クラドノに,父アロイ・レーマン,母ルジーナの6人姉弟の長男として生まれる。10歳の時に母を亡くす。

1906(18) プラーグ工科大学に入学し,同校卒業(21歳)。パリ旅行中にカス・ギルバート(アメリカ建築家)に会う。

1910(22) トリエステ(イタリア)に行き,製図工として働く。後に,貨物船に乗り,ニューヨークに渡る。ギルバート事務所(ニューヨーク)に勤務。

1914(26) イタリアに旅行し,絵を描く。ナポリ発サン・ジョバンニ船上で女性ノエミに会う。その後,ニューヨークで結婚し,アメリカ市民権を取得する。

1916(28) タリアセンにてフランク・ロイド・ライト(49歳)に師事。

1917(29) ヴィユー・コロンビエ座(ニューヨーク)改装設計。アメリカでの最初の仕事。夏に徴兵令で軍隊入隊。

1918(30) ヨーロッパにて軍務従事。アメリカ大使館(ベルン)にて補佐役勤務。

1919(大正8)(31) 年末にライトとともに来日。帝国ホテルの仕事に従事する。

■当時,戦後の不景気で仕事がなかった。ある日,F.L.ライトが「アントニン,ここに4万ドルある。東京に行って帝国ホテルを建てよう」。基礎工事はドイツ技術者の担当だったが,穴を掘ってコンクリートを流し込んで杭にする電柱を立込むときの方法では,固まらずに水で一杯になった。後に浮き基礎構造が提案されたが,実現はしなかった。

1920(大正9)(32) 焼失した帝国ホテル別館を再建。新帝国ホテル建設に従事。

1921(大正10)(33) 2月,ライトの下を去り目黒に住む。後藤新平邸設計(〜23年)。

1922(大正11)(34) 7月2日,帝国ホテルオープン決定。
■1923年9月1日を全館落成式と決定。翌年,関東大震災発生。新帝国ホテルの建物は生き残り,ライトの名を有名にした。

1923(大正12)(35) レーモンド建築事務所に改称。

1924(大正13)(36) 霊南坂に自邸(RC造)を竣工する。

1928(昭和3)(40) 渡米する。米国大使館ほか設計。

1929(昭和4)(41) ソヴィエト大使館設計。

1933(昭和8)(45) 夏の家(軽井沢)完成(現ペイネ美術館)。

1934(昭和9)(46) 東京女子大学講堂ほか設計(〜37年)。

1935(昭和10)(47) ブレーク邸,ケラー邸設計。著書『アントニン・レーモンド作品集1920〜35』出版。
■作品集の序文で「近代建築の原理」を語る。
1)単純(simple):不要な材料を一切捨て去ること。
2)正直(honest):形状・内部構造はそのものの表現で。
3)直截(direct):すべてが率直さの表現であること。
4)経済性(economical):安いのみでなく耐久性の表現。
5)自然(natural):素材は自然そのものの表現である。

1938(昭和13)(50) アメリカに戻り,レーモンド農場建設。帰路,フランス・スイスを経由してプラハに行き,父や弟と会う。
■第一次世界大戦後,チェコスロバキアは,オーストリア・ハンガリーから独立。その後,ヒトラー(49歳)によりオーストリア併合。1939年,ドイツ軍はチェコに侵攻。彼の父と姉2人は行方不明,弟フランクはオーストリア騎兵として戦争中に行方不明。次弟ビクター(弁護士)はスウェーデンへ逃れる途中に殺害される。末弟エゴン

は，ユダヤ人を匿った罪で銃殺されたという。

1939(昭和14)(51) 最初の「建築個展」(ニューヨーク)開催。

1941(昭和16)(53) 第二次世界大戦勃発によりレーモンド東京事務所が閉鎖。

1943(昭和18)(55) スタンダード石油開発会社からの受注。
■ユタ砂漠実験場に日本家屋の長屋を建設すること。日本の労働者住居群の複製を設計。3尺×6尺の畳と紙障子，24軒の工場生産のプレハブ住宅で，屋根は瓦やトタン板。後に，陸軍爆撃機による焼夷弾の効果を実験。

1945(昭和20)(57) 建築事務所(ニューヨーク)をL.L.ラドと開設。

1947(昭和22)(59) 聖ジョセフ教会ほか開発計画等を設計。
■ダグラス・マッカーサー(67歳)日本占領連合軍最高司令官に書簡で来日希望を打診。司令官から「日本における建築の業績を評価する」旨の返信が届く。翌年，一民間人として羽田に降り立つ。鷲塚事務所(千代田区内幸町)に旧所員が再組織をはかる。

1948(昭和23)(60) 東京事務所を再び開設。

1949(昭和24)(61) リーダーズダイジェスト日本支社(東京)設計，奥只見川視察に参加。マッカーサー(69歳)に会う。

1950(昭和25)(62) レーモンド建築設計事務所を設立。笄町自邸及び事務所，日本楽器山葉ホール設計。

1952(昭和27)(64) 昭和26年度日本建築学会賞受賞(対象：リーダーズダイジェスト日本支社)。

1954(昭和29)(66) 聖アンセルモ教会(設計料なし)。来日中のグロピウス，ストーンと鼎談。

1958(昭和33)(70) 伊藤邸(〜59年)，群馬音楽センター設

計。
- **1959**(昭和34)(71) イラン大使館,ICU図書館設計。ニューヨークの病院にて椎間板ヘルニアの手術。
- **1961**(昭和36)(73) 群馬音楽センター竣工。
- **1964**(昭和39)(76) 神言神学院および教会(名古屋)設計。勲三等旭日中綬賞受賞。夏にアメリカを旅行する。
- **1965**(昭和40)(77) 昭和39年度日本建築学会賞受賞(対象:南山大学)。前立腺手術のためにアメリカで入院治療。
- **1967**(昭和42)(79) 南山大学体育館設計(〜68年)。著書『私と日本建築』(鹿島出版会)出版。
- **1968**(昭和43)(80) 上智大学七号館設計。ハワイ大学・汎太平洋国際会議センター計画のためにハワイへ。
- **1970**(昭和45)(82) 高崎哲学堂(群馬県)設計。著書『自伝 アントニン・レーモンド』(鹿島出版会)出版。
- **1971**(昭和46)(83) 韓国大使館設計。
- **1973**(昭和48)(85) 6月13日に米国ニューホープに帰国。
- **1976**(昭和51) 10月25日,ニューホープにて死去。享年88歳。

日本を主舞台として活躍したチェコ生まれアメリカ国籍の建築家。日本の近代建築の推進と発展に貢献し,日本を愛してやまなかった建築家の一人。ニューホープに残された彼の資料は,ペンシルベニア大学の文書館(アーカイブス公記録保管所)に寄贈された。

ピエル・ルイージ・ネルヴィ Pier Luigi Nervi 1891〜1979

軽快な構造美を近代建築に表現したイタリア建築家。

1891 6月21日，ソンドリオ(イタリア・ロンバルディア地方)に生まれる。

1913(22) ボローニャ大学土木工学学科卒業。後に，コンクリート会社(ボローニャ)で現場実務経験を積む。

1923(32) 独立構造技術者として事務所を開設する。

1927(36) 競技設計フィレンツェ市立競技場に入選。

1930(39) フィレンツェ市立競技場着工(〜32年)。

■この競技場は，スタンドの屋根と螺旋階段との組合せによる美しさによって，世界的な注目と絶賛を浴びている。鉄筋コンクリートの重々しさはなく，片持ち梁の屋根は，薄く軽快にスタンド上に大きく張り出し開放感を演出している。

1935(44) 飛行機格納庫設計(オルヴェイト〜38年)。

■鉄筋コンクリート構造の格子梁を用い，無柱の巨大な張り間(100m×40m)を構築した。

1936(45) 飛行機格納庫設計(オルベテロ)。

■オルヴェイトと同じ規模の建築を，プレハブ工法(プレキャストコンクリート)により建設費用と工期との大幅な短縮に成功した。これらの飛行機格納庫は，第二次世界大戦中にドイツ軍により破壊され，現存していない。

1946(55) ローマ大学建築学部構造学科教授に就任。

1953(62) パリのユネスコ本部(建築設計：マルセル・ブロイヤー，B.ゼルフスと協働設計)(〜57年)。

1955(64) ミラノのピレリビル(建築設計：ジオ・ポンティ(1891〜1979)と協働設計)(〜58年)。

1957(67) ローマ・オリンピックのための大小体育館を設計(〜59年)。

1961(71) ジョージワシントン橋バス・ターミナル（ニューヨーク港湾局と協働設計）。
1965(75) 著書『建築における美学と技術』出版。
　■彼は，建築家と呼ばれることを嫌っていた。しかし，彼は単なる構造技術者ではなかった。構造理念としての形態創造のプロセスは，技術者の仕事であろうと芸術家の仕事であろうと同じである。その構造美は，単に計算の結果だけではない。どの計算プロセスを採用すべきかは，当事者の直観が生み出すものである。その構造体がどの計算を連想させるかを直観的に発想しなければならない。
1967(77) オーストラリア・スクエアビル（シドニー，建築設計ハリー・サイドラーとの協働設計）。
1971(81) 法王説教ホール（ヴァティカン）設計。
1979　1月9日，死去。享年88歳。

彼は，多くの建築に合理性を追求し，繊細かつ軽快な構造美を近代建築の表現として確立した。これらの功績に対して，イタリア文化学院，アメリカ建築業協会，英国王立建築家協会，フランス建築アカデミーほかから『建築賞』(ゴールドメダル)が授与された。

村野藤吾 むらのとうご
1891(明治24)～1984(昭和59)

老いてなお,「わび」「さび」を体現した老成の建築家。

1891(明治24) 5月15日, 佐賀県唐津市に生まれる。
■北九州の製鉄の街の工場労働者の子。実母は身体が弱く, 乳母(漁師の家)の手によって, 貧しい環境の中で育つ。自分の人生観は, 赤貧洗うがごとき漁師の家で培われたと後に述懐。油まみれの労働の経験から社会の矛盾に深い思いをめぐらし悩み, キリスト教に救いを求め, マルクス主義に救済理念を求めるようになった。

1910(明治43)(19) 小倉工業学校機械科を卒業, 八幡製鉄所入社。

1911(明治44)(20) 2年間兵役に就く。
■同じ中隊にいた東大・独法を出た人(28歳)より, 学問の面白さと, 勉学への励ましの言葉を受ける。

1913(大正2)(22) 早稲田大学電気学科入学。

1915(大正4)(24) 一念発起して早稲田大学建築学科に転入。名を藤吉から藤吾に改名。
■直接の師事ではないが, 学生時代は今和次郎(1881～1973)を尊敬している。後藤慶二の豊多摩監獄のデザインに感銘を受け, 建築への思いを深める。

1918(大正7)(27) 大学卒業後, 渡辺節建築事務所に入所。
■後にニューヨークに派遣され, 帰国後は, 大阪商船神戸支店(1922)や綿業会館(1934)などを主任として担当。事務所をもつためには, 第一に閨閥, 第二に1年間もちこたえる資本が必要だとも語っている。

1923(大正12)(32) 長女生まれる。

1928(昭和3)(37) 日本基督教団大阪教会設計。

1929(昭和4)(38) 渡辺事務所退所。村野建築事務所設立。

1931(昭和6)(40) 森五商店東京支店, 南大阪教会設計。

1934(昭和9)(43) 長男漾生まれる。

1935(昭和10)(44) ドイツ政府より赤十字名誉賞受賞（日本政府より受賞の許可）。ドイツ文化研究所設計。

1936(昭和11)(45) そごう百貨店，谷口病院設計。

1937(昭和12)(46) 宇部市渡辺翁記念会館設計。

■正面入口や館内の天井などに鷲の姿と×印の組合せの装飾部品を取り付けた秀作。吊り構造の天井を日本最初に採用。

1942(昭和17)(51) 自邸設計。

1945(昭和20)(54) 戦争が激化し，焼け野原が広がる。

1949(昭和24)(58) 事務所を村野・森建築事務所と改称。

1951(昭和26)(60) 志摩観光ホテル設計。

逸話 建築は，施主に渡した瞬間から芸術ではなく，モノとして社会の無慈悲な評価に曝されるものと覚悟していくべきであろう。だから，不特定多数が建築に満足しなければ，それは駄作以外の何物でもないと言われても致し方ないでしょう，と。

1952(昭和27)(61) そごう百貨店。60代での設計55件有余。

1953(昭和28)(62) 世界平和記念聖堂設計。大阪府芸術賞受賞。

逸話 公開設計競技「世界平和記念聖堂」に一等案はなく，審査員の一人だった村野が設計を担当。設計料をもらえる状況ではなかった。この聖堂について，「十年経ったら，この建物が，どうやら見られるようになるはずですから，その時に見に来て評価してください」。

1954(昭和29)(63) 日本建築学会賞作品賞受賞（対象：丸栄百貨店，名古屋）。近鉄会館，近映会館設計。

1956(昭和31)(65) 日本建築学会賞作品賞受賞（対象：世界平和記念聖堂）。神戸新聞会館，プランタン設計。

逸話 建築家の適性は，50歳からがよい。そして50歳までの境遇が多様であること。中には若くして多くの仕事をこなす人や，50歳になっても仕事らしい仕事をしない人もいるが，一つのことを勉強

して技量を得れば，必ず花が咲く時が来るものだ。

1958(昭和33)(67) 藍綬褒賞を授与。大阪新歌舞伎座，関西大学研究室設計。

■大阪新歌舞伎座の外観正面の連続する唐破風について，「あれは遊びですよ」と語るが，丹下健三は「これはまさに希有の作品だ」と評した。

1962(昭和37)(71) 日本建築家協会会長に就任。70代で51件有余の設計活動。

1967(昭和42)(76) 文化勲章を授与(建築界で三人目)。

■設計の第一原則について，「設計には，建築家の個性や人生観が反映されるでしょう。それらは，表面上の詳細とか技法面にも表れてくる」と語る。しかし，一方で建築は芸術であるとも論じ，講演や論駁も必要であるともいう。

1969(昭和44)(78) 第10回BCS賞受賞(対象：大阪ビル・千代田生命本社ビル)。都ホテル新館設計。

1972(昭和47)(81) 日本建築学会建築大賞受賞。

1974(昭和49)(83) 迎賓館(旧赤坂離宮改修に関与)改修。

逸話 「庭園を散策中，植栽工事中の中に小柄な白髪の老人が，数人の庭師たちと一緒になって熱心に働いていた。ほどなくして上半身を起こして伸びをするように全身を現した。思わず眼を疑った。なんと白髪の老人は，あの文化勲章を授与された村野藤吾本人であった。これほど建築を愛している建築家が居たのだろうか…と感銘を受けた」これは，赤坂離宮改修の現場を見学していた人の見聞である。

1975(昭和50)(84) 小山敬三美術館(毎日芸術賞受賞)。

1978(昭和53)(87) 箱根プリンスホテル設計。

1980(昭和55)(89) 宝塚市庁舎設計。

1982(昭和57)(91) 新高輪プリンスホテル設計。

1983(昭和58)(92) 谷村美術館設計。

1984（昭和59） 11月26日逝去。享年93歳。

逸話 「この日，大阪都ホテルのための家具のデザインについて業者と打ち合わせ致しました。その後，夕方5時頃でしょうか。私（夫人）と一緒にホテルに食事に出かけました。そして，帰宅後に気分がすぐれないとかで，早めに床につきました。そして，そのまま永眠致しました。主人の上着のポケットには，翌日，東京に向かう飛行機の切符が入っていました。」

1986（昭和61） 京都宝ヶ池プリンスホテル竣工。

若い頃，家庭の事情から多くの辛酸や苦労を重ねる一方，学業へ目覚め，日々研鑽の努力によって己の道を切り開く。建築家への道は，50歳までの多様な経験が必要だと語る。老成の代表的な建築家の一人。80代からも10件有余の建物を設計している。

吉田鉄郎 よしだてつろう
1894(明治27)～1956(昭和31)

昭和初期の近代建築化を推進した建築家。東京中央郵便局設計。

1894(明治27) 5月18日，富山県福野町に生まれる。

1919(大正8)(25) 東京帝国大学建築学科を卒業。逓信省に勤務。吉田芳枝と結婚。

1921(大正10)(28) 山田郵便局竣工。

1926(大正15・昭和1)(32) 京都中央郵便局設計。

1931(昭和6)(37) ヨーロッパに出張。東京中央郵便局竣工。

■1930年代(昭和5～14年)は，日本の近代建築運動の最も華やかな時期であった。東京中央郵便局は，日本の国際建築様式の着実な進化と成長を示す優れた作品の一つと評価されている。

1933(昭和8)(39) 来日したB.タウトに東京の建築案内をする。

1935(昭和10)(41) B.タウト設計の日向氏熱海別荘に協力。著書『日本の住宅』(ワスムート社，ベルリン)よりドイツ語で出版。

1939(昭和14)(45) 大阪中央郵便局竣工。

1943(昭和18)(49) 大阪高等海員養成所竣工。

1944(昭和19)(50) 逓信省を退官。一度，富山に帰郷。

1945(昭和20)(51) 再び，東京に戻る。

1946(昭和21)(52) 日本大学教授に就任。

1949(昭和24)(55) 脳腫瘍のために辞任。

1951(昭和22)(53) 北陸銀行新潟支店竣工。

1952(昭和27)(58) 著書『日本の建築』(ドイツ語)を出版。

1953(昭和28)(59) 日本建築学会賞を受賞。B.タウト著作集を翻訳。外務省庁舎計画案。東京都庁舎計画案。

1955(昭和30)(61) 著書『日本の住宅と庭園』出版。
1956(昭和31) 9月8日,東京にて死去。享年62歳。
1957(昭和32) 著書『日本の庭園』出版。

山田守とともに通信省営繕課に所属し,昭和初期の近代建築の推進役としての役割を担った。通信省営繕課の設計した一連の建築は,技術的にも表現的にも近代建築の潮流を確実に定着させていった。時代の流れにしたがい,東京中央郵便局は近年,解体され,高層化された。しかし,建物の外観は保存され,後部に高層建物を配して,東京駅の広場に面して残されている。

# 山田守 やまだ まもる
1894(明治27)～1966(昭和41)

様式主義建築の近代化を推進した建築家。日本武道館設計。

1894(明治27) 4月19日，岐阜県に生まれる。

1920(大正9)(26) 東京帝国大学建築学科を卒業。逓信省に勤務。ただちに，東京中央電信局の設計担当に配属。

■この頃，大学同窓の堀口捨己，滝沢真弓，森田慶一らとともに分離派建築会を結成。この会は，おもにドイツ表現派建築の影響を受け，旧様式打破を旗印としていた。特に，最新の西欧の近代建築思潮を積極的に取り入れようとする動きがますます高まっていった。

1937(昭和12)(43) 東京逓信病院竣工。

■第二次世界大戦前の日本における近代建築運動の最も盛んな時期に建設された彼の代表的な作品。逓信省という大きな設計組織の内部で，上司の制約もなく個性的な創造の自由が許された。世の中の情勢が個人の独自な活動に寛容になってきていた風潮も幸いした。

1945(昭和20)(50) 逓信省関連の多くの建築を担当し退官。

1949(昭和24)(54) 山田守建築事務所を開設。

1951(昭和26)(56) 東海大学理事に就任と同時に，建設工学科主任教授に就任する。

1953(昭和28)(58) 東京厚生年金病院竣工。

1964(昭和39)(69) 日本武道館竣工。

■当時の義務教育での武道の復活を受けて，現在の場所に建設。コンクリート素材で法隆寺夢殿を構想し，見事に造形を完結させている。

1966(昭和41) 6月13日，死去。享年72歳。

# 吉田五十八 よしだいそや
1894(明治27)～1974(昭和50)

新しい日本建築・数寄屋を創造。明治座復興設計。

1894(明治27) 12月19日,父太田信義(太田胃散創業者)の58歳のとき母銅(トウ)との間に,五男三女の末っ子として東京日本橋に生まれる。

逸話 父は「考えるのも面倒だから,おれの年をそのまま名前にしちまえ」と命名。小学校でよかったのは絵で,中学でも終始100点で通していた。東京開成中学校(神田)に入学。優等生ではなかったが,クラス首席の久保寺君から「君は絵はうまいし,数学ができるから,建築家になってはどうか。建築家になれる条件というのは難しくて,君なら立派な建築家になれそうだから,是非建築の学校に入ってくれ。お願いだ」と言われて建築進学を考えている。久保寺氏は,後の千葉八幡学園(精薄児指導)園長で,画家の山下清を育てている。

1915(大正4)(20) 東京美術学校建築科(図案科第二部)に入学。

1921(大正10)(26) 大木商店,S邸設計。

1923(大正12)(28) 東京美術学校を卒業。その後,自宅(麻布)で吉田建築事務所を開設。

逸話 美校は,生徒の数も少なく,先生と生徒の年の差もあまり違わない。まるで私塾にいるような感じだったと。そのために,入学してから張りきり過ぎて,1年半ばかりで胸を悪くして,約3年遅れて卒業している。

1925(大正14)(30) 4月,欧米に遊学(横浜から箱根丸)。
■フィレンツェの初期ルネサンス建築に驚天動地し,ゴシック建築には偉大な迫力と同時に,石造美術の魅力を感じた。伝統的な日本建築に近代性を与えることによって,新しい感覚の日本建築が生まれるに違いないという確信をもって帰国。

1926(大正15・昭和1)(31) 帰国後,建築設計と日本建築

の近代化の研究に専念する。

1928(昭和3)(33) 大木合名会社,丹平商会東京支店設計。京都に滞在して古い建築を研究する。

1933(昭和8)(38) 鏑木清方邸,小林古径邸設計。

1935(昭和9)(39) 新しい和風の在り方について論文「近代数寄屋住宅と明朗性」を発表。

1936(昭和11)(41) 吉屋信子邸,川合玉堂邸,杵屋六左衛門邸,山川秀峰画室設計。

1939(昭和14)(44) 松島ニューパークホテル設計。

1940(昭和15)(45) 山口逢春邸,岩波別邸設計。

1941(昭和16)(46) 東京美術学校講師に就任。

1944(昭和19)(49) 自邸設計。

1946(昭和21)(51) 東京美術学校教授に昇任。

1949(昭和24)(54) 東京芸術大学(校名変更)教授に就任。吉田五十八研究室に改称。著書『吉田五十八建築作品集』出版。「創作住宅写真展」を三越で開催。

1951(昭和26)(56) 歌舞伎座計画(復興改築)に関与。

1952(昭和27)(57) 外務省庁舎建設準備委員に就任。日本芸術院賞を受賞(日本建築の近代化に対して)。

1954(昭和29)(59) 日本芸術院会員に推挙される。

1955(昭和30)(60) 山路文子邸,文楽座設計。

1958(昭和33)(63) 明治座(復興増改築)。

■明治座の劇場内部は,年来の持論である劇場即社交場という立て前から,映画劇場とはまったく異なった雰囲気をかもし出すように意匠や色彩を施し,その日の夜だけは世の豪華さを一人で背負っているようなリッチな気持ちを観客が得られるような華麗な設計となっている。

1959(昭和34)(64) つる家新館(改築),清水市忠霊塔設計。

1960(昭和36)(65) 東京芸術大学教授を退官。「日本文化会館」設計を委嘱される。五島美術館,大和文華館設計。

■大和文華館は,一度も鍬を入れたことのない丘陵の処女林の中にあり,周囲三方が池水の美に囲まれた土地に立地。美術館特有の息苦しさから脱却して,風が自由に緑の中をのびのびと吹き抜けるように演出。自身で以前から夢見ていた古美術を気安く鑑賞できる雰囲気のある美術館となった。

1961(昭和37)(66) 建築業協会賞(対象:五島美術館)受賞。

1962(昭和38)(67) 建築業協会賞(対象:大和文華館)受賞。東京芸術大学名誉教授を授与される。

1963(昭和39)(68) 皇居新宮殿造営顧問に就任(〜68年)。

1964(昭和40)(69) 文化勲章を受賞(建築家としては伊東忠太に次いで二人目)。文化功労者に推挙される。国立教育会館設計。

[逸話] 若い頃,ある古老(江戸時代に岡っ引きだった勇み肌風の棟梁)に,良い家はどんな家なのかを聞く。「ある家に呼ばれたとしましょう。ひと渡り家を拝見して,ばかに良いところもないし,悪いところもないし…と考えながら,施主さんと話をしているうちに,何か心がだんだんと温まって…帰る段になると,なんとなく去り難いような…自宅に戻ってから,もう一度あの家を訪ねてみたくなるような…そういった家が良い家だ」と言われた。それは今も通用すると語る。

1965(昭和41)(70) 大阪ロイヤルホテル設計。

■ホテル設計の要点は,機能一点張りではなく,ロマンチックであるべきだと考えていた。建築と水を噛み合わせていくのが念願の一つで,水を十二分に演出するホテルとなった。

1966(昭和42)(71) 国立劇場の紋章デザインを担当(評議員)。

1968(昭和44)(73) 最高裁判所競技設計審査委員に就任。

1970(昭和46)(75) 日本万国博覧会松下館設計。

■松下館では、日本の伝統を、現代において時代の進歩といかに調和させるかという課題を建築によって如実に表現している。

1971(昭和47)(76) 外務省飯倉公館設計。
■国際外交のための迎賓館と外交文書を保存展示する外交資料館という2つの要素で構成されている。建物内部のレセプション・ルーム食堂は、桃山風書院を思わせるデザインにまとめている。

1972(昭和48)(77) 日本劇場技術協会会長に就任する。山口逢春・小谷喜美各墓設計。アジア開発銀行タピストリー。秩父宮邸、三越シルバーハウス設計。

1973(昭和49)(78) ロイヤルタワーホテル、霊友会弥勒山御廟所、上方の芸・江戸の芸舞台装置(国立劇場)設計。

1974(昭和50) 3月24日、結腸ガンにて死去。享年79歳。従三位に叙せられ、勲一等瑞宝賞を授与。

1980(昭和55) 著書『饒舌抄』(新建築社)刊行。

初期ルネサンス建築に感動し、ゴシック建築の巨大な迫力と魅力に胸を打たれた。日本建築に近代性を調和させてゆく手法は、日本の伝統回帰への道。現代の視点から新数寄屋風を提案している。

アルヴァ・アアルト

Hugo Alvar Henrik Aalto
1898〜1976

20世紀における最も有能で洗練されたデザイナー，建築家。

1898 2月3日，フィンランド，クオルタナに生まれる。正式名は，Hugo Alvar Henrik Aalto。
■母方は芸術家の家系だが，それを職業とはせずに，森林科学者を9人も輩出している。

1921(23) ヘルシンキの工科大学建築学科卒業。
■初めは画家に，最終的には両親の希望に妥協して建築の道を選ぶ。建築やデザインに向いていたと語っている。

1923(25) ユヴァスキュラで独立事務所を開設。

1924(26) アイノ・マルシオ(1894〜1949)と結婚。大学で学ぶ仲間で，助手としても多大な貢献があり，その後，曲木の実験をともに5年間続ける。

1927(29) 事務所をトゥルクに移転。設計競技「ヴィイプリ図書館」で一等に入選(戦争で破壊)。
■建物は，直方体の組合せで無装飾の形態。講堂の室内は，剥き出しの松板でうねる天井のデザイン。強烈な造形感覚の表示，初期の注目すべき作品。

1928(30) 設計競技「パイミオ・サナトリウム」で一等に入選(1933年竣工)。
■患者が十分に日光浴できるように非対称な計画で，心理的機能主義と評価される。

1929(31) CIAM会議(フランクフルト)に参加。

1933(35) 事務所をヘルシンキに移転。

1935(37) 家具会社(ARTEKアルテク)を設立。設計競技「パリ万博のフィンランド館」一等に入選。
■湾曲した内部展示壁面の連続する秀作。

1940(42) MITに教授として招聘される。

1946(48) ベーカー・ハウス(MITの学生寮)設計(〜1948年竣工)。
■敷地に同化する平面形を湾曲状にまとめ,外部空間との一体化を果たした見事な作品。

1949(51) 妻アイノ・アアルト死去。享年55歳。設計競技「オタニエミ・キャンパス(工科大学)全体計画」で一等に入選(1961年〜64年完成)。

1950(52) 設計競技「マルミ墓地葬議場」一等入選。設計競技「ユヴァスキュラ教育大学」で一等入選。

1952(54) エリッサ・マキニエミ(当時のアトリエ・スタッフ)と再婚。生涯,二人は共同制作を行った。設計競技「セイナヨキ教会」で一等に入選(〜1954年)。
■文化とは,人間への奉仕に関与すべきものである。現実に実利性のみの文化は,どこにも存在していない。建築の形は常に実用的でなくてもよい。

1962(64) ノイエ・ファール高層集合住宅設計。
■眺望や日当りに配慮した扇形を利用した秀作。

1963(65) ウプサラ大学学生クラブハウス設計。
■現代建築の大きな問題は,朝から晩まで単純作業をする人間を救えるような生活を建築家達がいかに作り出すかということである。

1964(66) オタニエミ工科大学竣工。
■特有の円弧状の形態で構成された秀作。

1971(73) フィンランディア・ホール竣工。
■自然風土から生まれた有機的建築で,利用者への気配りを随所に施した記念碑的建築。最晩年の秀作。

1976 ヘルシンキにて死去。享年78歳

# 坂倉準三 さかくら じゅんぞう
1901(明治34)～69(昭和44)

戦後の日本建築界を強力に主導推進していった建築家。

1901(明治34) 5月29日，大きな造り酒屋の四男に生まれる(岐阜県羽島町竹鼻町)。

1927(昭和2)(26) 県立岐阜中学から一高を経て，東京帝国大学文学部美学美術史学科を卒業する。

1929(昭和4)(28) 船にてパリに渡る。パリ大学エコール・スペシアール・デ・トラヴィオ・ビュブリック(専門学校)にて建築を勉強する(～31年)。

1931(昭和6)(30) ル・コルビュジエ・アトリエ(パリ)に入所。建築・都市計画の設計監理の実務を研究(～36年)。

1936(昭和11)(35) フランスから帰国。パリ万博日本館建築の設計監理全般を委託され，再度フランスに。ル・コルビュジエの協力者としてフランスに滞在。

1937(昭和12)(36) パリ万国博覧会日本館設計。パリ万博最高大賞(対象：日本館)を受賞。

■日本館は，かくあるべき新しき日本建築の一作例。将来あるべき日本建築をこのように理解していたと。彼は，F.L.ライトの過去の様式破壊運動に始まり，W.グロピウスの合理主義国際建築運動を経て，ル・コルビュジエの新建築様式樹立の途に至っている過程を見て，それぞれの国の建築家達は，よく理解し咀嚼しているのだろうかと疑念を投げかけている。一方で，合理主義的な国際建築運動は，今や，世界各地の気候・風土・人情・慣習の違いによる地方性を無視する危険に曝されていると懸念していた。加えて，時代錯誤的な国粋的建築の台頭を許容する所以であるとも指摘している。

1939(昭和14)(38) フランスから帰国。その後，丹下健三(26歳)や浜口隆一のもとに出入り。

1940(昭和15)(39) 坂倉準三建築研究所を設立。新京南湖ボートハウス計画。海軍クラブハウス計画。
■商工省貿易局の委嘱(〜42年)により,貿易輸出工芸指導官としてシャルロット・ペリアン夫人(ル・コルビュジエの室内装飾の協力者)を招聘する。そのほか,日本の工芸美術刷新育成のために多方面の活動に協力。
1941(昭和16)(40) 飯箸邸設計。
1942(昭和17)(41) レオナルド・ダ・ヴィンチ展企画計画。
1946(昭和21)(45) 連合軍司令部技術本部の委嘱により連合軍関係設営の設計を担当(〜50年)。
1949(昭和24)(48) 東京立正女子高等学校設計。CIAM日本代表並びに国際常任委員となる。
1950(昭和25)(49) 神奈川県立近代美術館,加納邸設計。
1951(昭和26)(50) ブラジル,サンパウロ市近代美術館設計。サンパウロ建築家協会の招聘でブラジルに渡る(〜52年)。第1回ビエンナーレ国際大賞をル・コルビュジエが受賞。
1954(昭和29)(53) 国際文化会館(前川国男,吉村順三両氏との共同設計,〜55年)。ル・コルビュジエ,レジェ,ペリアン展。
1955(昭和30)(54) ディーゼル博士記念の日本石庭の設計準備でドイツに渡る(〜56年帰国)。塩野邸,松下邸各設計。
1956(昭和31)(55) 日本建築学会賞(対象:国際文化会館,前川国男,吉村順三両氏との共同設計)受賞。
1957(昭和32)(56) ディーゼル博士記念の日本石庭を西ドイツ,アウグスブルク市立公園に建設のためドイツに渡る(3ヵ月後に帰国)。横浜シルクセンター国際貿易観光

会館設計(～59年)。
1958(昭和33)(57) 羽島市庁舎(～59年),高松邸設計。
1959(昭和34)(58) 神奈川県建築賞(対象:シルクセンター国際貿易観光会館)を受賞。白馬東急ホテル設計。
1960(昭和35)(59) 照明学会賞(対象:シルクセンター国際貿易観光会館)受賞。新宿駅西口計画。
■「いつも感謝の念と自分自身に対して正直であると同時に,勤勉であれ」は,人との会話でよく話題にしていた座右の銘。関西流の商人道に近い風格を体得していたのかも知れない。
1961(昭和36)(60) ドイツ科学博物館(ミュンヘン)内に日本住宅建設準備でドイツに渡る(1ヵ月後帰国)。日本建築学会賞(対象:羽島市庁舎)受賞。
1962(昭和37)(61) ドイツ科学博物館(ミュンヘン)内の日本住宅建設のために再度ドイツに渡る。
■建築は,それ自身一つの有機体でなければならない。建築を構成する各要素は,有機的に結合して一つの全体を形成しているものでなければならない。過去の真に優れた建築は,すべてがこのような有機的構成であった。「一寸の虫にも五分の魂」というように,小は住宅から大は大都市に至るまで,有機体として一つの魂が通ったもの,一つの「生き物」であることを要求していた。
1963(昭和38)(62) 第11回イタリア・ミラノ・トリエンナーレ(国際建築工芸展)日本代表委員。岩手放送会館設計。
1964(昭和39)(63) 渋谷再開発計画,ホテル三愛(現札幌パークホテル),一万田邸設計。
1965(昭和40)(64) 岐阜市民会館設計(～67年)。
1966(昭和41)(65) 第12回イタリア・ミラノ・トリエンナーレ(国際建築工芸展)日本代表委員。最高裁判所庁舎新営審議会調査委員団団長として欧米各国に調査出張する。タイ政府の依頼で,専門教育学校建設計画のため現地視

察ならびに現地打合せでタイを訪問する。また，日本駐仏大使公邸新築計画協力のためフランスを訪問する。名古屋近鉄ビル，新宿西口広場及び地下駐車場設計。

1967（昭和42）(66) 日本建築学会賞（対象：大阪府総合青少年野外活動センター）（西沢文隆他三名）受賞。小田急新宿西口駅本屋ビル設計。

1968（昭和43）(67) 日本建築学会賞（対象：新宿副都心開発に於ける駅前広場の立体的造成）。羽島市民会館，別府大学校舎設計。

1969（昭和44）9月1日，現地視察でタイに渡る。死去。享年68歳。

余話 後年，吉阪隆正（1917～80）は，ル・コルビュジエに学んだ三人を床の間の型になぞらえて語っている。「前川さんは真の型で理論派，坂倉さんは行(ぎょう)の型で感性派，自分（吉阪）は草(そう)で情念派ではないか。まあ…いい加減…かな」「それに，三人の中でコルビュジエを一番好きだったのは僕ではなかったかなと思っている」と。

彼は，生前には多くの要職を歴任して日本建築界を主導している。あるときは親分的な雰囲気をもって，あるときは牽引車的な指導力を発揮した。戦後の日本の近代建築運動を推進し，建築・都市計画（渋谷再開発，新宿副都心開発等）に大きな手腕を発揮し，功績を残す。

ルイス・イサドア・カーン Louis Isadore Kahn
1901～74

近代建築界で異才を放つアメリカの建築家。

1901 2月20日,エストニア共和国(1991年独立。サーレマー島)に生まれる。父レポレルド,母ベルサ・メンデルゾーンの長男,妹と弟,両親はユダヤ人。父はステンド・グラス職人,家庭は貧しくはあったが愛情にあふれ,宗教的で芸術的な雰囲気の中で成長していった。

1904(3) 父はアメリカ,フィラデルフィアに単身移住。

1906(5) 母は子供3人とともにフィラデルフィアに移住。
■当時のフィラデルフィアは,紡績産業が盛んで繁栄しつつあり,多くの労働者を受け入れていた。

1908(7) ランドバーガー小学校に入学。
■小学生時代に顔と手に大きな火傷を負った。これが内向的・内面的思考を深める人間形成の要因になったともいわれる。

1912(11) ジェネラル・フィリップ・キアニー中学校に入学。子供のための公立工芸学校に通学し,彫刻と絵画を学ぶ。才能を発揮して年長組の生徒を指導。時には,地元の芸術家として食料品店などの広告も描く。

1913(12) フィラデルフィア市芸術コンテストで一等賞を獲得。

1915(14) 5月4日,家族全員が米国市民権を獲得して帰化。

1916(15) 中学校卒業。セントラル高等学校入学。
■一方で,グラフィック・スケッチなどをペンシルベニア美術アカデミーで学習。好きな音楽にも興味をもち,ピアノやオルガンの演奏などで家計を援助。

1919(18) ペンシルベニア美術アカデミーにて,高校生ドローイング最優秀賞を獲得。また,セントラル高等学校

最終学年の授業で建築への興味・関心を深めた。

1920(19) ペンシルベニア大学美術学部入学。当時の美術学部のある大学の中で最も権威のある大学。

1924(23) ペンシルベニア大学を卒業し、「建築学士」取得。ボザール建築協会の銅メダルを受賞。7月からフィラデルフィア市役所所属の事務所でシニア・ドラフトマンとして働く。

1925(24) 7月からアメリカ建国150周年記念博覧会の設計主任担当(～26年10月)。

1926(25) 11月に博覧会終了。再び市役所の仕事に復職。

1927(26) 3月まで勤務。翌月からウィリアム・H・ハリー事務所にデザイナーとして勤務。

1928(27) 4月から約1年間の西欧旅行。途中、パリにて大学時代の友人が勤務するル・コルビュジエ事務所を訪問。

1929(28) 5月からポール・F・クレ事務所にデザイナーとして勤務。その間、「シカゴ万博」「フォルガー・シェクスピア図書館」(ワシントン)の設計に関与。アメリカは大恐慌のため、クレ事務所も仕事がなく、自ら退社。

1930(29) 8月14日、エスター・イズラエル(デザイナー)と結婚。

1932(31) 建築研究グループを結成。大恐慌で失職した建築家30人を集めて建築研究グループを組織し、住宅地計画や新しい住宅建設システムなどの研究を実施。

1933(32) 12月から、フィラデルフィア市都市計画局の住宅問題研究グループのディレクター(指導者)。

1935(34) 12月までフィラデルフィア市都市計画局に勤務。建築家登録をし、独立して仕事を開始。ワシントン特別

市の主任建築家を勤め,最初の設計「アハヴァス・イスラエル・シナゴーグ」(〜37年)。

1937(36) 建築事務所を開設。

1939(38) アメリカ合衆国住宅局の技術顧問に就任。

1944(42) ストノロフとの共著『あなたとあなたの近隣住区−近隣住区計画の入門書』(リヴィア・カバー&ブラス社,ニューヨーク)を出版。

1947(46) イェール大学教授に就任(〜1957年)。

1949(48) 4月からイズラエルとフランスに旅行。フィラデルフィア精神病院増築設計(〜53年)。

1950(49) 12月からローマのアメリカン・アカデミーに研究員として滞在。この間に,ロバート・ヴェンチューリと出会い,終生の友として互いに啓発される。

1954(53) ユダヤ人コミュニティ・センター設計。
■今の建築は堕落しているとの自身の建築思想を初めて具現化した注目の作品。

1955(54) ペンシルベニア大学教授就任(〜74年)。イェール大学教授と兼任。イェール大学建築雑誌に「オーダーは存在する」を発表(最初の重要な論文となる)。

1957(56) イェール大学教授退任。論文「建築とは熟慮して空間をつくること」を発表。ペンシルベニア大学リチャーズ医学生物学研究棟計画(〜64年)。

1959(58) アメリカ領事館計画(アンゴラ,〜61年)。ソーク生物学研究所計画(カリフォルニア州,〜65年)。
■「完成に最も満足した」と語る最初の作品。時代を超越した精神性を持続して世界に名だたる多くの建築家達に影響を及ぼし続ける建物になるであろうと評価されている。

1960(59) 世界デザイン会議(東京)に出席。アメリカ政府

国際放送(VOA)にて「構造と形態」を講演。

1962(61) インド経営大学計画(〜74年)。首都・議事堂・政庁舎計画(バングラディッシュ、〜74年)。この計画の最初の建物である議事堂建築は、彼の死後、十数年経っても未完成である。

1966(65) ユダヤ人犠牲者追悼碑計画(ニューヨーク、〜72年)。キンベル美術館計画(テキサス州、〜72年)。
　■この建物はコンクリートの豚小屋のように見られているが、内部は素晴らしい空間であると主張。これこそ私の英知を結集した創造の傑作であり、この建物こそ人間が自然を超越したものであると語る。

1967(66) 11月14日、ニューイングランド音楽学校百年記念シンポジウムにて「空間と霊感」を講演。

1969(68) イェール大学英国美術研究センター計画。

1972(71) 6月19日、アスペン・デザイン会議にて「私は始まりを愛する」を講演。

1973(72) ルーズベルト記念碑計画(〜74年)。

1974 3月17日、アーメダバッド(インド)からの帰途、ニューヨーク市ペンシルベニア駅構内にて心臓発作により急逝。享年73歳。

所有していたパスポートからは住所が消され、身元が判明するまでの3日間は、遺体安置所に保管された。男性の名はルイス・カーン。独自の哲学的な語り口、遅咲きの建築家といわれる現代建築の異才。一方では、自身の完全主義を貫いた結果、事務所の経営は破綻状態であった。私生活では3つの家庭をもつなど、数奇な人生を送っている。

ルイス・バラガン Luis Barragn
1902～88

20世紀のメキシコ近代主義の代表的建築家。世界遺産バラガン邸設計。

1902 3月9日,メキシコ,ハリスコ州グアダラハラ(メキシコ第2の都市)に五男四女の三男に生まれる。

■一家は田舎でゆとりある大農園を経営し,牧畜やトウモロコシの栽培を手がける保守的で禁欲的で厳格なカトリック教徒。家族は自動車でスポーツや旅行に出かけ,上流階級の裕福な生活を営んでいた。

1919(17) グアダラハラ自由工科大学土木工学科に入学。

1923(21) グアダラハラ自由工科大学を卒業。大学4年修了後,1年間の補講で建築士資格を取得。土木工学の資格を取得後,卒業。大学時代に知り合った同郷の建築仲間とは,生涯にわたる親友となっている。

1924(22) 5月,ヨーロッパに旅行。1年6ヵ月にわたる大旅行。

逸話 この旅行を自分の2つの人生の転機であると語っている。①風景デザインの観点から建築を構想する契機となる。有名な造園家フェルディナン・バック(1895～1952,オーストリア)の代表作を紹介した本から刺激を受ける。②メキシコ文化のスペイン的起源に触発され,同時にアラブ・アンダルシア文化への関心を深める。特にアルハンブラ宮殿の庭園を訪れて…。

1925(23) 10月にメキシコに帰国。母死去。以後10年間,明るい地中海文化の影響を受けた住宅を約30軒設計。

1927(25) ロブレス・レオン邸改築に関与(～28年)。

1929(27) ゴンザレス・ルナ邸設計 (～30年竣工)。世界経済恐慌の影響で仕事が激減。

1930(28) 1月に病身の父を伴い,治療のためにシカゴに行く。3月に父死去。この頃,メキシコ革命による農地

改革が実施される。彼は，土地を没収される前に失意の中で農園を精算。

1931（29） 2月か3月頃にニューヨークに行く。6月にニューヨークからヨーロッパ旅行に（〜11月まで）。

■失意の中から立ち上がっていく。ニューヨークでは，画家ホセ・クレメンテ・オロスコ（1883〜1949，メキシコ），建築家フレデリック・キースラー（1890〜1965）と親交を深める。ヨーロッパでは建築家ル・コルビュジエ（1887〜1965）に会い，「サヴォア邸」を見学。造園家F.バックに会い，庭園を訪れる。

1934（32） 革命公園（グアダラハラ市内）の競技設計に入選し，完成。

1935（33） 5月，メキシコシティに転居（〜40年頃まで居住）。数多くの国際様式スタイルの住宅を設計する（一家の経済的苦境のため）。一家の経済的な苦境を救うため首都での仕事を選び転居。5年間に約30軒（年6軒）設計。

1940（38） オルテガ邸設計（当初は自邸，〜43年竣工）。

■「もう雇われ仕事はやめ，不動産投資から私自身が私の施主になる」と友人達に告げる。

1943（41） エル・カプリオ（メキシコシティ南西）に土地を購入し，庭園造りに熱中（現存せず）。

1947（45） ルイス・バラガン邸（メキシコシティ郊外タクバヤ）設計（〜48年竣工）。

■ルイス・バラガン邸と仕事場は，2004年に世界遺産に登録。現代建築と伝統的な建築との融合とともに，メキシコの地域性を調和させた独創的様式を完成させている。

1951（49） 10月に米カリフォルニア州コロラドに行く。当地の建築家評議会にて「ペトレガル公園」について講演する。

1952（50） ヨーロッパと北アフリカを旅行する（〜53年）。

1953(51) カプチーナス修道院設計(〜60年竣工)。
　■この修道院は7年の歳月を要して改修。彼の建築思想を集大成した記念碑的な作品。
　■彼は，廃墟の修道院を訪れて，人気のない回廊や中庭にたたずみ，いつも深く心を打たれていた。自分の設計する建物も，このような静謐な印象を与えるものであるよう願って構想し，設計している。静けさこそが苦悩や恐怖を癒す薬であると考える。豪華や質素に関係なく，静謐な家を造ることが建築家の義務である。

1958(56) ラス・アルボレーダス開発に関与(〜61年完成)。「人馬共存」の街づくりの一環として，田舎町に広大な土地を購入し，住居と一体となった乗馬やゴルフのための施設をもつ高級住宅地を造成。

1963(61) ロス・クレベス開発に関与(〜64年完成)。

1966(64) 2月，ソーク生物学研究所を設計中のL.カーンに助言をするため，カリフォルニア州ラ・ホヤに行く。
　■広場には何も置かず，海の水平線だけが見えるようにと助言。カーンの代表的作品となった。

1974(72) 5月，アメリカ建築家協会会員に推挙される。

　逸話 自分の建築は自伝的なもので，すべての作品の根底にあるものは，子供時代と青年期を過ごした父の牧場での思い出であると語る。

1975(73) ヒラルディ邸設計(〜77年)。
　■若きデザイナーF.ヒラルディは，叔父(彼の乗馬仲間)のつてを頼って自邸の設計を依頼。彼の晩年の傑作。

1976(74) 6〜9月，ニューヨーク近代美術館で個展開催。同時に個人図録(E.アンバース監修)刊行。この個展により国際的な知名度が一気に高まる。

1978(76) バーバラ・メイヤー邸設計(〜81年竣工)。
　■自分は生涯独身，自分の生活を満たしてくれたのは，芸術と宗教だったと語る。

1982(80) この頃から,長らく患っていたパーキンソン病が進行,引退を表明。
1986(84) アメリカ建築賞を受賞。
1988 11月22日,自邸にて死去。享年86歳。

現代建築と伝統的な建築との融合とともに,メキシコの地域性を調和させた独創的な様式を完成。彼は熱心なカトリック信者で,馬と孤独を愛し,192cmの長身,細身の女性が好みで,恋多き人生を送った。食生活は,肉はあまり好まず健康的で,飲酒は来客時にシャンパンをたしなむ程度だった。自邸がメキシコの世界遺産に登録されて,一躍世界的に有名になった。

谷口吉郎
たにぐち よしろう
1904(明治37)～1979(昭和54)

近代建築と和風の融合。昔の武士の風格をもつ建築家。藤村記念堂設計。

1904(明治37) 6月24日，金沢の九谷焼窯元の父吉次郎の長男として生まれる。

逸話 窯の脇で生まれた人間ですから，窯に燃える炎を知っている。火がおさまった後，体温のようにぬくもりを残している窯の肌を体感，九谷焼窯元の職人達の中で成長した。

1925(大正14)(21) 第四高等学校卒業。東京帝国大学工学部建築学科入学。

1929(昭和3)(25) 東京帝国大学大学院入学。翌年，東京工業大学講師，その翌年には東京工業大学助教授となる。この頃，東京工業大学水力実験室を設計する。

1933(昭和8)(30) 慶応義塾幼稚舎校舎設計。

1938(昭和13)(35) 外務省嘱託として欧米出張。

1942(昭和17)(39) 日本建築学会学術賞受賞（建築物の風圧に関する研究）。

1943(昭和18)(40) 東京工業大学教授就任。工学博士号取得。

1947(昭和22)(44) 藤村記念堂設計（長野県木曾）。

逸話 記念堂の建築工事は，すべて馬籠の村人によって造られた農民自身の「手仕事」。青写真などは初めて見るまったく素人の手で建てられた建物。大工，左官，屋根屋，石屋，鍛冶屋の仕事などすべてに土地の農夫の手を借りている。日頃から，水車，農具，馬具を自分達の手で作る村人の仕事は，専門の職人も及ばないほど器用だった。

1948(昭和23)(45) 徳田秋声文学碑設計（金沢市）。

逸話 秋声文学碑と藤村記念堂とを一緒に施工していて，除幕式は3日違いだった。その頃，馬籠に行くときは，汽車に乗るために列を

つくって窓から乗る時代で，バスもないころだったので，夜道を歩いて馬籠まで行ったこともあった。

1949(昭和24)(46)　日本建築学会作品賞受賞（対象：藤村記念堂）。

1952(昭和27)(49)　文化財専門審議会専門委員を委嘱される。

1954(昭和29)(51)　森鴎外詩碑（東京），薄田泣菫詩碑（倉敷市），高田保墓碑，国立科学博物館設計。

1955(昭和30)(52)　志賀直哉邸（常松町），自由の群像設計。

逸話 志賀直哉は造形的に厳しい人で，39回にもわたる転宅の名人だった。入居直後に転出となったこともあったという。後日，「いやぁ，お前の家，もう10年以上住むようになったよ。もう移る気はなくなったねえ」と志賀直哉に言われ，やっと安心したと彼は語る。

1956(昭和31)(53)　秩父セメント第二工場，高崎市議会議事堂，木下杢太郎詩碑設計。日本建築学会作品賞受賞（対象：秩父セメント第二工場）。著書『修学院離宮』（毎日新聞社）佐藤辰三と共著。

■建築計画の主な専門分野は工業建築だった。秩父セメント第二工場は，当時のオートメーションを最初に取り入れた。当時の工場は，埃が最も多く公害の発生源だったため，煙突から出る有害ガスを全部分析して，水蒸気のみを排出する機能を実現した。粉塵は電気集塵機で吸収し，機械は当時最も進歩していたデンマークのものを設置。公害のない先端の工場を設計した。

1958(昭和33)(55)　東京工業大学創立70周年記念講堂，慶応義塾発祥記念碑，原敬記念館設計。

1959(昭和34)(56)　石川県美術館，千鳥ヶ淵戦没者墓苑設計。

■戦没者墓苑は，あくまでも無名戦士の墓であり，御霊であって墓

碑ではない。どんな宗教を信仰している人でも，亡くなった人の霊に宗教心を感じるもので，宗教を感じさせない墓を創らなければならない。敵国の人も心から頭を下げるものであるべきだと彼は考え，そのために，埴輪時代の陶棺，石棺，木棺などを調べ，予算は度外視して古い備前焼で新しい陶棺を使っている。

1960(昭和35)(57) 東宮御所，森鴎外文学碑設計。

1961(昭和36)(58) 日本芸術院賞受賞（東宮御所の設計およびその他の業績に対して）。

1962(昭和37)(59) 日本芸術院会員に推挙。

1963(昭和38)(60) 吉川英治墓碑，永井荷風文学碑設計。

1964(昭和39)(61) 第5回建築業協会賞受賞（対象：資生堂会館)。「博物館明治村」初代館長に就任。

1965(昭和40)(62) 東京工業大学教授を退官。

挿話 「古建築の保存方法」に，「現地保存」「移築保存」「様式保存」「部分保存」を挙げている。「家」には，建てた人や住んだ人々の心がこもり，その姿を通して，時代の美意識や魂が後世の人達に語りかけている。生き残った建築は「歴史の証言者」である。明治時代の家が，明治生まれの私に無言の言葉で親しく語りかけているような表情をして待っている，と語る。

1966(昭和41)(63) 帝国劇場，山種美術館，出光美術館設計。

■「建築家の美術館への心意気」：美術品は多くの人々に愛情の結晶を示すものであり，建築はむしろ脇役である。美術品制作にために精魂を打ち込んだ美術家の作家的愛情に対して，その保存のために絶大な努力を払った愛好家や，その美しさに魅せられて美術館を訪れる来館者にも静かに寄り添うように行うことが設計の要諦である。

1967(昭和42)(64) 名鉄バスターミナルビル設計。谷口吉郎建築事務所設立。

1968(昭和43)(65) 第9回建築業協会賞受賞（対象：帝国

劇場)。文化庁文化財保護審議委員就任。東京国立博物館東洋館設計。

　■美術館設計の主旨：日本は東洋の極東にあってシルクロードの終着駅。そのために，この東洋美術館は日本人の鋭い鑑識眼と美術眼を表現していくことが大切。特に，日本の東洋美に対する美意識と情熱を，造形的にいっそう透徹したものにしたいと計画し，美的かつ特有の資質を体現していくことを狙った。

1969(昭和44)(66)　中部建築賞受賞（対象：名鉄バスターミナル)。東京国立近代美術館設計。
1971(昭和46)(68)　硫黄島戦没者の碑，東京会館設計。
1973(昭和48)(70)　文化勲章を受賞。
1974(昭和49)(71)　国立飛鳥資料館(明日香)設計。
1976(昭和51)(73)　吉川英治記念館(東京)設計。
1977(昭和52)(74)　国立近代美術館工芸館(展示室)設計。
1978(昭和53)(73)　栗本図書館(長野県諏訪)設計。
1979(昭和54)　沖縄戦没者慰霊碑(沖縄県摩文仁)設計。2月2日死去。享年74歳。勲一等瑞宝章を受賞。

美術館は，美術品制作に精魂を込めた作家への愛情と美の極致に魅せられた来館者に寄り添うような柔和な建築であるべきだとの確固たる考えをもつ。その古武士的風格とは反対に，設計の倫理的な厳しさの中にも，ほっとするような空間的温もりを体現している。

アルベルト・シュペーア Albert Speer 1905〜81

誇大妄想狂的な新古典主義様式を活用したドイツ建築家。

1905 3月19日，ドイツ・マンハイムに生まれる。若い頃，ベストマイヤー，ビリング，テセノウのもとで建築を修業。ツルースト（1878〜1934，ドイツ建築家）の死後，頭角を現す。

1934(29) ニュールンベルクのナチ党大会会場設計。

■アドルフ・ヒトラー（1889〜1945）の友人となり，1934年からは建築家として親しくなっていく。彼自身は考古学に興味をもち，古代ローマを象徴するものへと傾倒。彼が影響されたのは，エティエンヌ・ルイ・ブレー（1728〜99，ニュートン記念館案（1784））とシンケル（新古典主義建築）であった。後世の誇大妄想的な政治家のために利用された。

1937(32) パリ万博のドイツ展示館設計。

1938(33) ドイツ帝国宰相官房（ベルリン）設計。

■簡素な無装飾の古典様式。ヒトラーのために設計され，堅牢な石造りのまさに劇場であった。

1942(37) 軍備・軍需品担当大臣（〜43年）。

■フリッツ・トド（1891〜1942，土木技師）の飛行機撃墜・死去により，組織を通して縄張りを拡大している。

1943(38) 軍備兼戦争企画大臣の職務を与えられる。

■戦争遂行と軍事力のためのシュペーア計画を作成。

1981 9月1日，死去。76歳。

■第二次世界大戦後，ニュールンベルク裁判で戦犯として20年の有罪判決を宣告された。その後，回想録『第三帝国の内部』（1970年），『秘密の日記』（1976年）を出版。

前川国男
まえかわ くにお
1905(明治38)～86(昭和61)

近代建築の可能性と普遍性を先導した建築家。東京文化会館設計。

1905(明治38) 5月14日, 新潟市に生まれる。父は内務省土木技師(勅任官), 母は津軽藩の名門の出。父方の祖父は近江藩の有力藩士だった。

1909(明治42)(4) この春, 父の本省帰任で東京市に転居。

逸話 小学校では卒業まで級長。13歳の頃, 東京市全体の小学校の優等生が受験した東京府立第一中学校(現日比谷高校)に入学。父は大きくなったら家を建てる人になるようにと, 小さな頃からことあるごとに彼に語っていた。中学上級の頃から建築家志望の道を目指す。

1922(大正11)(17) 第一高等学校(理科甲類)に入学。

逸話 家が赤門の近くだったので入寮は形だけで, 一高でのバンカラな生活は経験していない。語学の習得に努力し, 特に厨川白村やブラウニングの英語の詩を暗唱するほど愛読。ラスキンの『建築の七燈』は原書で繰り返し読んでおり, フランス語も得意だった。

1925(大正14)(20) 東京帝国大学工学部建築学科に入学。徴兵検査に丙種合格(扁平足)後, 兵役は免れる。

1928(昭和3)(23) 東京帝国大学工学部建築学科を卒業。大学卒業と同時にシベリヤ鉄道でパリに向かう。ル・コルビュジエ(41歳)のアトリエに入所。

■当時の進路選択の事情を彼は語る。その方法は, 教室主任の采配で, 君は大蔵省営繕局へ, 君は清水組にゆき給えと。彼は, 師匠と仰ぐべき建築家の事務所がなかったので, 大いに悩む。ある日, 岸田日出刀先生(助教授)から「これを読みなさい」とル・コルビュジエの本を4冊渡された。それを読んで感銘を受け, パリ行きを決める。早速, 父親の許しを得て2年間の留学。経費4,500円(当時は家が2軒建つ金額に相当)を持って卒業式の夜に出発。船で大連, 奉天,

シベリア鉄道ハルビン発の国際列車でモスクワまで1週間の旅。4月17日にパリに到着。翌日アトリエを訪ねて即日入所。

1930（昭和5）（25） 滞在満2年で帰国。アントニン・レーモンド（48歳）設計事務所に入所。明治製菓本郷店の公開競技設計で一等案に当選。

1931（昭和6）（26） 公開競技設計「東京帝室博物館」（現東京国立博物館）に応募し、落選（真のデビュー作品）。
■近代的な博物館がどうあるべきかを応募案で明示しようとした。

1932（昭和7）（27） 木村産業研究所（実作第一の作品）。

1934（昭和9）（29） 公開競技設計「東京市庁舎」で三等案に当選。公開競技設計「水交社」で一等案に当選。

1935（昭和10）（30） レーモンド事務所を退職。前川国男建築設計事務所を設立。

1936（昭和11）（31） 公開競技設計「パリ万博日本館」一等。
■伯父佐藤尚武（パリ在住）から日本の国際連盟脱退の経緯を聞き、この年の「日独防共協定締結」に、弱ったことになったと思った。パリ万博のことは、外務省と商工省との悶着でご破産。いつの間にか、坂倉さんのほうが金賞となり、彼のデビュー作品になった。

1938（昭和13）（33） 公開競技設計「大連市公会堂」にて一等案・三等案に当選。事務所に丹下健三（24歳）（〜41年）、浜口ミホ（〜42年）ら入所。

1940（昭和15）（35） 自邸（〜41年）。岸記念体育館設計。
■建築家の戦争責任について、たしかに客観的には戦争協力といわれるのも当然だろうと話している。

1945（昭和20）（40） 東京大空襲（5月25日）で事務所と自宅焼失。三浦美代（29歳）と結婚。8月15日頃、登戸の地下式の軍需工場の現場工事を担当。残った目黒の実家に移転。
■当時、所員は15名、寝室と台所以外は製図板で占拠されて、奥

さんの日常は大変であった。

1948(昭和23)(43) 公開競技設計「広島平和記念堂」で三等案に当選。

1954(昭和28)(49) 公開競技設計「国立国会図書館」で一等案に当選(1961年着工〜68年竣工)。

■この頃、建築家自身の職能意識や職業倫理について語っている。例えば教授の設計料と民間の設計事務所のそれとは、仕事の権威から差はあるだろうが、民間事務所よりも安く広告するとしたら憂慮すべきことだ。

1955(昭和29)(50) 国際文化会館(坂倉準三、吉村順三とともに共同設計)。ル・コルビュジエ(68歳)来日。

■ロンシャン教会の写真や図面を見て、思わず大きなショックを受ける。それは、かっての正統的な近代建築から突然、彫刻的な空間に、異常な師匠の変身に見えたと語っている。

1958(昭和33)(53) ブリュッセル万国博覧会日本館(金賞受賞)、晴海高層アパート設計。

1959(昭和34)(54) 日本建築家協会会長就任(〜62年まで)。

1962(昭和37)(57) 日本建築学会賞受賞。朝日賞受賞。

逸話 朝日賞受賞の際の挨拶で、妻の助力なくしてと言って言葉を詰まらせている。また、師匠コルビュジエにならって「子供はつくれない仕事」と心に決めていたと、後日語る。

1965(昭和40)(60) 神奈川県立青少年会館設計。

■東京海上火災本社ビルの超高層化(30階建、軒高127m案)設計に対して「おそれ多くも皇居を見下ろすことになる」との事由から建築確認申請を却下される。後に、設計変更案(25階建、100m案)にて決着(1974年竣工)。

1969(昭和44)(64) 日本建築学会大賞受賞(対象：近代建築の発展への貢献)。

1970(昭和45)(65) 日本万国博、鉄鋼館・自動車館設計。

1975(昭和50)(70) 東京都美術館設計。

■事務所体制を個人から複数主宰者・委員制の新事務所へと移行させる。

1976(昭和51)(71) 「前川事務所」に移行し設立。

1980(昭和55)(75) 指名競技設計「国立音楽大学講堂」で一等に当選(〜83年竣工)。

■近代建築では，かの産業革命によって人工的なものが大量生産できるようになった。石は古くなれば良くなってゆくのに，鉄は逆だし，コンクリートは自然の風化に耐えられないので，美意識そのものが変わってくる。そのため，昔の建築と今の建築を同列に語ることはできない，と彼は言う。

1982(昭和57)(77) 指名競技設計「新潟市美術館」で一等に当選(〜85年)。

1983(昭和58)(78) 指名競技設計「石垣市民会館」で一等に当選(〜86年)。パーキンソン病を発症。

1985(昭和60)(80) 美代夫人永眠。享年68歳

1986(昭和61) 6月26日，心不全にて虎ノ門病院にて逝去。享年81歳。

ル・コルビュジエに師事し，日本の近代主義建築の旗手として，戦後の建築界を主導し統合した第一人者。好好爺の風貌をもつ。生前，叙勲は固く辞退していた。

フィリップ・ジョンソン　Philip Johnson 1906〜2005

近代建築の強力な先駆的建築家。有名な建築「ガラスの家」設計。

1906　7月8日，アメリカ・オハイオ州クリーヴランドに生まれる。父は有名な法律家。18歳の頃，建築に関する記事(アート・マガジン誌)を読み，建築に転向する決心を固める。

|逸話| 当時，大学では哲学を専攻していて，読んだ記事は，オランダの近代建築の創始者J.J.P.アウトの作品に関するものだった。その日の午後までは，建築家になることなど夢にも考えていなかった，と語る。

1930(24)　ハーバード大学で歴史と哲学を学び，芸術学の学位を取得。ニューヨーク近代美術館（MoMA）の学芸員に就任（〜36年）。後に，初代建築部長に就任（〜36年）。

1932(26)　「近代建築展」を建築史家ヘンリー・ラッセル・ヒッチコック（1903〜87）とともにニューヨーク近代美術館にて開催する。

■開催の目的は，アメリカにヨーロッパの最先端の近代建築を紹介すること。同時に，『1922年以降のインターナショナル・スタイル』という書籍を出版(ヒッチコックと共著)。後に，世界中に影響を与えた「国際様式」の意義を伝播させていった。彼の提唱する国際様式とは，「ある地方や地域や国家に限られることのないもので，鉄とガラスによって造られる均質で合理的な四角い箱の建物」を指している。

1934(28)　「機械美術展」を企画開催。

1940(34)　ハーバード大学大学院に入学。W.グロピウス（1883〜1979）やマルセル・ブロイヤー（1902〜81）の下で建築設計を学ぶ。

1943(37)　ハーバード大学建築学科で学位を取得。

1946(40) 再び, ニューヨーク美術館の建築部長に就任(〜54年)。

1947(41) 「ミース・ファン・デル・ローエ展」を開催。ミースの評伝を執筆。自邸(ガラスの家)設計(〜49年)。

■自邸はミースの影響を強く受けている。彼の建築への関心は「連続的な空間」であり,「通過し感知する空間」を連続的に認識することにある。その後, より複雑な空間へと移行してはいるが, あくまでも「連続的な空間」こそが関心の原点であった。

1957(51) マンソン・ウィリアム・プロクター・インスティテュート(ニューヨーク州ユーティカ)設計。

■学芸員だった経験から, どうしてもグッゲンハイム的なもの(F.L.ライト設計)は設計できないと考えていた。素晴らしい建築だが, 絵を掛けることが難しく, 実用的な建物ではない。空間的に面白く, かつ絵の掛けられるような建物を設計すべきと考えていた。

■ユーティカのミュージアムについては, MoMAの学芸員から「これは素晴らしい建築だよ。だけど, これが本当にミュージアムといえるのかい」(このミュージアムは, 一つの大きな塊で, コンクリート枠で吊るされた花崗岩の立方体のように見えている)。

1958(52) シーグラム・ビル(シカゴ, ミース・ファン・デル・ローエと協同設計)。

1961(55) 原子力研究所(イスラエル)設計。

1964(58) ニューヨーク州立劇場リンカーン・センター(リチャード・フォスターと協同設計)。

1965(59) イェール大学生物学研究所設計(〜66年)。

1978(72) ソニー・ビルディング(旧AT&Tビルディング・ニューヨーク)設計(〜84年)。

1984(78) AT&Tビル(ニューヨーク)(ジョン・バギーと協同設計)。

■この物件は, 国際様式とは異なる歴史様式を想起させ, 復興建築

とでもいうべき復古的な外観をもっている。
1988（82）「デコンストラクティヴィスト・アーキテクチャー」展をMoMAにて開催。同展演出監督を務める。
1995（89）Gate House（New Canaan）設計。
1996（90）ホープ大聖堂の右翼廊なしの別館（テキサス州ダラス）設計。
2005　ニューカナンにて逝去。享年99歳。

アメリカ建築界の主導的な存在で，大きな時代の流れから俯瞰して見れば，建築界や現代建築への演出家。中年になってから建築家となり，ミースの影響を受けた「ガラスの家」で一躍有名になった。一方，美術館での企画展などは，明日の近代建築を予見させるものとして評価され，「予言的館長」とも呼ばれた。著述家で先験的な建築家であり，近代建築の将来像を見透す中心的存在であり，近代建築思潮の強力な支持者，推進者でもあった。

オスカー・ニーマイヤー

Oscar Ribeiro de Almeida de Niemeyer Soares
1907～2012

20世紀ブラジル近代主義の異才・巨星。世界遺産ブラジリアを設計。

1907 12月15日，リオ・デ・ジャネイロに生まれる。

1930(22) リオ・デ・ジャネイロ国立芸術大学建築学部に入学する。

■当時の同大学学長ルシオ・コスタ（28歳）は，ブラジル近代建築運動の創始者。

1934(26) 同大学を卒業後，ルシオ・コスタの建築事務所にて働く。建築資格を取得する。

ルシオ・コスタ（Lúcio Costa, 1902～98）：ブラジルで最も影響力のある建築家，都市計画家。フランスに生まれ，ブラジルに定住。ブラジルでの国際的近代主義の先導的な地位を確立。

1937(29) リオ・デ・ジャネイロの文部保健省の新庁舎建設のためにル・コルビュジエ（1887～1965（50歳））と行動を共にしていたブラジルの建築家グループ（L.コスタ，レオン，レィディ，モレイラ，ニーマイヤー，ヴァスコンセロス）に参加（～43年）。保育園（オベラ・デ・ペルコ協会）設計。この保育園は彼の最初の作品。

■後のブラジリアの建築は，国が関与し，政治外交的な威信を高め，国力を誇示するための手法ともいわれている。カペネーマ大臣の主唱の下に新庁舎が建てられ，建築の革新性に連邦政府が担うべき役割を明示している。新庁舎の特徴は，①各棟間の機能的な組合せの表現。②ブリーズ・ソレーユ（日照調節板）の活用。③公共空間の効率的な処理。④良質な装飾表現（陶板の使用）などが国際的に評価された。

1939(31) ニューヨーク万国博ブラジル館設計。

■ルシオ・コスタとの協同制作で，国際的に注目される。その後，重要な公共施設の設計委託を受けるようになる。時の市長は，後に

ブラジル大統領となるJ.クビチェク。

1940(32) 住宅地（パンプーリャ／Belo Horizonte）の各種公共施設設計（～43年）。サン・フランシスコ・デ・アシス教会（J.カルドーゾ，カンディド・ポルティナリ，パウロ・ヴェルネックらの協同設計）。カジノ設計（構造：J.カルドーゾ）。カーザ・ド・バイレ設計（構造：A.フロフェ）。

■これらの建築は，①革新的な技術による構造。②曲線を多用した優美な形態。③地域の伝統に由来する表面装飾の華麗な魅力といった特徴をもつ。

1945(37) ブラジル共産党に入党(生涯党員)。

1946(38) ヴァヴィスタ銀行（リオ・デ・ジャネイロ）設計。

1947(39) 国連本部ビル設計（ル・コルビュジエと協同設計）。

1951(43) 産業会館(サンパウロのイビラプエラ公園内，ビエンナーレの会場)設計（～54年）。

■この建物は，当時の工業化の時代にあって，風土と空間を活用した興味ある試みを実践している。

1953(45) 自邸設計。

■建築と自然との魅惑的な融和作用によって構成された作品。

1955(47) 新首都「ブラジリア」を造り出すことをクビチェク大統領が決定する。

■新首都ブラジリアは，ブラジル憲法に書き込まれ夢のまた夢であった。大統領は，L.コスタとニーマイヤーの2人に標高1,005mの低木林の地形上に5年で完成するように委嘱した。

1956(48) 師匠ルシオ・コスタとともに，新首都ブラジリアの建築家に就任(建設は1960～81年まで)。

1957(49) ノーヴァ・キャップ（新首都ブラジリア建設のために設立された組織体）の建築技術顧問から最高顧問

に就任。集合住宅(ベルリン・ハンザ地区)設計。

1960(52) ブラジリア大学設計(〜62年)。

■国家の大学の建築は，その威信を誇示するために有力な建築家に設計が依頼される傾向があった。

1963(55) レーニン国際平和賞受賞。

1964(56) 軍部のクーデターにより軍事独裁政権が誕生(〜85年まで)。

1967(59) 軍事政権の弾圧により，パリに亡命。後に，18年間パリで過ごし，設計活動に従事している。コンスタンティーヌ大学(アルジェリア)設計。フランス共産党本部ビル設計。

1970(62) ブラジリア大聖堂完成。

■「茨の冠」大聖堂と呼ばれ，コンクリートとガラスによる建築が「彫刻としての建築」に近づいたと評価されている。

1972(64) コンスティン大学(アルジェリア)設計。

1975(67) モンダドーリ出版社本社(イタリア)設計。

1985(77) フランス，ガーナ，イスラエル，ベネズエラ，トルコ，アメリカなどで活動し，故国の民政復活により凱旋帰国している。

1987(79) ブラジリアが世界文化遺産に登録される。

1988(80) プリツカー賞(アメリカ)を受賞。

1996(88) ニテロイ現代美術館設計。

2002(94) オスカー・ニーマイヤー美術館設計。

■建築家が自分の名前をつけた美術館を設計する例はほかにない。ブラジルの巨星となる。

2004(96) 第16回高松宮殿下記念世界文化賞受賞。高齢のために来日を果たせなかった。

2008(100) 再婚する。

■100歳になっても毎日事務所に通い，煙草を吹かしていた。建物

のデザイン・スケッチなどの移動には，孫や曾孫が支援していた。
2012　12月5日，リオ・デ・ジャネイロの病院にて死去。享年104歳。

時代の風潮と稀にみる天性の革新的な構想力とが相まって，新首都ブラジリアを完成させている。国家の威信を高めるために，建築群による巨大・異質な造形などを借りて国力を誇示する一例ともいえよう。彼は，ブラジルでの国際的な近代主義の先導的な地位を確立。生涯共産党員であったのも稀有の例。

吉村順三

よしむら じゅんぞう
1908(明治41)〜1997(平成9)

哲学者の風格をもつ正統的建築家。京都国際ホテル設計。

1908(明治41) 9月7日,東京府本所区緑町の呉服商の家に生まれる。

1921(大正10)(12) 中学2年の時に,雑誌『住宅』の「小住宅設計懸賞」に応募し,入選する。

1926(大正15・昭和1)(17) 東京美術学校建築科入学。

■大学2年の時,ある雑誌で見た住宅の模型写真に感銘を受け,東京中を歩いて,霊南坂にあったレーモンドの自邸を捜し当てている。

1928(昭和3)(19) レーモンド建築設計事務所に入所。

1931(昭和6)(22) 東京美術学校建築科卒業。レーモンド建築設計事務所に勤務(〜41年)。

1940(昭和15)(31) 帰米したレーモンド(52歳)に呼ばれ,アメリカ・ペンシルベニアに滞在。

1941(昭和16)(32) 8月,アメリカから帰国。

■アメリカからの最後の交換船で大村多喜子(バイオリニスト)と出会う。太平洋戦争開始の12月8日に吉村事務所を開設。

1943(昭和18)(34) 9月,鷲塚誠一郎氏と協働(〜12月)。12月8日から吉村設計事務所を開設。

1944(昭和19)(35) バイオリニスト大村多喜子と結婚。

1945(昭和20)(36) 後に,東京美術学校建築科助教授就任。ヘボン記念碑設計。

■美術学校付属工芸技術指導所が飛騨高山に疎開するのと一緒に疎開。

1946(昭和21)(37) 東京に戻る。

■建売住宅(6畳2間・2階建)を3万円で手に入れて,ドラム缶を風呂にして生活を始める。その後,この住宅は6回の増改築を経て,

12.5坪から60.5坪へ。

1947(昭和22)(38) 長女隆子誕生。

1949(昭和24)(40) 東京芸術大学と改称。建築科助教授に就任。

1952(昭和27)(43) 明和紡績工場,松下造船住宅設計。

1954(昭和29)(45) 松風荘設計。ニューヨークの近代美術館に展示される書院造り設計。1958年にフィラデルフィア市公園に移築される。

1955(昭和30)(46) 国際文化会館設計(前川,坂倉協同)。

1956(昭和31)(47) 国際文化会館(共同設計)に対し,日本建築学会より日本建築学会賞が授与。

1957(昭和32)(48) 東銀葉山臨海寮,方南町の家設計。
■方南町の家は自宅で,1946年(昭和21)に12.5坪の小さい家を購入し増築。増築5回目の頃になってこの家が完成した姿となる。

1960(昭和35)(51) ホテル小涌園(照明普及賞(照明学会照明普及会))受賞。前田邸設計。皇居新宮殿の基本設計。
■皇居新宮殿の設計者に選定されて基本設計開始。実施設計の段階で宮内庁造営部による設計変更が相次ぎ,建築家としての責任を果たすことができないと判断,1965年に設計者を辞任。

1961(昭和36)(52) 京都国際ホテル,ソニー研究所設計。

1962(昭和37)(53) 東京芸術大学建築科教授に昇任する。

1964(昭和39)(55) NCRビル(建設業協会賞受賞)。論説「宮殿基本設計計画－新宮殿の設計について」(新建築1964年1月号)。

1965(昭和40)(56) 神鋼電機豊橋工場,俵屋設計。論説「建築と設計－私は何故新宮殿の設計から手を引くか」。
■ルール確立のために(論説の要点):基本設計の考え方を宮内庁当局の了承を得たので,新宮殿の基本設計を完成。次に,実施設計の段階に入ると,次第に実施設計は宮内庁造営部でやって,彼は単に

これを指導する立場にあるような態度がうかがわれてきた。したがって，しばしば彼の意図する設計が変形されつつ，進行するようになった。この状態を打開すべく，宮内庁長官にも会い，文書の提出もしたが解決しなかった。宮内庁は，実施設計は宮内庁が行うことを明言。新宮殿の設計依頼があったとき，実施設計を宮内庁がするということは伝えられていなかった。このようなことをそのときに知っていたら，この設計は引き受けなかったであろう，と後に語っている。基本設計は，正式に吉村事務所で完成されているが，基本設計図は残されていない。実施設計図も残されていない。

1966(昭和41)(57) NBRビルネオンサイン「第1回SDA賞A類銅賞」(日本サインデザイン協会)受賞。

1968(昭和43)(59) 寺田邸「表彰建築物設計賞」(神奈川県)受賞する。小日向台の家設計。

1969(昭和44)(60) ホテル・フジタ，青山タワービル，タワー・ホール，画家の家(軽井沢)設計。

■ホテル・フジタでは，庇を設計している。これは彼の体験によっている。京都国際ホテルに宿泊した際に火事に遭う。廊下は煙でいっぱい，その経験から，窓を開けて外に出られるようにした。同時に，安全に逃げられるように，窓の外側に手摺を取り付けている。

1970(昭和45)(61) 東京芸術大学を定年退職。名誉教授となる。吉村順三設計事務所代表取締役に就任。

逸話 建築設計について，如何に自分が感じたことを建築として構想していくか。感じるということは，よく見て，その人の直感的な心の働きが大切である。そして良い建築だと思ったら，その建築をよく見て観察することだ。本当に良い建築は，何度でも同じものを見て，その感じを十分に追体験する必要がある。

1973(昭和48)(64) 奈良国立博物館設計。

1975(昭和50)(66) 日本芸術院賞を受賞(奈良国立博物館)。

1980(昭和55)(71) 高松郊外の家，唐津の家設計。脳梗塞で入院。右半身の自由が利かなくなる。

1982(昭和57)(73) 勲三等旭日章を受賞。

1986(昭和61)(77) ホテルジャパン下田設計。

1988(昭和63)(79) 茨城県近代美術館, 八ヶ岳高原音楽堂設計。

1989(昭和64・平成1)(80) 毎日芸術賞を受賞(八ヶ岳高原音楽堂)。建築業協会賞受賞(茨城県近代美術館)。

1990(平成2)(81) 日本芸術院会員に推挙される。

1991(平成3)(82) 草津音楽の森コンサートホール設計。

1994(平成6)(85) 文化功労者として顕彰。

1995(平成7)(86) 高輪台の家(吉村邸)設計。

1997(平成9) 倉敷市建築文化賞（作陽音楽大学）受賞。4月11日, 東京にて死去。享年88歳。勲二等瑞宝賞受賞。

風貌は, まさに哲学者を彷彿させるような雰囲気を漂わせる。構想力とは, 自分が良い建築だと思ったら徹底的に観察し追体験すること。残された図面約34,000枚, 家具, 照明器具, 写真ほか40,000点を超える作品類を収めたCD40枚等は, 東京芸術大学付属美術館に保管されている。

エーロ・サーリネン Eero Saarinen 1910~61

独創的・彫塑的な大胆な空間構成を実現したアメリカ建築家。

1910 8月20日,建築家の父エリエル・サーリネンと母ローヤの長男としてフィンランドに生まれる。

1923(13) サーリネン一家が渡米。父エリエルは,ミシガン大学で教鞭を執る。

■彼は,製図板の下で成長した。建築家の父は,アメリカで最良かつ独創的なデザイナーにするため,早い時期から可能な限り修業の道を歩ませた。

1929(19) 父エリエルがクランブルック女子小学校(キングスウッド・スクール)設計。息子エーロも設計に協力する。パリに在住(~30年まで)。

1930(20) イェール大学に入学。

1931(21) イェールに在住(~34年まで)。

1934(24) イェール大学を卒業する。卒業時,成績優秀者への奨学金を授与され,ヨーロッパを旅行(2年間)。

1935(25) フィンランドに帰国(~36年まで)。

1936(26) ヨーロッパから帰国。父の事務所を手伝う。この後,父との協働業務による設計開始。

1937(27) 父と協働で,コミュニティハウス設計。

■彼自身の作品は,すべて第二次世界大戦以後のもの。それまでは,父との協働作品。

1938(28) バークシャー・ミュージック・センターおよびクラインハウス記念音楽ホールを協働設計。

1939(29) クロウ・アイランド小学校ほか設計。サーリネン/スワンソン&サーリネン事務所と改称。

1940(30) リリー・スワンと結婚。タバナクル・キリスト

教会設計。

1942(32) 第二次世界大戦の勃発によりワシントンの戦略局に勤務。

1946(36) 合板椅子をデザイン(ノル家具社)。

1947(37) 設計競技「ジェファーソン記念碑」にて一等案となる。

■彼は,サーリネン事務所の中心的な役割を担う。途中で,修業を兼ねて他の建築事務所でも勤務。

1948(38) 椅子のデザイン(ノル家具社)。GM社中央技術研究所設計(〜55年)。

■研究所は,矩形のミース風の建築群。扁平なAL屋根のドーム円形講堂と独創的な高い給水塔(高さ約40m)から構成されている。主要作品の一つにあげられる秀作。

1950(40) 父エリエル死去。享年77歳。事務所名をエーロ・サーリネン事務所に改称。

1952(42) アーウィン・ユニオン信託銀行設計。AIAの特別会員に推挙される。

1953(43) リリー・スワンと離婚。アリーン・ローチ・ハイムと結婚。コンコーディア・シニア・カレッジ礼拝堂(〜58年),MITクレスギィ記念講堂設計(〜55年)。

■礼拝堂は,急勾配の尖った屋根の形状に表現主義の影響を感じさせるデザイン。内壁は波打つ煉瓦で構成され,ドーム中央には開口部が設けられている。記念講堂は,ねじれた屋根が3点支持されている。

1955(45) 設計競技「アメリカ大使館(ロンドン)」にて一等案に当選(〜61年)。

1956(46) JFK空港TWAターミナル(ニューヨーク)設計(〜62年)。

■空港ターミナルは,外側に向かって両側2本(計4本)のY字型の

支持柱によって,コンクリートの貝殻が口を開けているように。また,見方を変えると左右の貝殻状が翼のように,今にも飛び出さんばかりの彫刻的な造形感をもって表現されている。内部の各部分は,ガウディ的な重厚な曲線をもって構成され,外観と内観とに意識的な連動性をもたせていない。

1957(47) ペンシルベニア大学女子学生寮,ディア・カンパニー本社屋,IBMトーマス・ワトソン研究所,ベル・テレフォン研究所設計。

1958(48) ダレス国際空港(ワシントン)設計(～62年)。

1959(49) ノース・クリスチャン教会,アメリカ大使館(オスロ)設計。

1960(50) CBS本社屋設計。アメリカン・アカデミー・オブ・アーツ・アンド・レターズの会員に選出される。

1961 9月1日,ミシガン州アナーバーにて死去。享年51歳。

1964 ジェファーソン記念碑(セントルイス)完成。

彼は若い頃,彫刻家を志望していた。そのために,彼の個性的な資質は,建築の造形的表現に十二分に反映されている。

彼の名を有名にしたジェファーソン記念碑の高さ約190mの曲線アーチは,今日でも独創的な彫刻的造形の美をもち続けている。

彼の死後,事務所は後継者によって,1966年ケヴィン・ローチ,ジョン・ディンケール&アソシエイツの名称で継承された。

# 丹下健三 たんげけんぞう
1913(大正2)～2005(平成17)

近代建築推進に寄与し独自の美学を確立。東京都新庁舎設計。

1913(大正2) 9月4日,大阪市堺市に7人兄弟の5番目として生まれる。後に父の転勤で中国漢口に移転。次に上海に移る。

1920(大正9)(6) 父の出身地・愛媛今治市に帰郷。中学卒業まで今治市に住む。

1930(昭和5)(16) 広島高等学校理科甲類に入学。3年後,東京帝国大学受験。2年浪人後,合格。

逸話 高校は理科に入学したものの,数学や化学が嫌い。文学や音楽や美術に傾倒し,文科への転向を考えたが,外国雑誌でル・コルビュジエの「ソヴィエト・パレス」に感銘を受け,一転建築家を志す。幾何は非常に好きだったと後日語っている。

1935(昭和10)(20) 東京帝国大学工学部建築学科に入学。

1938(昭和13)(23) 建築学科卒業(辰野賞を受賞)。卒業論文:「Michelangelo頌 – Le Corbusier論への序説として – 」。卒業設計:CHATEAU D'ART。前川国男建築設計事務所に入所。

■論文の主題は,ミケランジェロの造形精神は脈々とル・コルビュジエの造形表現に継承されていることを強調。ル・コルビュジエに心酔し,表現手法などを似せて完成。

1939(昭和14)(24) 雑誌「現代建築」に「MICHELANGELO頌 – Le Corbusier論への序説として – 」を発表。岸記念体育館,社会事業会館設計担当。

1941(昭和16)(27) 東京帝国大学大学院に入学。

1942(昭和17)(28) 大東亜建設記念営造計画競技設計(日本建築学会主催)で一等に入選。

■富士の裾野の樹海の中に忠霊神域を設け,力動性と記念性を伊勢神宮風の様式で表現。

1943(昭和18)(29) 日タイ文化会館競技設計に一等に入選。以後3年続けて競技設計に一等入選し,知名度を上げる。

1945(昭和20)(31) 父が病死し,母は戦災で死去。

1946(昭和21)(32) 東京帝国大学大学院修了。同大学の建築科助教授に就任。学内の空き彫刻アトリエを通称「丹下研究室」として開設。

1947(昭和22)(33) 広島市復興都市計画。その他多くの復興都市計画に参画。

逸話 生来負けず嫌いの性格で,武士は食わねど高楊枝を好む。ソファがあるとすぐに横になって寝てしまうので,部屋にソファを置かず,コンペなどに集中する際には,テーブルの下にハンモックを吊って横になり,揺られながら考えたり寝たりした。

1949(昭和24)(35) 広島平和会館本館(競技設計一等案)。

1953(昭和28)(39) 津田塾大学図書館(〜54年),自邸設計。

1954(昭和29)(40) 日本建築学会賞作品賞(対象:愛媛県民館)。

■例えば,写してくる,真似をする,刺激を受ける,ということは創造的なものの前身であり,それらは伝統と呼びたいし,これこそが伝統なのだと語っている。

1955(昭和30)(41) 倉吉市庁舎(〜57年),香川県庁舎設計(〜58年)。

1958(昭和33)(44) 東京都庁舎綜合計画。

1960(昭和35)(46) WHO(世界保健機構)本部設計。

1961(昭和36)(47) 国立代々木競技場の設計に着手。丹下健三・都市・建築計画研究所を設立。

1964(昭和39)(50) 東京大学工学部都市工学科(新設)教

授に就任。東京カテドラル聖マリア大聖堂竣工。

■カテドラルは一つの特殊な空間，カトリックという特殊なシンボル空間であって，現代生活の中で生きているシンボル空間ではない。シンボル空間とは，いわゆる宗教的な意味合いでなく，市民参加をもとに，市民がそこで体験すること自体が生活者にとって象徴的な意味となる。空間は人間に対して心理的な変化や影響を与える。

1966（昭和41）（52） 日本万国博覧会会場計画案。

1967（昭和42）（53） 著書『日本列島の将来像』（講談社）出版。

1969（昭和44）（55） スポーツシティ国際指名コンペ（クウェート政府主催）一等入選。この頃から中東諸国からの要請が相次いでいる。

1972（昭和47）（58） アメリカ・ハーバード大学招待教授就任。

1974（昭和49）（60） 東京大学教授停年退官。名誉教授就任。肺ガンを患い，入退院を繰り返し，養生する。

1980（昭和55）（66） 文化勲章授与。

1982（昭和57）（68） サウジアラビア王国国王・皇太子宮殿，ナイジェリア新首都都心計画・主要建築設計。

1983（昭和58）（69） フランス芸術アカデミー会員に推挙され，ハーバード大学が「ケンゾウ・タンゲ講座」を創設。

逸話 ある日，ゴルフの話題となり，彼はすかさず，ゴルフなんかやりませんと。岸田日出刀先生からクラブ一式を贈られて，何度か出かけましたが，猫じゃあるまいし，小さなボールを追いかけて面白いのでしょうかね。私は，地球という大きなボールを追いかけて生きているんですよ，と語っている。

1986（昭和61）（72） 東京都新庁舎指名コンペ一等入選。日本建築学会大賞受賞（日本における現代建築の確立，国際的発展への貢献に対して）。

1987(昭和62)(73) プリツカー賞受賞。

1991(平成3)(77) 東京都新庁舎(新宿)設計。

1993(平成5)(79) 高松宮殿下記念「世界文化賞」建築部門を受賞。

1994(平成6)(80) 勲一等瑞宝賞授与さる。

1996(平成8)(82) フジテレビ本社ビル設計。

1998(平成10)(84) WHO神戸センター,BMWイタリア本社ビル設計。ニース国立東洋美術館竣工。

2000(平成12)(86) 東京ドームホテル竣工。

2002(平成14)(88) 広島原爆死没者追悼平和祈念館竣工。

2005(平成17) 上海銀行本社ビル(上海市優秀工事設計一等賞を授与)。(財)癌研究会有明病院(医療福祉建築賞)。心不全のため3月22日死去。享年91歳。葬儀は,東京カテドラル聖マリア大聖堂にて。東京カテドラル聖マリア大聖堂の地下に眠る。

近代建築の強力な牽引者であり,日本建築界の第一人者で,世界の建築界の巨匠。その雄大な構想力,圧倒的な造形力,最新技術を駆使しての旺盛な探求心とがあいまって,大胆な建築・都市計画や理論へ,そして広島,東京オリンピック,大阪万博などに表現されていった。建築が大きく国家的事業であった過去の時代と,彼を必要とした次なる幸せな時代を駿馬の如く駆け抜けていった。

イオ・ミン・ペイ(貝聿銘) Ieoh Ming Pei 1917〜2010

中国系アメリカ人建築家。端麗なルーヴル・ピラミッド設計。

1917 中華人民共和国広州市生まれ。家系は15世紀まで遡る。若い頃,上海と香港で学ぶ。

1934(17) 一家は,アメリカに移住。

1940(23) 最初はペンシルベニア大学に入学し,まもなくマサチューセッツ工科大学に移って建築を学び卒業。

1946(29) ハーバード大学デザイン学部大学院修了。
■ヴァルター・グロピウス(1883〜1979)とマルセル・ブロイヤー(1902〜81)の下で学び,単純さ,抽象性,機能主義に則る近代主義を吸収。

1948(31) アメリカのウェップ&ナップ社(アメリカ最大級の不動産会社)に入社し,後に建築調査部長を務めている。不動産開発業者のウィリアム・ゼッケンドルフ(1905〜76)と組んで企業内建築家として働く(〜55年)。

1951(34) ハーバード・フィールライト・フェローシップを取得して修学。

1952(35) マイル・ハイ・センター(コロラド州デンバー)設計(〜56年)。ゼッケンドルフとの大規模な計画。

1954(37) アメリカの市民権を取得して帰化。

1955(38) I.M.ペイ&パートナーズを開設。後に,ペイ・コブ・フリード&パートナーズと改称し代表となる。

1956(39) プレース・ヴィレ・マリー(モントリオール)設計(〜65年)。キップス・ベイ・プラザ設計。
■このプラザは,新しい板状(板の芯に紙,アルミニウム箔などを蜂の巣状にし両面を挟み込んだもの)工法によるコンクリート壁を外装材に使用している。

1961(44) アメリカ大気研究センター(コロラド州ボルダー)設計(~67年)。
■コロラド山中の立地条件からコンクリートによる壮大かつ大胆な彫刻的形態をもち,大規模な幾何学形態をモチーフに採用。

1962(45) プレース・ヴィレ=マリー設計。

1966(49) ニューヨーク大学ユニバーシティ・プラザ(ニューヨーク市)設計。
■プラザ計画は,大学のアパート2棟と,中産所得者層向け住宅1棟を複合的な考え方でまとめる。コンクリートの彫刻(パブロ・ピカソによるサンド・ブラスト仕上げで,砂などをノズルから圧縮空気とともに高速で吹き付け,表面を目荒らしする)により全体の景観を構成し,建物の価値を高めている。

ジョン・ハンコック・タワー(ボストン市)設計(ヘンリー・コップと協同設計)。
■60階建のタワーは,鏡面ガラスに映える周辺のビル群の映像効果により,建築の巨大さが和らげられ,ごてごてした飾り立てもなく,全体的にすっきりした透明感をもって完成された。

1974(57) ナショナル・ギャラリー東館設計(~78年)。
■ナショナル・ギャラリーの増築は,伝統的な新古典主義様式で建てられた古い西館(ジョン・ラッセル・ホープ(1874~1937)設計)に隣接する土地であった。彼は,基本的に三角形を採用し,古典的な記念碑性と近代主義の抽象性とを的確に融合。巨大な天窓で覆われた中央広場と白い大理石の外装材は鋭角的で,周囲の空間と対峙している。そして西館と東館とは,長い地下廊下で結合されている。

1978(63) ダグラス市庁舎(テキサス)設計。

1979(64) アメリカ建築業協会賞を受賞。

1981(66) The Morton H.Myerson Symphony Center(テキサス州ダラス)設計(~89年)。

1982(67) 中国銀行(香港)設計(~89年)。

1983(68) ルーヴル・ピラミッド設計(~88年)。プリツカ

ー賞を受賞。

■ルーヴル美術館の大規模な改修と増築工事は，当時のフランス大統領F.ミッテラン(1916〜96)から指名される。新しい構築物の多くを中央中庭の地下に埋め込み，できるだけ少ない要素で大きな効果を上げるミニマリズムの考えを実現した。ガラスのピラミッドを出入口にした手法は，大きな効果とデザイン的成功を収めたと評価される。

1989(74) 高松宮殿下記念「世界文化賞」(建築部門)を受賞。

1993(77) The Rock and Roll Hall of Fame(オハイオ州クリーヴランド)設計(〜95年)。

■後半の建築(1970年代後半頃から)は，ジェームズ・インゴ・フリード(1930〜2005)とヘンリー・N・コップ(1926〜)との協働で創られている。

2010 死去。享年93歳。

古典的な記念碑性と近代主義の合理性かつ抽象性を融合させ，単純にして巨大な空間を演出している。

清家 清 せいけ きよし 1918(大正7)～2005(平成17)

伝統的な建築美と革新的な生活提案をした建築家。

1918(大正7) 12月13日，京都市生まれ。4歳で神戸に，16歳で東京雪ヶ谷に転居。

1935(昭和10)(17) 東京美術学校建築科に入学。

1941(昭和16)(23) 東京美術学校卒業。

1943(昭和18)(25) 海軍技術見習尉官(2年現役)を任命される。この間，飛行機の格納庫29棟を設計する。

1944(昭和19)(25) 海軍技術中尉に任命。舞鶴海軍施設部員となり海軍機関学校(海兵校舞鶴分校)教官を兼補。

1945(昭和20)(26) 復員(海軍技術大尉任官)。予備役被仰付(海軍省)。叙正七位(宮内省)。東京都立工業専門学校講師に就任する。

1946(昭和21)(27) 公職追放令G項の解除とともに文部教官・叙三級(東京工業大学助手)となる。ゆきと結婚。

1947(昭和22)(28) 東京工業大学講師。翌年，東京工業大学助教授昇任。

1949(昭和24)(30) うさぎ幼稚園設計。谷口吉郎の紹介の処女作。その後，幼稚園の増設や植樹計画などの仕事が続く。

1951(昭和26)(32) 公職適格と判定（内閣より）。森博士の家設計。

■この家は，しいて言えば一室とみてもよい。室内の感じは，均質な空間としてまとめられ，天井には竿縁もない。できるだけ不均質空間の度合いを少なくしている。天井高は8尺 (2.4m)で，床，天井とも平らで高低差をなくしている。

1952(昭和27)(33) 一級建築士免許取得。斎藤助教授の

家，奥田博士の家設計。

■斎藤邸の要点は，居間らしい居間が計画されていないこと。居間の生活行為が判然と分化されないままに，居間の言葉のみが先行して使われた。室内を団らん・休息などの使い方に従って必要な家具を適宜に配置。日常の生活行為に対応してゆくように計画した。一種の未分化のままの単質住居ともいえよう。

1953（昭和28）（34）　宮城教授の家，コの字型平面の家設計。

■宮城邸は，正方形の平面（10m×10m）の中に構造上必要な柱や壁はない。柱も壁もない平面は，腸（はらわた・ORGAN・器官）をみな取り出してしまえば完全な1室になる。そこに器官を入れることによって，FUNCTION（機能）が発生し，ORGANIZATION（組織・機構）が成立する。どんな器官をどう配置するかによって，その組織の性能が決定されるのである。

1954（昭和29）（35）　私の家，数学者の家，武蔵野の家設計。建設中の「私の家」を来日したW.グロピウスが見学。この縁により12月から1年間，アメリカ・ボストンのグロピウス事務所TACに招聘される。

■数学者の家は，簡単な壁構造のRC造の箱の中に，やや複雑な木造の家を造った。地中梁の形はローマ字のYを2つ描き，屋根梁はカナ文字の形を採用。両方の梁を大きな軸として，東西軸は中央の大きな壁，南北軸は妻面の煉瓦を張った耐震壁となる明快な平面で構成されている。

1955（昭和30）（36）　日本建築学会作品賞・芸術選奨文部大臣賞受賞。坪井教授の家設計。

■住宅設計には，機能や形からだけでなく，純粋に生活から家の設計に入る。例えば，家族のつながりを大切にしたい，そして個室は好まず，ワンルームを採用。「ワンルームとしつらえ（舗設）の住居観」で建築界に確固たる地位を築いていった。

1957（昭和32）（38）　意匠奨励審議会専門委員（通商産業省）。

■建築の造形，特に対称と非対称について。日本人の周りには非対

称形が多い一方，対称形に魅力を感じている。西欧人は逆に対称形の秩序からどうしたら抜け出せるかと苦労している。法隆寺や桂離宮など美しい日本建築は，非対称形が多い。西洋式庭園が整形なのにくらべて，日本式庭園は非整形でも西洋式庭園よりずっと美しく見える。むしろ非対称のように見える日本建築が，その非対称形の中にあって対称形を心憎いほど活用している。そこに彼の手法の特徴があるといえる。

1959(昭和34)(40) 台地の家，九州工業大学講堂設計。

1962(昭和37)(43) 東京工業大学教授昇任。工学博士号取得。

1963(昭和38)(44) 武蔵小金井の家設計。9月から1964年3月まで，ほぼ半年のパリ生活を体験。初めは学生街の安ホテル，12月からはモンマルトルの7階屋根裏部屋。

1964(昭和39)(45) 東京オリンピック選手村主ゲート設計。

1968(昭和43)(49) 自らの事務所「デザインシステム」設立。外務省参与を併任。

> 逸話 日本人の考え方や住居観についての話。東南アジアのある国で，人々が昼寝をして怠けているんですね。ですから，「お前，もっと働かんか。ダメじゃないか」と知り合いに言ったら，「働いてどうするんだ」「金を儲けるんだ」「儲けてどうするんだ」「別荘建てて，そこに住むんだ」「別荘建てて何するんだ」「別荘建てて昼寝するんだ」と日本人。「それなら俺はここでずっと昼寝してる」と現地人。

1971(昭和46)(52) 日本建築学会副会長就任。

1974(昭和49)(55) 東京工業大学工学部長を併任。教科書用図書調査審議委員に就任(文部省)。

> 逸話 間についての話題。ローマは一日にしてならずだが，ローマの建築は煉瓦づくりだから，一つ一つ積んでゆくから当たり前。日本の家は，ある日突然一日で上棟式が終わるもの。日本の文化の多くは一日にしてなる。例えば，茶の間や居間の「間」は，空間という意

味。一方,「寝る間もない」は寝る時間がないことで,「間が悪い」「間抜け」「間に合う」などの使い方もある。間尺に合わぬは計算に合わない,損になる意味にもなる。

1976(昭和51)(57) ネスカフェ・ゴールドブレンドのテレビCMで,8代目の「違いがわかる男」に起用される。

1977(昭和52)(58) 「吉田五十八賞」受賞。

1979(昭和54)(60) 東京工業大学定年退官。

　■1980年代の初頭,舗設(しつらえ)が姿を消す。かつての平安朝的な「舗設」の一室空間が,壁で囲まれた個室の群雄割拠型の空間に。一方で,個室化が西欧的な個人主義を助長している。個室は子ども達の自立心を涵養できるといわれた時期でもあった。

1982(昭和57)(63) 軽井沢プリンスホテル新館設計。

1983(昭和58)(64) 紫綬褒賞受賞。

1989(昭和64・平成1)(70) 勲二等瑞宝賞受賞。

1991(平成3)(72) 日本建築学会大賞,デザイン功労賞受賞。

1994(平成6)(75) 鎌倉プリンスホテル設計。

1997(平成9)(78) 萩国際大学設計。岐阜市都市景観賞受賞。

2005(平成17) 4月8日,肺炎で逝去。享年86歳。

いつも笑顔で,たとえ話を交えて,難しい話をやさしく語る。控え目な人柄から大胆な発想をし,若い人に刺激を与えて共感を得た。

# 菊竹清訓 きくたけきよのり
1928(昭和3)～2011(平成23)

メタボリズム運動を主導した中心的建築家。

1928(昭和3) 4月1日,福岡県久留米市に生まれる。

1947(昭和22)(19) 仙台ショッピングセンター競技設計三等に入選。

1948(昭和23)(20) 広島平和記念カソリック聖堂競技設計三等入選。中都市ショッピングセンター競技設計一等入選。

1950(昭和25)(22) 早稲田大学専門部工学科建築学科を経て早稲田大学理工学部建築学科卒業。竹中工務店に入社。

1951(昭和26)(23) 下関市庁舎設計競技入選。テラスハウス競技設計入選。下関市庁舎競技設計(合作)入選。

1952(昭和27)(24) 村野・森建築事務所入所。ローコストハウス競技設計一等入選。建設大臣賞受賞。

1953(昭和28)(25) 菊竹建築研究所を設立。

1954(昭和29)(26) 井上・伊地知両邸設計。

1955(昭和30)(27) 石橋文化センター(久留米市),久留米医大学基礎学教室,永福寺幼稚園設計。

1956(昭和31)(28) フランス大使館(東京)協同設計。

1957(昭和32)(29) 自邸スカイハウス(東京),成増厚生病院,島根県立博物館設計。著書『建築講座6「計画」』(共著)(彰国社)出版。

■自邸により,彼は偉大なアイデア・マンと評された。4枚のコンクリートの壁柱によって空中にさしあげられたスペース,壁のないワン・ルーム。部屋全部を「夫婦愛の空間」と呼び,住宅(ハウス)は家庭(ホーム)の容器であると。基本的な要素として,キッチンと

バスのムーヴメント（生活装置は手造り）を取り付けた。人間生活に対応する空間装備＝空間装置＋生活装置＝代謝装置としている。「人間的空間構造が建築の本質である」ことを示した。

1958（昭和33）（30） BS名古屋支店設計。「搭状都市1958」案発表（5,000人の搭状コミュニティ計画，都市住宅の新しい「かた」）。

1959（昭和34）（31） 「海上都市1959」案発表（人口50万の生産都市計画，世界最初の海上都市計画）。BS札幌支店設計。

1960（昭和35）（32） 世界デザイン会議にパネリストとして出席。オランダ，イギリス，ドイツ，デンマーク，インド，アメリカを視察旅行。「陸の生産単位空間計画」案（埼玉県）。広島共済会館，セコニック工場設計。著書『メタボリズム1960』（共著）（美術出版社）出版。

■世界デザイン会議を機に，建築家の黒川紀章，槇文彦，大高正人，デザイナーの栄久庵憲司，粟津潔，建築評論家の川添登らとともにメタボリズム・グループを結成。マニフェスト（共同宣言）「メタボリズム／1960－都市への提案」で新陳代謝する都市のアイデアを発表し，大きな反響を巻き起こす。

メタボリズム：生物学用語で「新陳代謝」の意。環境に適応する生き物のように，次々と姿を変えながら増殖していく建築や都市を構想していくこと。

1961（昭和36）（33） 出雲大社庁の舎設計。

■出雲大社庁の舎は，200坪程度のこじんまりとした社務所。大きさは，間口50m，奥行10mの空間に対して特殊な大梁（PS，PC）を架け渡した箱型のコンクリートの塊のように構成されている。やや鰻の寝床のようで，表面は稲穂の文様（彫刻家・流政之）が刻まれている。

11月，日本建築学会評議員就任（～1994年10月，全8期）。大阪共済会館，石橋文化センター音楽堂設計。

1962(昭和37)(34) 菊竹建築設計事務所に改組し代表取締役となる。岩手教育会館設計。

1963(昭和38)(35) 国立国際会館競技設計優秀賞受賞。第15回日本建築学会賞（対象：出雲大社庁の舎）受賞。東光園設計。

■「柱は空間に場を与え，床は空間を規定する」との論文を著す。空中に立ち上がっている柱に，壁は付けられていない。4本の柱は壁を暗示している。空間は壁によって場を与えられ，壁によって規定される。柱や床は，壁に対して副次的な要素であるのか。ホテル東光園設計への構想の手がかりとなる。

■西欧の組積造建築の伝統は，煉瓦や石を積み上げ，まず壁を築くことにある。日本建築の伝統的構法は。柱を立て，棟や屋根を仕上げて床を張って組み立てる。建築空間を直接に規定するのは，床である。当ホテルでは，上の5階と6階は一層分もあるような巨大な梁から吊り下げられている。

1964(昭和39)(36) 汎太平洋賞受賞記念講演（ハワイ・ケネディセンター）。AIAカリフォルニア支部年次大会で招待講演。第7回汎太平洋建築賞受賞。第14回芸術選奨文部大臣賞受賞。

1965(昭和40)(37) 第6回日本建築業協会賞（対象：出雲大社庁の舎）受賞。盛岡グランドホテル設計。

1966(昭和41)(38) フィンランド夏季芸術祭で招待講演。

1967(昭和42)(39) 島根県立図書館，久留米市民会館設計。

1968(昭和43)(40) エクスポタワー（大阪府）設計。

1969(昭和44)(41) ユネスコ国際会議（スイス）に招かれ，「建築家の教育に関する専門家会議」部門に出席。日本建築学会賞受賞。万国博特別賞「日本万国博覧会基幹施設のレイアウト」受賞。国際親善館（EXPO'70），島根県立武道館設計。

1971(昭和46)(43) 日本建築学会理事（会館担当）に就任（～1972年12月）。

1975(昭和50)(47) 久留米市文化功労賞受賞。

1978(昭和53)(50) 第8回オーギュスト・ペレ賞(UIA)－作品と方法論－受賞。沖縄海洋博ではアクアポリス担当。

1979(昭和54)(51) 第21回毎日芸術賞受賞。

1985(昭和60)(57) つくば科学博では外国館の設計を担当。

2000(平成12)(72) ユーゴスラビア・ビエンナーレで「今世紀を創った世界の建築家100人」の一人に選出される。

2003(平成15)(75) 国際建築アカデミー，クリスタルグローブ大賞受賞。

2005(平成17)(77) 愛知万博で総合プロデューサーを務める。

2006(平成18)(78) 早稲田大学芸術功労賞受賞。旭日中授賞受賞。

2007(平成19)(79) 「建築文化への功績」に対し，第1回日本建築栄誉賞(日本建築士会連合会)受賞。

2011(平成23) 12月26日，心不全のために死去。享年83歳。

昭和～平成期の建築界にあって，非常に新しい視点から建築デザイン手法を創造し，若い頃から活躍した主導的な建築家の一人。社会的な活動は多岐にわたり，YMCAデザイン研究所所長，日本マイクロエンジニアリング学会会長，北京工業大学名誉教授などを歴任している。

# 黒川紀章 くろかわきしょう
1934(昭和9)～2007(平成19)

昭和の異才・豊かな才知，雄弁な建築家。国立新美術館設計。

1934(昭和9) 4月8日，名古屋市に建築家黒川己喜の長男として生まれる。

[逸話] 育った環境は，茶道，書，日本画，陶芸といった伝統芸術に造詣の深かった祖父，建築家，絵描きとしても趣味の域を超え，『ホトトギス』同人であった父がいて，自然や芸術に対しての感受性を訓練されていた。第二次世界大戦を実体験した世代。終戦になり，廃墟に立っていた父が，「これからは建築家が都市をもう一度造らなくてはいけない」と独り言のように言っているのを聞いていた。家は浄土宗，中学・高校時代は東海学園(浄土宗系)で，先生方は寺の住職をしていた。

1955(昭和30)(21) 第1回全国大学工学部建築学科学生会議開催。京都大学委員として出席。

1957(昭和32)(23) 京都大学工学部建築学科を卒業。東京大学大学院修士課程に入学。

1958(昭和33)(24) 国際建築学生会議（旧ソ連で開催）出席。

1960(昭和35)(26) 世界デザイン会議に出席。農村都市計画「プレファブ住宅」(住宅研究所)発表。

■京都大学時代は，西山夘三研究室に所属。大学院生の頃，仲間達とメタボリズム運動を始める。メタボリズムとは新陳代謝という意味で，その後追求したメタモルフォーゼ(突然変異)，シンビオシス(共生)という概念は，生命の原理と仏教思想が源流になっている。大学院時代から本を書いて出版し，学内外から注目を集める。丹下研究室に在籍中の1962年頃には事務所を開設。

1961(昭和36)(27) 東京計画「1951-Helix計画」を発表。「霞ヶ浦計画」発表。

1962(昭和37)(28) 黒川紀章建築都市設計事務所を設立。箱型量産アパート計画発表。フランスの美術誌『シメーズ』が黒川紀章(26歳)の特集インタビューを出版。

1964(昭和39)(30) 東京大学大学院博士課程修了。国立こどもの国セントラルロッジ,日東食品本社工場設計。

1965(昭和40)(31) 「メタモルフォーシス65」計画発表。

1967(昭和42)(33) 寒河江市庁舎設計。

1968(昭和43)(34) EXPO'70東芝IHI館設計。著書『ホモ・モーベンス』(中央公論社)刊行。

1970(昭和45)(36) 大阪万国博タカラ・ビューテリオン,空中テーマ館各館,中銀カプセルタワービル設計。
■カプセルタワービルでは,未来の都市住宅像を取り替え可能な形として提案している。

1972(昭和47)(38) タンザニア共和国TANU党本部ビル・国会議事堂国際公開競技設計優勝。

1978(昭和53)(44) 毎日芸術賞(国立民族学博物館)受賞。

1981(昭和58)(47) 黒川紀章建築作品ロンドン展覧会を開催。国立文楽劇場設計。

1982(昭和57)(48) 埼玉県立近代美術館,六本木プリンスホテル設計。黒川紀章作品パリ展覧会開催。

1983(昭和58)(49) 黒川紀章建築作品ピストイア,ソフィア,ローマ各展覧会開催。ソフィア市都心セルディカ再開発国際指名競技設計に優勝。女優・若尾文子と結婚。

1984(昭和59)(50) 黒川紀章建築作品ブタペスト,モスクワ各展覧会開催。

1985(昭和60)(51) 黒川紀章建築作品ヘルシンキ,ブカレスト,ブエノスアイレス各展覧会を開催。

1986(昭和61)(52) フランス建築アカデミーより「ゴール

ド・メダル」を授受(日本人では丹下健三に次いで二人目)。

1987(昭和62)(53) 朝霞荘設計。

■彼の和風建築(数寄屋建築)の代表作品。千利休の「わび数寄」が日本の正統的美意識と主張する。

1989(昭和64・平成1)(55) 第5回「世界建築ビエンナーレ・グランプリ・ゴールドメダル」を受賞(対象:広島市現代美術館)。

1990(平成2)(56) 日本建築学会賞作品賞(対象:広島市現代美術館)受賞。

1991(平成3)(57) 奈良市写真美術館設計。

1992(平成4)(58) マレーシア新国際空港ターミナルビル国際指名競技設計に優勝。

■事務所では,強いワンマン体制で,所員から設計案を募って動かすことは少なく,「全部自分で考えて,自分で決める」手法をとった。弟子を立派な建築家に育てるという考えよりも,傍にいて自分のやり方を覚えていくことを示唆。彼自身,思う作品を創りたい意欲が強かったのかも知れない。

著書『共生の思想』(英語版)は,「今年度の評論の最優秀建築書賞」(米国建築家協会)を受賞。

■中村元先生の著作『東洋人の思惟方法』に出会い,何回となく熟読し,大変な影響を受ける。建築家は,単なる芸術家や技術者ではなく,思想的で,哲学的な基盤がなくては時代を予見することはできないとの考えをはっきりともっていた。

1993(平成5)(59) 英国王立芸術院(ロイヤルアカデミー・オブ・アーツ)が1年に一人の建築家を選んで開催する講演・展覧会に選出される。

1994(平成6)(60) 和歌山県立近代美術館・博物館設計。

■自分について,次のように語っていた。自分は,建築家としては残らないが,思想家としては残るであろう。

1998(平成10)(63) カザフスタン新首都計画コンペに一等当選。
1999(平成11)(64) 久慈市文化会館設計。東京都民文化栄誉賞受賞。
2001(平成13)(66) 大分スタジアム,豊田スタジアム設計。
2002(平成14)(67) 「国際都市賞」を受賞。
2005(平成17)(70) 長岡歴史文化博物館設計。
2006(平成18)(71) 文化功労賞を授受。国立新美術館設計。
■近代建築について。現代は,生命の時代ではないだろうか。この時代の建築は,異質な要素との共生でもあり,自然と人間の共生,科学技術と芸術の共生,異質な文化との共生が必要。機械のように純粋普遍的であろうとした近代建築に問題があったのではないか。33年間一貫して,生命の時代を唱え続けている。常に,創造的なものは,異質なものと異質なものとが,ぶつかり合ったときに生まれてくる。
2007(平成19) 東京都知事と参議院選挙に立候補して落選。10月12日に逝去。享年72歳。

まさに優れた才知と巧みな弁舌で,いくつかの課題に対して他の委員からの意見を待たず,滔々と述べる。その正鵠を得た発言に唖然としたのを筆者は体感している。恵まれた文筆の才能を十二分に発揮。昭和〜平成初期を華々しく駆け抜けていった異能・異才の建築家。

主要参考文献

アイヴァー・B・ハート『レオナルド・ダ・ヴィンチ小伝』花田圭介他訳, 法政大学出版局, 1977

青柳正規監修『世界遺産』小学館, 2004

芦原義信他『アルヴァ・アアルト(現代建築家シリーズ)』美術出版社, 1968

東秀紀『東京駅の建築家 辰野金吾伝』講談社, 2002

アレッサンドロ・ノーヴァ『建築家ミケランジェロ』河辺泰宏訳, 岩崎美術出版社, 1992

石原孝哉他『イギリス大聖堂・歴史の旅』丸善, 2005

Isabel Kuhl他『50Architects』PRESTEEL, 2008

磯崎新『ル・コルビュジェとはだれか』王国社, 2000

上田篤『日本人の心と建築の歴史』鹿島出版会, 2006

臼井勝美他『日本近現代人名辞典』吉川弘文館, 2004

A・レーモンド『私と日本建築』鹿島出版会, 1967

大川三雄他『図説 近代建築の系譜』彰国社, 2002

太田博太郎監修他『図説 日本建築年表』彰国社, 2002

太田博太郎他『太田博太郎と語る 日本建築の歴史と魅力』彰国社, 1996

岡田米夫 日本史小百科『神社』東京堂出版, 1999

片野勧『お雇い外国人とその弟子たち』新人物往来社, 2007

河辺利夫・保坂栄一編『新版 世界人名事典 西洋編』東京堂出版, 1986

金岡秀友編『新装普及版 古寺名刹大事典』東京堂出版, 1997

北政己『お雇い外国人ヘンリー・ダイア』文生書院, 2007

木村博昭『マッキントッシュの世界－建築・インテリア・家具－トータルデザインの誕生』平凡社, 2002

木村光男編『世界史のための人名辞典』山川出版社, 1991

栗田勇『千利休と日本人―いま甦る「ばさら」の精神』祥伝社, 1990

栗田勇監修他『現代日本建築家全集 1～21巻』三一書房, 1976～78

ケネス・プラントン『現代建築史』中村敏男訳, 青土社, 2003

小林克弘『建築家の講義ミース・ファン・デル・ローエ』丸善, 2009

黒川紀章『建築の詩』毎日新聞社, 1993

小泉欽司他『日本歴史人物事典』朝日新聞社, 1994

佐々木宏『二十世紀の建築家たち 2』相模書房, 1976

James Sterens Curl『Oxford Dictionary of Architecture』Oxford University Press, 2000

ジョサイヤ・コンドル『河鍋 暁斎』山崎静一訳, 岩波書店, 2006

ジョナサン・グランシー『建築』村上能成訳, KK新樹社, 2007

ジョン・モスグロウ編集『フレッチャー 世界建築の歴史－建築・美術・デザインの変遷』飯田喜四郎他監訳，西村書店，1996
鈴木博之編著『伊東忠太を知っていますか』王国社，2003
外尾悦郎『ガウディの伝言』光文社，2009
多木浩二他『現代建築99』新書館，2010
竹内博編著『来日西洋人名辞典』日外アソシエーツ，1995
只木良也『森と人間の文化史』日本放送出版協会，1985
田中辰明・柚子玲『建築家ブルーノ・タウト－人とその時代，建築，工芸－』オーム社，2010
田中英道『日本美術全史』講談社，1995
谷川正巳『フランク・ロイド・ライト』鹿島出版会，1966
谷川正巳『名句で綴る近代建築史』井上書院，1992
谷口汎邦監修『近代建築史』森北出版，2011
丹下敏明『建築家人名辞典－西洋歴史建築編』三交社，1997
丹下憲孝『七十二時間集中しなさい－父丹下健三から教わったこと－』講談社，2011
東京大学工学部建築学科安藤忠雄研究室編『建築家たちの二十代』TOTO出版，1999
都市建築編集研究所編『素顔の大建築家たち1,2』建築資料研究社，2001
中村好文『意中の建築 上・下』新潮社，2005
ニコラス・ペヴスナー他『世界建築事典』鈴木博之監訳他，1984
日経アーキテクチュア編『建築家という生き方－27人が語る仕事とこだわり』日経BP社，2010
日本建築学会編『建築論事典』彰国社，2008
初田亨『模倣と創造の空間史 新訂版』彰国社，2005
浜口隆一監修他『現代建築事典』鹿島出版会，1972
浜本隆志『「窓」の思想史 日本とヨーロッパの建築表象論』筑摩書房，2011
パトリック・ドゥムイ『大聖堂』武藤剛史訳，白水社，2010
Patrick Nuttgens『The Complete Architecture Hand Book』Collins Design，1992
平井聖監修，増補改訂版『建築史』市ヶ谷出版社，2010
フィリップ・ディベボー『ガウディ』千足伸行監修他訳，創元社，2003
藤田達生『江戸時代の設計者』講談社，2006
藤森照信『伊東忠太動物園』筑摩書房，1995
藤森照信『日本の近代建築』岩波書店，1992
フランク・ジェンキンス『建築家とパトロン』佐藤彰他訳，鹿島出版会1977
フタンツ・シュルツ『評伝ミース・ファン・デル・ローエ』澤村明訳，鹿島出版

会，2006
古田陽久他『世界遺産事典』シンクタンクせとうち総合研究機構，2011
ブルーノ・タウト『建築とは何か』篠田英雄訳，鹿島出版会，1974
フレデリュック・サイツ『エッフェル塔物語』松本栄寿他訳，玉川大学出版部，2002年
穂積信夫『エーロ・サーリネン』鹿島出版会，1996
堀内正昭『明治のお雇い建築家エンデ＆ベックマン』井上書院，1989
ポール・ノードン『フリーメーソン』安斎和雄訳，白水社，1996
本田昌紀他『テキスト建築の20世紀』学芸出版社，2009
マガジン・ハウス編『誰でもわかる20世紀建築の3大巨匠＋バウハウス』マガジンハウス，2006
益田朋幸・喜多崎親編著『岩波西洋美術辞典』岩波書店，2005
三沢浩『アントニン・レーモンドの建築』鹿島出版会，1998
光井渉・太記祐一『建築と都市の歴史』井上書院，2013
宮内嘉久『前川国男 敗軍の将』晶文社，2005
武藤章『アルヴァ・アアルト』鹿島出版会，1969
村松貞次郎『日本近代建築の歴史』岩波書店，2005
村松貞次郎『お雇い外国人15 建築・土木』鹿島出版会，1975
山口由美『帝国ホテルライト館の謎－天才建築家と日本人たち』集英社，2000
吉田鋼市『オーギュスト・ペレ』鹿島出版会，1985
吉見俊哉『博覧会の政治学』中央公論社，2000
リュック・ヌフォンテーヌ『フリーメーソン』村上伸子訳，創元社，1996
レイナー・バンハム『巨匠たちの時代』山下泉訳，鹿島出版会，1978
ロス・キング『天才建築家ブルネレスキ』田辺希久子訳，東京書籍，2002
ロバート・マックラウド『マッキントッシュ－建築家として芸術家として－』横川善正訳，鹿島出版会，1993
ワタリウム美術館編『ルイス・バラガンの家』新潮社，2009
ヴァザーリ『ルネサンス彫刻家建築家列伝』森川義之監修他訳，白水社，1989
ヴィクトル・マリ・ユーゴー『ノートルダム ド パリ・世界文学全集』講談社，1981

●著者略歴

尾上孝一（おのえ こういち）

1934年，埼玉県生まれ，一級建築士
千葉大学工学部建築学科卒業
(株)レーモンド建築設計事務所勤務，元大妻女子大学教授
主な著書：『図解・木造建築の技術』理工学社，『図解・インテリアコーディネーター用語辞典』井上書院，他

編年体による世界の建築家群像

2014年7月20日　第1版第1刷発行

著　者Ⓒ　尾上孝一
発行者　　石川泰章
発行所　　株式会社 井上書院
　　　　　東京都文京区湯島2-17-15　斎藤ビル
　　　　　電話(03)5689-5481　FAX(03)5689-5483
　　　　　http://www.inoueshoin.co.jp/
　　　　　振替00110-2-100535
装　幀　　髙橋揚一
印刷所　　美研プリンティング株式会社

ISBN978-4-7530-1452-1　C3052　Printed in Japan

・本書の複製権・翻訳権・上映権・譲渡権・公衆送信権（送信可能化権を含む）は株式会社井上書院が保有します。
・JCOPY〈(社)出版者著作権管理機構 委託出版物〉本書の無断複写は著作権法上での例外を除き禁じられています。複写される場合は，そのつど事前に，(社)出版者著作権管理機構（電話03-3513-6969，FAX03-3513-6979，e-mail：info@jcopy.or.jp）の許諾を得てください。

カラー版 建築と都市の歴史

光井渉・太記祐一　原始時代から現代まで，日本と西洋諸国における建築や都市・集落の変遷を，平易な文章と豊富な写真・図版とともにコンパクトにまとめた概説書。A5判・414頁　**本体2500円**

16人の建築家　竹中工務店設計部の源流

石田潤一郎＋歴史調査WG　大正初期以来，竹中工務店設計部の礎を築いた藤井厚二をはじめ代表的な16人を紹介。その意味するものを歴史家の石田潤一郎が解説する。A5判・218頁　**本体2500円**

ドイツ表現派の建築　近代建築の異端と正統

山口廣　近代建築運動の核をなすドイツ表現派の建築をテーマに指導的建築家たちの行動と思想の軌跡，史的背景などその実態を探り，成立の過程を明らかにする。　四六判・360頁　**本体3200円**

世紀末のドイツ建築

小幡一　19世紀末ドイツの2人の異才建築家，オルブリッヒとベーレンスを軸に，多様なドイツ建築工芸の潮流を他の諸分野との関連において解明した総合芸術史。　四六判・310頁　**本体3600円**

明治のお雇い建築家　エンデ＆ベックマン

堀内正昭　明治政府から招かれ，都市計画と官庁建築に活躍したエンデとベックマンの生い立ちや経歴，建築作品の分析を通して彼らの日本での業績を総合的に評価。四六判・320頁　**本体3544円**

名句で綴る 近代建築史

谷川正己・中山章　近代・現代の建築家たちの言葉と作品をまとめ，設計思考と作品との距離，作品ができるに至った時代背景など，建築の核を探る異色近代建築史。A5判・182頁　**本体2200円**

＊上記の本体価格に，別途消費税が加算されます。